Werner Heister / Dagmar Weßler-Poßberg

Studieren mit Erfolg: Wissenschaftliches Arbeiten für Wirtschaftswissenschaftler

2007

Schäffer-Poeschel Verlag Stuttgart

Bibliografische Information der Deutschen Nationalbibliothek
Die Deutsche Nationalbibliothek verzeichnet diese Publikation in der Deutschen Nationalbibliografie; detaillierte bibliografische Daten sind im Internet über < http://dnb.d-nb.de > abrufbar.

Gedruckt auf chlorfrei gebleichtem, säurefreiem und alterungsbeständigem Papier

ISBN 978-3-7910-2674-9

www.schaeffer-poeschel.de
info@schaeffer-poeschel.de

Einbandgestaltung: Willy Löffelhardt (Motive: MEV Verlag GmbH, Augsburg)
Gestaltung Innenlayout: Ingrid Gnoth | GD 90
Redaktion: Corina Alt, Publicate, Berlin
Satz: Dörr + Schiller GmbH, Stuttgart
Druck und Bindung: C. H. Beck, Nördlingen

Printed in Germany
September 2007

Schäffer-Poeschel Verlag Stuttgart
Ein Tochterunternehmen der Verlagsgruppe Handelsblatt

SCHÄFFER
POESCHEL

Inhaltsverzeichnis

Die Autoren

Prof. Dr. Werner Heister, Hochschule Niederrhein in Mönchengladbach, beschäftigt sich seit Jahren mit der effektiven Vermittlung von Schlüsselqualifikationen für Studierende. Im Rahmen seiner Tätigkeit an der privaten Fachhochschule NORDAKADEMIE hat er im E-Learning breite Erfahrungen gesammelt (Bundesleitprojekt Virtuelle Fachhochschule).

Der Autor ist Studienleiter Marketing an der APOLLON Hochschule für Gesundheitswirtschaft (Bremen) und an weiteren Hochschulen im Rahmen von Lehraufträgen tätig. Im Jahr 2003 erhielt er den Lehrpreis der Hochschule Niederrhein für herausragende Leistungen in der Lehre. Prof. Heister ist Vorsitzender der Ehemaligen-Organisation der Hochschule Niederrhein.

Dagmar Weßler-Poßberg ist Diplom Sozialwirtin, Heilpädagogin und Erzieherin. In allen drei Berufsfeldern war die Strukturierung von Wissenserwerb und Wissensvermittlung ein Interessenschwerpunkt. In der pädagogischen Arbeit mit Jugendlichen und jungen Erwachsenen hat sie sich intensiv mit erschwerenden und fördernden Bedingungen für die persönliche und kognitive Entwicklung beschäftigt. Ihr Studium des Sozialmanagements hat sie im Fachbereich Sozialwesen der Hochschule Niederrhein absolviert. Schon während Ihres Studiums vermittelte sie ihre didaktischen Kenntnisse und Erfahrungen zur Organisation und Optimierung des Studiums auch ihren Studienkollegen und Kolleginnen. Zuletzt hat sie sich mit der biografischen Entwicklung von Schlüsselkompetenzen und kognitiven Kompetenzen und deren Einfluss auf die Beschäftigungsfähigkeit in einem Modellprojekt der Hochschule Niederrhein auseinandergesetzt.

1 Erfolgreich wissenschaftlich arbeiten

Die Begriffe »wissenschaftliches Arbeiten« und »wissenschaftliche Arbeit« werden hier unterschieden:

- »Wissenschaftliches Arbeiten« meint den Prozess, in dem eine Problemstellung mit wissenschaftlichen Methoden behandelt wird.
- Die »wissenschaftliche Arbeit« beschreibt das Ergebnis des wissenschaftlichen Arbeitens.

In der Umgangssprache werden diese beiden Begriffe häufig nicht unterschieden. Das ist kein Wunder, denn die »wissenschaftliche Arbeit« ist ja das Ergebnis des Prozesses des »wissenschaftlichen Arbeitens«.

Prozess und Ergebnis

In diesem Ratgeber geht es sowohl um den Prozess des wissenschaftlichen Arbeitens als auch um das Produkt, das dabei entsteht.

Wissenschaftliches Arbeiten bedeutet für uns, sich

- auf der Basis wissenschaftlicher Methoden und Erkenntnisse,
- unter Berücksichtigung der aktuellen wissenschaftlichen Diskussion
- und unter Einbeziehung der einschlägigen Literatur
- mit einem Thema/einer Problemstellung auseinanderzusetzen,
- und in einer anspruchsvollen und verständlichen Form,
- eigenständig
- eine »Arbeit« (Bachelorarbeit, Masterthesis, Seminararbeit, Hausarbeit, Semesterarbeit etc.) zu verfassen.

Hieraus kann man bereits eine erste grobe Erfolgscheckliste ableiten. Es werden aber auch viele Fragen aufgeworfen, die wir im vorliegenden zweiten Band der Reihe »Studieren mit Erfolg«[1] beantworten möchten.

Erfolgscheckliste

Erfolgscheckliste:

- Ist das Thema getroffen und könnte die Arbeit dem Gutachter gefallen?
- Ist die Arbeit in einer anspruchsvollen und sehr gut verständlichen Form verfasst?
- Sind eigene Gedanken in ausreichendem Umfang eingeflossen?
- Setzen Sie sich wirklich mit dem Thema auseinander und schweifen nicht ab?
- Wird die Auseinandersetzung auf der Basis wissenschaftlicher Erkenntnisse durchgeführt?

1 Zur Reihe »Studieren mit Erfolg« gehören weiterhin die Bände:
Heister, W.; Studieren mit Erfolg. Effizientes Lernen und Selbstmanagement in Bachelor-, Master- und Diplomstudiengängen, Stuttgart: Schäffer-Poeschel 2007.
Heister, W. / Wälte, D. / Weßler-Poßberg, D. / Finke, M.; Studieren mit Erfolg. Prüfungen meistern – Klausuren, Kolloquien, Präsentationen, Bewerbungsgespräche, Stuttgart: Schäffer-Poeschel 2007.

- Wird die aktuelle wissenschaftliche Diskussion – also die Meinungen Anderer – berücksichtigt?
- Ist die einschlägige Literatur einbezogen?
- Stimmen Rechtschreibung und Grammatik?
- Sind alle formalen Vorschriften beachtet?

Beantworten Sie diese Fragen für sich und nutzen Sie die hier gesammelten Antworten und Tipps, damit Ihre wissenschaftliche Arbeit und Ihr Studium ein voller Erfolg wird!

Der »Bekenntnis eines Ehemaligen« stammt von Herrn Patrick Steves, einem Ehemaligen der Hochschule Niederrhein. An dieser Stelle ein herzliches Dankeschön an ihn, dass wir seine Gedanken hier aufgreifen dürfen.

Über Fragen und Anregungen freuen wir uns ganz besonders. Gerne stehen wir Ihnen unter werner.heister@hs-niederrhein.de und dagmar@possberg.com zur Verfügung.

Dieses Buch widmen wir unseren Familien und unseren Freunden Werner Haypeter, Andreas Heidbüchel sowie Elisabeth und Fritz Krause.

Nicht zuletzt gilt unser Dank Herrn Katzenmayer und Frau Fleischer vom Schäffer-Poeschel Verlag sowie Frau Alt von Publicate für Ihre stets geduldige Zusammenarbeit und hervorragende Unterstützung.

Ihre
Werner Heister
Dagmar Weßler-Poßberg

Neuss/Mönchengladbach, im Mai 2007

2 Schnelle Hilfe, falls die Zeit drängt

Wenn Sie nur sehr wenig Zeit haben und schon bald mit der Erstellung Ihrer Arbeit beginnen müssen oder sich gar schon mitten darin befinden, dann lesen Sie auf jeden Fall folgende Abschnitte:

3 Gutes Projektmanagement ist die halbe Miete

4 Ein passendes Thema finden und formulieren
4.1 Viele Wege führen zum Thema
4.5 Nutzen Sie Titel von Doktorarbeiten
4.6 Ist das Thema mit potenziellen Risiken verbunden?

5 Erfolgreich recherchieren
5.1 Suchen Sie systematisch
5.6 Starten Sie mit der Recherche in Doktorarbeiten
5.9 Wie für Sie geschaffen: Datenbanken und Linklisten
5.13 Kennen Sie Ihre(n) Gutachter wirklich?

6 Gekonnt exzerpieren
6.1 Gehen Sie systematisch vor

7. Professionell forschen
7.7 Auf die Forschungsfrage/Hypothese kommt es an
7.8 So gelingt es: die Durchführungsplanung
7.16 Alles klar? Die Forschungscheckliste

8 Eigenständige Leistungen erbringen

9 Treffend formulieren
9.1 Systematisieren Sie den Schreibprozess
9.2 Ihr persönlicher Stil: »I did it my way«
9.5 Bringen Sie es auf den Punkt
9.7 Ein Bild sagt mehr als tausend Worte
9.8 Argumentieren Sie stichhaltig

10 Korrekt zitieren
10.1 Beachten Sie die inhaltlichen Regeln
10.2 Gestalten Sie die Quellenangaben einheitlich
10.3 Zitieren Sie stets korrekt
10.4 So (umfangreich) sollte Ihr Literaturverzeichnis sein

11 Professionell formatieren
11.3 Gliedern Sie automatisch

Schauen Sie selbst und lernen Sie:

Sicher überzeugt Sie auch das:

3 Gutes Projektmanagement ist die halbe Miete

Das Verfassen einer wissenschaftlichen Arbeit, z. B. einer Abschluss- oder Seminararbeit, gelingt dann besonders gut, wenn Sie die bewährten Instrumente des »klassischen« Projektmanagements einsetzen.

Beachten Sie

Das hier dargestellte, **projektorientierte Vorgehen** bei der Erstellung Ihrer wissenschaftlichen Arbeit fasst Ideen und Anregungen zusammen, die zum Teil noch in anderen Abschnitten dieses Ratgebers detailliert beschrieben werden.

Zur Nutzung

Bei diesem Kapitel können Sie wie folgt vorgehen:

- Empfehlung: Lesen Sie zuerst dieses Kapitel über Projektmanagement. Lesen Sie anschließend die weiteren Kapitel und nach deren Lektüre dann erneut das Kapitel zum Projektmanagement.
- Alternativ: Lesen Sie zunächst die übrigen Kapitel des Buches und dieses Kapitel zum Projektmanagement erst ganz zum Schluss.

  Elemente des projektorientierten Vorgehens sind:

Projektorientiertes Vorgehen

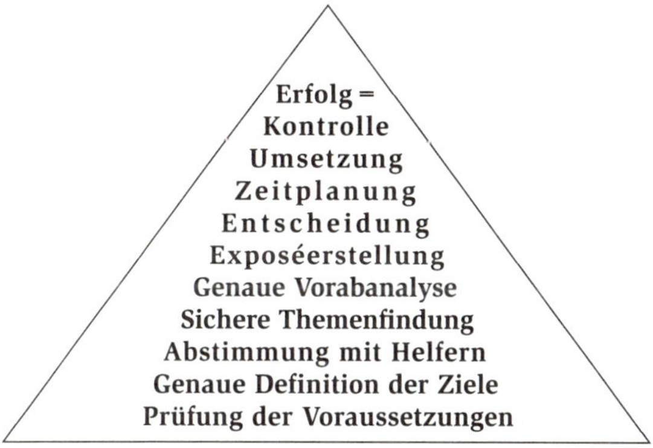

Voraussetzungen prüfen

Prüfen Sie sehr gewissenhaft, ob Sie alle Voraussetzungen für den Beginn, die Anmeldung und die spätere Abgabe der wissenschaftlichen Arbeit erfüllt haben. Beachten Sie – auch bei Hausarbeiten – die Regelungen in Ihrer Prüfungsordnung.

Definition der Ziele

Definieren Sie zunächst präzise die **Ziele** Ihrer wissenschaftlichen Arbeit. Notieren Sie die Ziele auf einem Blatt Papier an Ihrer Pinnwand oder einem Blatt in Ihrem Kalender, damit Sie die Ziele stets vor Augen haben:

- Legen Sie als Ziel fest, welche Note Sie erlangen möchten.
- Bestimmen Sie, was Sie sonst erreichen möchten, beispielsweise an Kontakten zu Unternehmen, zu Ihrem Gutachter etc.
- Machen Sie sich klar, was Sie leisten müssen, um diese Ziele zu erreichen.

Helfer finden

Legen Sie fest, **wer Sie** bei Ihrer wissenschaftlichen Arbeit **unterstützt**:

- Welche Kommilitonen, Freunde, Bekannte arbeiten derzeit auch an einer wissenschaftlichen Arbeit bzw. haben damit bereits Erfahrung?
- Welcher Dozent Ihrer Hochschule kann Ihnen wertvolle Hinweise geben?
- Wer kann Sie bei der Recherche unterstützen?
- Wer ist bereit, die Arbeit inhaltlich zu überprüfen und mit Ihnen zu besprechen?
- Wer ist bereit, die Arbeit im Hinblick auf Rechtschreibung, Kommasetzung und Grammatik Korrektur zu lesen?
- Wer unterstützt Sie bei der Vorbereitung und Durchführung der Formatierungen, bei allen Fragen zur EDV?

Sprechen Sie Ihre potenziellen Helfer frühzeitig an, damit Sie einerseits sicher sein können, dass sie zur Verfügung stehen, und die Helfer andererseits selbst planen können.

Themenfindung

Machen Sie sich daran, ein **Thema** auszuwählen und festzulegen. Machen Sie sich die Auswahl nicht zu leicht. Denn mit dem Thema steht und fällt fast ALLES. Schreiben Sie das »Pro« und »Contra« potenzieller Themen auf.

Beachten Sie, dass Sie ein einmal gewähltes Thema nicht (ohne Nachteile) »zurückgeben« können, weil es Ihnen beispielsweise doch nicht liegt.

Vorabanalyse

Die Themenfindung sollte mit einer **Ist-Analyse** der potenziellen Themen einhergehen. Im Rahmen der Ist-Analyse recherchieren Sie insbesondere:

- Welche Materialien (Veröffentlichungen) liegen zu einem Thema bereits vor?
- Welche eigenständige Leistung können Sie im Rahmen der wissenschaftlichen Arbeit erbringen?

Beachten Sie bitte, dass zur Erlangung einer sehr guten Note in der Regel eine eigenständige Leistung erwartet wird.

Exposéerstellung

Wenn Sie dem »endgültigen« Thema schon sehr nahe sind (bzw. zu sein meinen) und ein Entscheidungs- oder Beratungsgespräch mit dem Betreuer ins Auge fassen, dann sollten Sie ein **Exposé** erstellen.

Das Exposé stellt einen ersten Entwurf Ihrer Arbeit dar. Es zwingt Sie, Ihre Gedanken vorab präzise zu formulieren. Dabei werden Ihnen möglicherweise Aspekte oder Probleme deutlich, die Sie vorher nicht gesehen haben. Insofern kann Sie ein Exposé davor bewahren, zu vorschnell ein Thema zu wählen. Letztendlich erkennen Sie, ob das Vorhaben überhaupt durchführbar ist.

Das Exposé umfasst optimalerweise folgende Elemente:
- Titelvorschlag,
- Skizzierung des derzeitigen Forschungs- und Diskussionsstandes,
- kurzer Abriss, was behandelt werden soll. Bei theoretischen Arbeiten wird hier der Theoriekern kurz erläutert. Bei empirischen Arbeiten werden die Konzeption und das Vorgehen kurz angegeben.
  Sollte auch Angaben enthalten, wie dies in die Praxis integriert werden kann.
- Darstellung der geplanten eigenständigen Leistungen: eigenständige Fragestellungen, Hypothesen oder geplante Modellbildungen,
- Skizzierung der erwarteten Ergebnisse,
- erste Grobgliederung,
- kurze Liste der wichtigsten Literaturquellen,
- grobe Zeit- und Projektplanung,
- offene Fragen.

Entscheidung

Irgendwann müssen Sie sich endgültig für oder gegen ein Thema entscheiden. Sie können hierfür beispielsweise ein **Punktebewertungsmodell** (Nutzwertanalyse) heranziehen (vgl. Abschnitt 4.7).

Zu guter Letzt: Melden Sie Ihre Arbeit an bzw. legen Sie sich auf das Thema fest und ab dann läuft die Zeit.

Zeitplanung

30 %

Rechnen Sie ganz grob mit jeweils 30 % der Gesamtzeit für:
- Literaturrecherche, -beschaffung und -auswertung,
- Erstellung der ersten Version der Arbeit und Besprechung mit Korrektoren/Gutachter,
- Erstellung der endgültigen Version der Arbeit und Besprechung mit Korrektoren/Gutachter.

Reservieren Sie 10 % für Unvorhergesehenes und die Fertigstellung der Arbeit. 30 % bedeuten bei einer Bearbeitungszeit von drei Monaten konkret 27 Tage.
- Stellen Sie einen detaillierten Zeitplan auf und aktualisieren diesen regelmäßig, damit Sie immer wissen, wo Sie gerade stehen.
- Nutzen Sie eine To-do-Liste für alle Aufgaben und Aktivitäten.

Umsetzung

Erstellen Sie die wissenschaftliche Arbeit. Beachten Sie dabei:
- Halten Sie den gesetzten Zeitplan gewissenhaft ein. Nutzen Sie ein Archivsystem (z.B. die sog. chaotische Ablage), um alle wesentlichen Dokumente stets schnell wiederzufinden.
- Überprüfen Sie alle Angaben im Text (Quellen- und Literaturangaben, Zahlen etc.) sofort auf ihre Richtigkeit. Nur so können Sie am Ende der Schreibphase wirklich sicher sein, dass alle Angaben korrekt sind. Ansonsten bleibt Ihnen nur eine Möglichkeit: Sie müssten alles erneut kontrollieren. Und das kostet sehr viel Zeit.

- Sichern Sie die Daten regelmäßig und bewahren Sie die Datensicherungen an einem anderen Ort – z. B. bei Freunden – auf.
- Überlegen Sie, was Unvorhergesehenes geschehen kann und planen Sie für den Notfall entsprechende Strategien und Maßnahmen ein. Typische Probleme sind: Datenverlust, die Zeit wird knapp, der Betreuer ist nicht erreichbar, Probleme bei der Formatierung, der Copyshop hat geschlossen, wichtige geplante Inhalte können doch nicht eingebaut werden.

Beachten Sie besonders folgende **Risikofaktoren** bei der Umsetzung, die Sie sich mit **QRST** besser merken können:

Kriterium	Risiko	Rezept
Qualität	Schlechte Qualität	▪ Berater fragen ▪ Gute Beispiele ansehen
Ressourcen	Knappheit	▪ Zeitmanagement ▪ Gute Planung
Sicherheit	Fehlende Sicherheit	▪ Ständige Datensicherung, täglich per E-Mail an Freunde versenden ▪ Genaue Überprüfung der abzugebenden Exemplare
Thema	Schlecht gewählt	▪ Zielgerichtete und strukturierte Themensuche ▪ Bewertung alternativer Themen ▪ Besprechung mit Helfern/Beratern

Kontrolle **Kontrollieren Sie vor der Abgabe der wissenschaftlichen Arbeit gewissenhaft, ob Sie alle Anforderungen erfüllt haben.**

Erfolg Vergessen Sie nicht, den erlangten Erfolg mit Ihren Mitstreitern angemessen zu feiern.

Machen Sie sich kontinuierlich Gedanken, wie Sie z. B. das Projekt »Abschlussarbeit« durchführen wollen. Professionelles Projektmanagement kann auch bei der Erstellung wissenschaftlicher Arbeiten sehr hilfreich sein:

- Sehen Sie die positiven und negativen Faktoren für den Erfolg Ihrer wissenschaftlichen Arbeit.
- Gehen Sie planvoll an die Arbeit heran.
- Vermeiden Sie Umwege und Mehrarbeit.

Tipps

- Legen Sie sich ein Notizbuch, eine Kladde, eine Datei an, in der Sie wichtige Informationen zur wissenschaftlichen Arbeit notieren.
- Senden Sie täglich eine Datensicherung der wichtigsten Dokumente per E-Mail an Freunde.

3.1 | Im Begriffsdschungel: Formen wissenschaftlicher Arbeiten

Finden Sie sich im Dschungel der verschiedenen Arten wissenschaftlicher Arbeiten zurecht. Nutzen

Terminologie

Es gibt diverse Arten wissenschaftlicher Arbeiten, die Studierende während ihres Studiums zum Teil als Prüfungsleistung erstellen müssen.

Eine einheitliche Terminologie gibt es nicht. Die Begriffe variieren von Hochschule zu Hochschule und auch von Fachbereich zu Fachbereich bzw. Institut zu Institut innerhalb derselben Hochschule.

Formen

Die nachfolgende Aufzählung kann daher nicht vollständig sein. Sie umfasst die im Hochschulbereich gängigsten Formen wissenschaftlicher Arbeiten (alphabetisch sortiert):

- **Abschlussarbeit** (Thesis, Bachelorthesis, Masterthesis): Der Begriff »Thesis« bezeichnet einerseits die Abschlussarbeit eines Studenten, andererseits als »Doctoral Thesis« die Dissertation/Doktorarbeit.
- **Praktikumsbericht:** Im Rahmen eines Praktikums werden praktische Erfahrungen in einem angestrebten Beruf erlangt. Der Bericht dokumentiert in der Regel das Vorgehen und die Ergebnisse.
- **Projektarbeit** (Projektbericht): Ein Projekt ist eine – meistens einmalig zu erledigende – Aufgabe, bei der innerhalb einer vorgegebenen Zeitspanne ein genau definiertes Ziel erreicht werden soll. Der Bericht dokumentiert in der Regel das Vorgehen und die Projektergebnisse.
- **Seminararbeit** (Hauptseminararbeit, Hausarbeit, Semesterarbeit, Proseminararbeit): Eine Seminararbeit ist eine schriftliche Arbeit, die etwa 12–20 DIN-A4-Seiten umfasst. Sie ist manchmal mit einer Präsentation im Seminar verbunden. Sie wird dann entweder vor oder nach der Seminarpräsentation eingereicht. Die Begriffe Hausarbeit und Semesterarbeit werden häufig synonym zu »Seminararbeit« benutzt.
- **Thesenpapier:** Ziel eines Thesenpapiers ist es, die freie Rede bei einem Vortrag zu unterstützen und für die Zuhörer die wichtigsten Aspekte kurz zusammenzufassen. Ein Thesenpapier besteht aus Thesen. Thesen sind prägnant und kurz formulierte Aussagen zu wissenschaftlichen Fragestellungen.
- Und viele andere mehr ….

Das bringt Sie weiter

Recherchieren Sie beispielsweise in der Studien- bzw. Prüfungsordnung nach den für Ihr Studium relevanten Formen wissenschaftlicher Arbeiten und die jeweils damit verbundenen Anforderungen.

3.2 | Werden Sie sich über die inhaltlichen Anforderungen klar

Nutzen

Verschaffen Sie sich – unbedingt bevor Sie loslegen – einen Überblick über die inhaltlichen Anforderungen.

Die inhaltlichen Anforderungen an wissenschaftliche Arbeiten sind unterschiedlich. Im Folgenden werden anhand von Beispielen einige Anforderungen angeführt:

Seminararbeiten

Bei **Seminararbeiten** gilt beispielsweise:

»(1) Prüfungsleistungen in Form von Studien-, Projekt- oder Hausarbeiten beziehen sich auf inhaltlich umgrenzte Aufgabenstellungen aus dem Theorie- und Praxiszusammenhang des jeweiligen Moduls.

Die Prüfung kann als Gruppenprüfung durchgeführt werden, wenn die individuelle Einzelleistung in ausreichendem Maße erkennbar ist. Thema und Aufgabenstellung müssen so beschaffen sein, dass die Arbeit innerhalb der vorgesehenen Frist abgeschlossen werden kann. Die Prüfungsleistung kann auch eine abschließende Präsentation mit umfassen.

(2) Die Bearbeitungszeit einer Studien-, Projekt- oder Hausarbeit beträgt drei Wochen. Der Richtwert für den Umfang der Arbeit sind 20 Seiten DIN A4 (ohne Anlagen).

(3) … Die Aufgabenstellung der Arbeit, der Abgabetermin und die Abgabestelle sind dem Prüfling durch den Vorsitzenden des Prüfungsausschusses oder den Aufgaben stellenden Prüfer schriftlich mitzuteilen.

(4) Bei der Abgabe der Studien-, Projekt- oder Hausarbeit hat der Prüfling schriftlich zu versichern, dass er seine Arbeit – bei einer Gruppenarbeit seinen entsprechend gekennzeichneten Anteil der Arbeit – selbstständig angefertigt und keine anderen als die angegebenen und bei Zitaten kenntlich gemachten Quellen und Hilfsmittel benutzt hat.«

(Prüfungsordnung für die Bachelorstudiengänge Business Administration, Taxation and Auditing und Information Systems an der Hochschule Niederrhein vom 11. Juli 2006 (Amtl. Bek. 20/2006), § 19)

Thesis

Bei der **Abschlussarbeit** gilt z. B.:

»(1) Die Bachelorarbeit soll zeigen, dass der Prüfling befähigt ist, innerhalb einer vorgegebenen Frist eine praxisorientierte Aufgabe in seinem Fachgebiet sowohl in ihren fachlichen Einzelheiten als auch in den fachübergreifenden Zusammenhängen nach wissenschaftlichen und anwendungsorientierten Methoden selbstständig zu bearbeiten. Die Bachelorarbeit ist in der Regel eine eigenständige Untersuchung auf der Basis der Aufgabenstellung mit einer ausführlichen Beschreibung und Erläuterung ihrer Ergebnisse. Die Bachelorarbeit kann mit Zustimmung des Prüfungsausschusses in englischer Sprache abgefasst werden.«

(ebd., § 23)

Dissertation

Folgende inhaltliche Anforderungen können an eine Dissertation bestehen:

»(1) Die Dissertation dient dem Nachweis der Befähigung zu vertiefter selbstständiger wissenschaftlicher Arbeit. Sie muss einen Fortschritt der wissenschaftlichen Erkenntnis bringen. …

(3) Die Dissertation kann auch aus einem wesentlichen Teil einer wissenschaftlichen Gruppenarbeit bestehen. In diesem Fall muss der individuelle Beitrag der einzelnen Bewerberin oder des einzelnen Bewerbers deutlich unterscheidbar sein und für sich den an eine Dissertation zu stellenden Anforderungen genügen. Die Abgrenzung der Leistung der einzelnen Bewerberin oder des einzelnen Bewerbers erfolgt durch die Angabe von Abschnitten im Rahmen der Gesamtarbeit oder dadurch, dass die Beiträge, die die einzelnen Bewerberinnen und Bewerber geleistet haben, von den Bewerberinnen und Bewerbern durch eine dem Inhalt und Umfang der Gesamtarbeit angemessene Beschreibung gesondert kenntlich gemacht werden.«

(Promotionsordnung Technische Universität Hamburg-Harburg, § 7, zitiert nach http://www.tuhh.de/studium/promotion/promotionsordnung.html#h, 8.3.2007)

Beispiele

Manche Anforderungen verstehen sich von selbst. Die Gutachter haben meist folgende **Erwartungen**:

- präzise Ausarbeitung des Themas bzw. der Problemstellung,
- klare und angemessene Zielsetzung,
- Schwerpunkte setzen, deutliche Abgrenzungen von anderen und angrenzenden Themen,
- logischer Aufbau,
- roter Faden: eine klare, verständliche, lückenlose Argumentationskette,
- wissenschaftliche und methodisch korrekte Behandlung des Themas,
- selbstständige Themenbearbeitung, ohne fremde Hilfe,
- Darstellung der wichtigsten Meinungen und Richtungen in der wissenschaftlichen Literatur,
- Angabe aller verwandten Quellen und Hilfsmittel.

Darüber hinaus gibt es weitere Anforderungen, die nicht von allen Gutachtern erwartet werden:

- Einbeziehung eigenständig erarbeiteter Elemente (Modelle, Auswertungen, Interviews),
- eigenständige Bewertungen, kritische Stellungnahmen, Resümees.

Erst- und Zweitgutachter können auch unterschiedliche Erwartungen haben. Falls Sie merken, dass die Anforderungen eventuell verschieden sind, sollten Sie darüber unbedingt mit Ihrem Erstgutachter sprechen.

Das bringt Sie weiter

Schreiben Sie sich ganz genau auf, welche Anforderungen Sie erkannt haben und als wesentlich erachten. Besprechen Sie diese mit Ihrem Gutachter/Ihren Gutachtern.

3.3 | Klären Sie die Rolle des Zweitgutachters

Nutzen

Klären Sie unbedingt frühzeitig die Rolle des Zweitgutachters, dann bleiben Ihnen unliebsame Überraschungen erspart.

Insbesondere Abschlussarbeiten und Dissertationen werden stets von zwei Gutachtern bewertet. Das ist bei Seminararbeiten etc. nicht immer vorgeschrieben. Bei zwei Gutachtern ist es außerordentlich wichtig, dass Sie deren Rollen im Begutachtungsprozess frühzeitig berücksichtigen. Zu klären ist dabei nicht nur deren offizielle, z. B. in der Prüfungsordnung festgelegte Rolle, sondern Sie müssen möglichst herausfinden, wie die entsprechenden internen Absprachen lauten. Sprechen Sie dazu die Gutachter direkt an oder erkundigen Sie sich bei Kommilitonen.

Rollenverteilung

Die »Rollen« können folgendermaßen verteilt sein:

- Der Zweitgutachter hat keine speziellen Erwartungen, er spricht sich mit dem Erstgutachter ab. An diesen Absprachen orientiert er sich.
- Der Zweitgutachter hat eigene Erwartungen, die Sie in einem separaten Gespräch mit ihm erörtern und klären müssen.

Zu bedenken ist aber, dass der Zweitgutachter immer einen eigenen Standpunkt und daher auch Erwartungen hat. In diese Erwartungen werden zumindest die Ansprüche aus seinem Fachgebiet einfließen, die etwas mit der Thematik Ihrer Arbeit zu tun haben.

Beispiel: Bei dem Thema »Wissensmanagement« ist ein Soziologe, der in systemischem Management ausgewiesen ist, Zweitgutachter. Dieser wird erwarten, dass Aspekte der Systemtheorie mit behandelt werden.

Problematisch wird die Situation, wenn die Gutachter unterschiedliche Auffassungen bezüglich der Erwartungen, aber auch hinsichtlich konkreter Inhalte und methodischer Ansätze haben:

- Im für Sie besten Fall gilt dann die Absprache: Die Auffassung des Erstgutachters ist maßgeblich.
- Im für Sie ungünstigsten Fall führen die unterschiedlichen Auffassungen zu verschiedenen Bewertungen und eventuell zu einer schlechteren Note. (Anmerkung: Natürlich ist die Situation hier etwas überspitzt dargestellt, aber es scheint trotzdem schon solche Fälle gegeben zu haben.)

Es ist daher sehr wichtig, dies bereits im Vorfeld zu klären!

Das bringt Sie weiter

- Klären Sie frühzeitig die Rollen von Erst- und Zweitgutachter.
- Überprüfen Sie in jedem Fall, welche Fachmeinungen des Zweitgutachters Sie in die wissenschaftliche Arbeit integrieren können bzw. welche seiner Werke Sie ggf. zitieren können. Prüfen Sie, ob es Schwerpunkte gibt, auf die der Zweitgutachter großen Wert legt.
- Finden Sie heraus, welche Anforderungen und Hinweise der Zweitgutachter den Studierenden nennt, für die er als Erstgutachter zuständig ist.

3.4 | Punkteabzüge wegen formaler Fehler sind überflüssig

Die formalen Kriterien zu erfüllen, ist die halbe Miete für eine erfolgreiche wissenschaftliche Arbeit. Nutzen

Wenn Sie wegen der Nichterfüllung formaler Kriterien eine schlechtere Note erhalten, dann sind Sie selbst Schuld. Sie haben es nämlich selbst in der Hand, die formalen Kriterien vorab zu klären und dann auch komplett zu erfüllen!

Checkliste

Die **formalen Kriterien** werden von den Betreuern häufig unterschiedlich festgelegt. Insofern ist es in jedem Fall notwendig, dies vorab mit dem Betreuer zu klären. **Gängige Kriterien** werden in der folgenden Checkliste skizziert:

- Die wissenschaftliche Arbeit wird auf weißes Papier gedruckt.
- Das Format ist DIN A4.
- Die Seiten sind einseitig zu beschreiben. (Hinweis: Eine zweiseitig gedruckte Arbeit sieht eigentlich viel schöner aus. Nämlich so wie ein kleines Buch. Vielleicht fragen Sie Ihren Erstgutachter, ob es nach den Regularien des Fachbereichs und seinen Erwartungen möglich ist, die Arbeit zweiseitig zu drucken).
- Die Arbeit wird in gebundener Form abgegeben.
- Auf der linken Seite der Blätter ist ein Rand frei zu lassen. Häufig wird ein Wert von 3 cm vorgegeben.
- Auf der rechten Seite der Blätter ist ein Rand frei zu lassen. Häufig wird ein Wert von 2–5 cm vorgegeben. Dies hängt meist davon ab, ob der Gutachter einen Korrekturrand wünscht.
- Oben ist ein Rand frei zu lassen, häufig wird ein Wert von 2 cm vorgegeben.
- Unten ist ein Rand frei zu lassen. Häufig wird ein Wert von 2 cm vorgegeben.
- Der Abstand der Absätze ist 1,5-zeilig.
- Der Abstand innerhalb der Fußnoten ist 1-zeilig.
- Als Schriftart wird häufig »Times New Roman« vorgeschrieben.
- Die vorgeschriebene Schriftgröße im Text beträgt in der Regel 12 pt.
- Die vorgeschriebene Schriftgröße in den Fußnoten beträgt in der Regel 10 pt.
- Die Absätze werden in Blocksatz oder Flattersatz geschrieben. Blocksatz ist für das Auge angenehmer zu erfassen als Flattersatz.
- Hervorhebungen sollen die Arbeit übersichtlicher machen. Einzelne Wörter oder Abschnitte können fett, kursiv oder unterstrichen gesetzt werden. Aber mit solchen Hervorhebungen sollte man möglichst sparsam umgehen. (Hinweis: Bitte besprechen Sie vorab mit dem Gutachter, ob und mit welchen Hervorhebungen er einverstanden ist.)
- Überschriften werden stets hervorgehoben.

- Kopf- und Fußzeilen sind in der Regel nicht vorgeschrieben. Sie helfen jedoch dabei, sich innerhalb der Arbeit zu orientieren.
- Seitenzahlen müssen in jedem Fall angegeben werden.
- Statt der Fußnoten können auch Endnoten verwendet werden. Endnoten werden gesammelt am Ende des Textes aufgeführt.

Absatzformat

Zur Veranschaulichung (beachten Sie den rechten Rand):

> Dieser wunderschöne Absatz ist nun in Flattersatz geschrieben. Dieser wunderschöne Absatz ist nun in Flattersatz geschrieben. Dieser wunderschöne Absatz ist nun in Flattersatz geschrieben. Dieser wunderschöne Absatz ist nun in Blocksatz geschrieben. Dieser wunderschöne Absatz ist nun in Blocksatz geschrieben. Dieser wunderschöne Absatz ist nun in Blocksatz geschrieben.

Reihenfolge

Die formal korrekte Reihenfolge innerhalb einer wissenschaftlichen Arbeit sieht, falls nichts anderes verlangt wird, folgendermaßen aus:

1. Deckblatt (leeres Blatt, folgt direkt auf den vorderseitigen Umschlagskarton),
2. Titelblatt,
3. Inhaltsverzeichnis,
4. Abbildungsverzeichnis,
5. Tabellenverzeichnis,
6. Abkürzungsverzeichnis,
7. Textteil,
8. Literaturverzeichnis,
9. Verzeichnis der Internetquellen und sonstiger Quellen,
10. Anhang,
11. Ehrenwörtliche Erklärung,
12. Deckblatt (leeres Blatt, steht direkt vor dem rückseitigen Umschlagskarton)

Die Deckblätter und die »ehrenwörtliche Erklärung« entfallen möglicherweise bei Seminararbeiten, Projektarbeiten oder Praktikumsberichten.

Seitennummerierung

Bei der Seitennummerierung ist anzumerken: Die leeren Deckblätter und das Titelblatt werden nicht nummeriert. Alle anderen Seiten werden durchlaufend mit arabischen Ziffern durchnummeriert.

Alternativ können die Verzeichnisse aber auch in römischer Nummerierung (I, II, III etc.) gezählt werden. Die arabische Nummerierung beginnt dann mit der ersten Seite des eigentlichen Textes (Seite 1).

Einband

Diplomarbeiten sind in gebundener Form (mit einem festen Einband) abzugeben. Seminararbeiten werden in der Regel in einem Einschiebehefter abgegeben.

Das bringt Sie weiter

Überprüfen Sie sehr genau, ob Sie alle formalen Kriterien erfüllt haben.

3.5 | Setzen Sie Abbildungen und Tabellen ein

Erkennen Sie den Nutzen von Abbildungen und Tabellen.

Nutzen

Abbildungen und Tabellen dienen dazu, die sprachlichen Ausführungen zu unterstützen. Sie kennen sicher das Sprichwort: »**Ein Bild sagt mehr als 1000 Worte.**« Mit einer Abbildung oder einer Tabelle ist es oft sehr viel leichter, etwas darzustellen, wozu Sie ansonsten seitenlange Ausführungen schreiben müssten. Aber eine Abbildung bzw. eine Tabelle sollte zugleich auch niemals alleine stehen. Vielmehr sollte im Text auf jede verwendete Abbildung explizit Bezug genommen werden.

Beispiel

Ein einfaches Beispiel für eine Abbildung: Wenn jemand Ihnen zeigen will, wo Sie die Schriftart und die Schriftgröße bequem einstellen können, so geht das doch mit der folgenden Abbildung viel einfacher:

Abbildungen und Tabellen lockern den Text auf.

Beachten Sie

Folgendes ist hierbei besonders zu berücksichtigen:

- Versehen Sie jede Abbildung und jede Tabelle mit einer Überschrift oder mit einer Unterzeile.
- Geben Sie ggf. eine Quelle für die Abbildung bzw. Tabelle an oder schreiben Sie »eigene Erstellung« dazu.
- Nummerieren Sie die Abbildungen und Tabellen durch: bei vielen Abbildungen und Tabellen getrennt, ansonsten zusammen.
- Achten Sie darauf, dass die Überschrift bzw. Unterzeile aussagekräftig und insbesondere nicht zu lang ist.

Abbildungen und/oder Tabellen können – vor allem wenn es sehr viele sind – auch in den Anhang übernommen werden.

Verzeichnis

In jedem Fall sind ein Abbildungs- und Tabellenverzeichnis (oder ggf. zwei getrennte Verzeichnisse) in der Arbeit aufzuführen, in dem auch die Seitenzahl notiert ist, auf der sich die jeweilige Abbildung bzw. die Tabelle befindet.

Das bringt Sie weiter

Recherchieren Sie in sehr guten Semesterarbeiten, Abschlussarbeiten oder Dissertationen, um sich mit dem sinnvollen Umgang mit Abbildungen und Tabellen vertraut zu machen.

3.6 | Das Titelblatt wird zuerst gesehen

Nutzen

Erstellen Sie das Titelblatt Ihrer wissenschaftlichen Arbeit korrekt.

Notwendige Angaben

Das Titelblatt der wissenschaftlichen Arbeit muss die in den jeweiligen Vorgaben der Gutachter bzw. Prüfungsordnungen geforderten Angaben enthalten. Häufig sind das:

- Logo/Signet der Hochschule,
- Titel der Arbeit,
- Hinweis »Erstellt von«,
- Vor- und Nachname des Verfassers, Matrikelnummer,
- Art der Arbeit (Praktikumsbericht, Hausarbeit, Masterthesis etc.),
- Titel der Veranstaltung, zu der die Arbeit angefertigt wird,
- Angabe des Semesters, in dem die Veranstaltung stattfand,
- Leiter der Veranstaltung bzw. Namen der Gutachter,
- Ort und Datum der Erstellung.

> Hochschule Niederrhein
> Niederrhein University of Applied Sciences
>
> Management der Anspruchsgruppen
> einer Hochschule
>
> Erstellt von:
> Klaus Sorgenfrei
> Matrikel-Nummer 4711
>
> Hausarbeit
> im Proseminar
> Management von Hochschulen
> SS 2007
>
> Leiter: Prof. Dr. S. Terminator
>
> Köln, 15.4.2007

Layout

Achten Sie besonders auf das Layout des Titelblattes. Prüfen Sie genau, ob alle Angaben beispielsweise der Funktionsbezeichnungen, Titel und Namen der Gutachter korrekt sind.

Beispiel

Das bringt Sie weiter

Erkundigen Sie sich im Dekanat bei Ihrem betreuenden Dozenten danach, wie das Titelblatt Ihrer Arbeit genau aussehen muss.

3.7 | Vergessen Sie die Verzeichnisse nicht

Erfahren Sie, welche Verzeichnisse Ihre wissenschaftliche Arbeit enthalten muss und wie Sie diese aufbauen.

Nutzen

Inhaltsverzeichnis

Das Inhaltsverzeichnis verschafft dem Leser der wissenschaftlichen Arbeit einen guten und schnellen ersten Überblick (vgl. auch Abschnitt 3.9).

- Das Inhaltsverzeichnis enthält alle Überschriften, die im Text verwendet werden. Es darf keine Überschrift fehlen.
- Die Überschriften im Text und die im Inhaltsverzeichnis aufgeführten müssen völlig identisch sein. Kein Kapitel, Unterkapitel etc. darf im Inhaltsverzeichnis anders lauten als im Text.
- Im Inhaltsverzeichnis werden die Seitenzahlen der jeweiligen Kapitel, Unterkapitel, Abschnitte etc. angegeben.

Abbildungs- und Tabellenverzeichnis

Die Abbildungen und Tabellen werden in einem separaten Verzeichnis (Abbildungsverzeichnis, ggf. Tabellenverzeichnis) aufgelistet. Der Leser soll sich hier einen Überblick verschaffen können. Das Verzeichnis muss auf jeden Fall vollständig sein und die Bezeichnungen der Abbildungen bzw. Tabellen und die entsprechenden Seitenzahlen enthalten (vgl. Abschnitt 3.5).

Literaturverzeichnis

Die verwendete Literatur wird in einem Literaturverzeichnis zusammengefasst. Es wird nur die Literatur – aber vollständig und einheitlich – aufgeführt, aus der in der Arbeit zitiert bzw. auf die Bezug genommen wird (vgl. Abschnitt 10.4).

Interviewverzeichnis

Die geführten Interviews werden im Interviewverzeichnis aufgelistet. Hier wird angegeben, mit wem, wann und in welcher Form ein Interview durchgeführt wurde. Das Interviewverzeichnis wird häufig hinter dem Literaturverzeichnis aufgeführt.

Verzeichnis des Anhangs

Insbesondere dann, wenn der Anhang mehrere Teile enthält oder sehr umfangreich ist, empfiehlt es sich, ein Verzeichnis der im Anhang gesammelten Dokumente etc. aufzustellen. Das Anhangverzeichnis wird häufig dem Anhang vorangestellt.

Weitere Verzeichnisse

- Rechtsquellenverzeichnis: Übersicht über die im Text zitierten Gesetze und Paragrafen,
- Index (Stichwortverzeichnis).

Der Index und die Verzeichnisse können mittels Textverarbeitungssoftware automatisch erstellt werden. Die gängigen Textverarbeitungsprogramme verfügen über entsprechende Funktionen. Dieses Vorgehen wird in den Abschnitten 11.3 und 11.4 näher erläutert.

Das bringt Sie weiter

Kontrollieren Sie vor dem Binden und der Abgabe Ihrer wissenschaftlichen Arbeit unbedingt, ob alle Angaben in den Verzeichnissen korrekt sind.

3.8 | Haben Sie die Arbeit gut gegliedert?

Nutzen

Strukturieren Sie die wissenschaftliche Arbeit sinnvoll und übersichtlich.

Der Textteil der wissenschaftlichen Arbeit besteht in der Regel aus Einleitung, Hauptteil, Schlussteil und Anhang. Die Gliederung gibt den roten Faden vor. Die weitere Untergliederung muss sinnvoll und präzise zugleich sein: Sie darf nicht allzu oberflächlich und allgemein bleiben, sollte aber auch nicht zu ausführlich werden und sich »verzetteln«.

Einleitung

Die Einleitung dient in erster Linie der Einordnung, Eingrenzung, Erläuterung und Rechtfertigung der Themenstellung. Dazu gehören:

- Formulierung des Themas bzw. der **Fragestellung** der Arbeit, z. B.: »Gegenstand der vorliegenden Masterthesis ist die gegenwärtige Bedeutung der Prozesskostenrechnung für Krankenhäuser.«
- Darstellung des **Zieles** der Arbeit, z. B.: »Ziel der Arbeit ist es herauszufinden, ob die Prozesskostenrechnung bereits in Krankenhäusern Einzug gehalten hat bzw. zu ermitteln, in welcher Form die Krankenhausleitungen planen, die Prozesskostenrechnung einzuführen.«
- **Einordnung:** In welchen fachlich-praktischen und wissenschaftlichen Kontext gehört die Themenstellung?
  Fachlich/praktisch, z. B.: »Die Prozesskostenrechnung ist eine spezielle Form der Kosten- und Leistungsrechnung, die in den letzten Jahren auch in am Gesundheitsmarkt tätigen Unternehmen genutzt wird.«
  Wissenschaftlich: Stand der wissenschaftlichen Forschung und Einordnung in die theoretische oder politische Diskussion, z. B.: »Diverse wissenschaftliche Studien legen den Schluss nahe, dass die Prozesskostenrechnung das Zukunftsinstrument für die Steuerung der Krankenhäuser darstellt (vgl. Studie 1 und Studie 2).«
- Formulierung der **wesentlichen Fragen**, z. B.: »Im Rahmen der vorliegenden Arbeit soll deshalb eine Antwort auf die Frage gefunden werden, ob das bisher entwickelte Instrumentarium der Prozesskostenrechnung im Krankenhausbereich greift und ob die Krankenhäuser über die organisatorischen und fachlichen Mittel verfügen, die Prozesskostenrechnung nachhaltig zu betreiben. Außerdem ist zu klären, wie entsprechende Voraussetzungen geschaffen werden können.«
- **Eingrenzung des Themas:** Auf welche Aspekte wird eingegangen und welche werden ausgeklammert, z. B.: »Gegenstand der vorliegenden Arbeit ist die Prozesskostenrechnung für Allgemeinkrankenhäuser. Andere Krankenhausformen wie z. B. Spezialkliniken werden hier nicht behandelt.«
- **Rechtfertigung:** Nur falls notwendig, und wenn es nicht bereits in den oben angegebenen Punkten geschehen ist, z. B.: »Die vorliegende Arbeit ergänzt die bestehenden Veröffentlichungen um den Aspekt …«

- **Darstellung der Methodik**, z. B.: »Zur Klärung der Fragestellung werden Interviews mit den Geschäftsführern der regionalen Krankenhäuser geführt.«
- **Erläuterung der Gliederung und Vorgehensweise**, z. B.: »Im zweiten Kapitel werden die Grundlagen der Steuerung von Allgemeinkrankenhäusern erläutert.«

Die Einleitung ist kein journalistisch geschriebenes Vorwort und keine Danksagung. Es ist nicht üblich, Studienarbeiten jemandem zu widmen.

Anmerkung: Es kann natürlich sein, dass ein Gutachter oder Zweitgutachter eine Widmung »ganz nett« fände. Das bringt Ihnen aber keine Vorteile. Aber vielleicht hält der Gutachter oder Zweitgutachter eine Widmung ja auch für völlig unangebracht, was Ihnen im Einzelfall sogar Nachteile bringen kann. Warum sollten Sie ein solches Risiko eingehen?

Hauptteil

Der Hauptteil enthält die eigentlichen Aussagen der wissenschaftlichen Arbeit und bedarf einer **zweckmäßigen und präzisen Untergliederung**.

Schlussteil

Der Schlussteil rundet die Ausarbeitung ab. Er enthält das Fazit (Resümee), das die wesentlichen Ergebnisse der Arbeit zusammenfasst. Im Schlussteil werden zunächst die Fragestellung und die Zielsetzung der wissenschaftlichen Arbeit wiederholt. Beispiel: »Ziel der Arbeit war es herauszufinden, ob die Prozesskostenrechnung bereits in Krankenhäusern Einzug gehalten hat bzw. zu ermitteln, in welcher Form die Krankenhausleitungen planen, die Prozesskostenrechnung einzuführen.«

Die Ausgangsfrage wird nun mithilfe der im Hauptteil entwickelten Ergebnisse beantwortet. Abschließend kann ein Ausblick gegeben werden.

Das bringt Sie weiter

Recherchieren Sie, wie es die Profis machen. Schauen Sie sich die Gliederung von Doktorarbeiten an.

3.9 | Gestalten Sie die Gliederung perfekt

Nutzen

Erfahren Sie, wie Sie eine Gliederung optimal gestalten.

Ziel der Gliederung ist es, dem Leser einen ersten Überblick über die Inhalte des Textes zu geben und einen Anhaltspunkt für die Navigation innerhalb des Textes zu bieten.

Checkliste

Die Gliederung spiegelt den logischen Aufbau der wissenschaftlichen Arbeit (den roten Faden) wider:

- Sie ist zweckmäßig, wenn alle Gliederungspunkte den Bezug zum jeweiligen Inhalt erkennen lassen.
- Das Inhaltsverzeichnis muss wortwörtlich den Überschriften und den Gliederungspunkten in der Arbeit entsprechen.
- Bei den einzelnen Gliederungspunkten ist die Seitenzahl mit anzugeben, auf der dieser Abschnitt im Textteil beginnt.
- Es sollten nicht mehr als 4–5 Gliederungsebenen gewählt werden, ansonsten wird die Gliederung unübersichtlich.
- Ein Gliederungspunkt sollte sich auf mindestens eine halbe Seite Text beziehen.
- Eine Untergliederung steht niemals alleine. Wird beispielsweise eine Untergliederung 1.1.1 gewählt, so muss es auch mindestens einen Gliederungspunkt 1.1.2 geben.

Dezimalklassifikation

Die Gliederung kann in unterschiedlicher Form vorgenommen werden. Die Dezimalklassifikation folgt dem Schema:

```
1
   1.1
       1.1.1
       1.1.2
             1.1.2.1
             1.1.2.2
   1.2
2
```

Hinweis: Zwischen den Ziffern wird in der Regel ein Punkt gesetzt, nicht jedoch hinter der letzten Ziffer der Nummerierung.

Gemischte Klassifikation

Die sogenannte gemischte Klassifikation kann wie folgt aufgebaut sein:

```
A
   I
       1
       2
             a
             b
   II
B
```

Bezüglich der Gliederung und Nummerierung in Texten (Abschnitte, Absätze, Aufzählungen) gibt es eine DIN-Norm, nämlich die DIN 1421.

DIN

Für die Erstellung des Inhaltsverzeichnisses können Textverarbeitungsprogramme genutzt werden (vgl. Abschnitt 11.3). So führt beispielsweise folgender Text, wenn er mit den entsprechenden Formatvorlagen verknüpft ist …

1 Erster Punkt der Gliederungsebene 1
Lore ipsum Lore ipsum Lore ipsum Lore ipsum Lore ipsum Lore ipsum

1.1 Erste Untergliederung zu 1
Lore ipsum Lore ipsum Lore ipsum Lore ipsum Lore ipsum Lore ipsum

1.2 Zweite Untergliederung zu 1
Lore ipsum Lore ipsum Lore ipsum Lore ipsum Lore ipsum Lore ipsum

1.3 Dritte Untergliederung zu 1
Lore ipsum Lore ipsum Lore ipsum Lore ipsum Lore ipsum Lore ipsum

1.3.1 Erste Untergliederung zu 1.3
Lore ipsum Lore ipsum Lore ipsum Lore ipsum Lore ipsum Lore ipsum

1.3.2 Zweite Untergliederung zu 1.3
Lore ipsum Lore ipsum Lore ipsum Lore ipsum Lore ipsum Lore ipsum

1.4 Vierte Untergliederung zu 1
Lore ipsum Lore ipsum Lore ipsum Lore ipsum Lore ipsum Lore ipsum

2 Zweiter Punkt der Gliederungsebene 1
Lore ipsum Lore ipsum Lore ipsum Lore ipsum Lore ipsum Lore ipsum

… und mithilfe der automatischen Gliederungsfunktion zu dem Verzeichnis:

1	ERSTER PUNKT DER GLIEDERUNGSEBENE 1	1
1.1	Erste Untergliederung zu 1	1
1.2	Zweite Untergliederung zu 1	1
1.3	Dritte Untergliederung zu 1	1
1.3.1	Erste Untergliederung zu 1.3	1
1.3.2	Zweite Untergliederung zu 1.3	1
1.4	Vierte Untergliederung zu 1	1
2	ZWEITER PUNKT DER GLIEDERUNGSEBENE 1	1

Schauen Sie sich unterschiedliche Gliederungen an. Besonders Dissertationen sind hier sehr aufschlussreich (vgl. Abschnitt 5.6). Vielleicht finden Sie ja welche zu Ihrem Thema.

Das bringt Sie weiter

3.10 | Gut informiert lebt es sich deutlich besser

Nutzen

Nur wer sich von Anfang an gut informiert, läuft nicht Gefahr, etwas zu vergessen oder gar Arbeit doppelt erledigen zu müssen.

Sie leben heute im Informationszeitalter. Also sagen Sie bitte niemals: »Das konnte ich nicht wissen.« Es ist Ihre Pflicht, die Informationen zu besorgen, die Sie benötigen. **Um eine (sehr) gute Note zu erreichen, müssen Sie selbst aktiv werden.**

Checkliste

Besorgen Sie sich frühzeitig alle Informationen, die zur erfolgreichen Fertigstellung und Einreichung Ihrer wissenschaftlichen Arbeit notwendig sind:

- Sorgen Sie dafür, dass Sie alle Veröffentlichungen, Bekanntmachungen, Merkblätter, die für die Erstellung Ihrer wissenschaftlichen Arbeit relevant sind, zur Verfügung haben. Informieren Sie sich im Dekanat, Fachbereich, Prüfungsamt etc.
- Fragen Sie bei Ihrem Gutachter/Ihren Gutachtern ganz genau nach, welche Anforderungen sie an eine wissenschaftliche Arbeit stellen. (Hinweis: Bitte informieren Sie sich unbedingt zuerst, welche Anforderungen des Gutachters bereits in schriftlicher Form vorliegen. Lesen Sie diese und gehen erst dann gut vorbereitet zum Einführungsgespräch. Dadurch unterstreichen Sie Ihre Kompetenz und Ihr Engagement. Um sich die Agenda für das Gespräch einzuprägen, können Sie die im Abschnitt 13.4 beschriebenen Methoden der Mnemotechnik nutzen (vgl. hierzu auch Heister 2007a, S. 3–47).
- Hören Sie auf die Tipps Ihrer Berater, die vielleicht ihre Abschlussarbeit bereits erfolgreich geschrieben haben oder mit den Gepflogenheiten an Ihrer Hochschule bestens vertraut sind.
- Sprechen Sie mit Ihren Mitstudierenden und ziehen Sie Schlüsse aus deren teils auch leidvollen Erfahrungen. Sie sollen weder das Rad neu erfinden noch die gleichen Fehler wiederholen.
- Nutzen Sie Informationen, die Sie in der einschlägigen Literatur und im Internet finden.

Das bringt Sie weiter

Tauschen Sie sich regelmäßig auch mit Studierenden anderer Studiengänge aus und profitieren Sie von diesem interdisziplinären Austausch.

3.11 | Denken Sie an die ehrenwörtliche Erklärung

Nutzen

Vergessen Sie keinesfalls die »ehrenwörtliche Erklärung«.

Die sogenannte ehrenwörtliche Erklärung ist als letztes Blatt einer Abschlussarbeit, einer Dissertation und ggf. auch einer Semesterarbeit einzufügen.

Beispiele

Eine Textvorlage von der Universität Lüneburg für **Seminararbeiten**:
»Ehrenwörtliche Erklärung
Hiermit versichere ich, dass ich die vorliegende Hausarbeit/Seminararbeit ohne fremde Hilfe und ohne Benutzung anderer als der angegebenen Quellen und Hilfsmittel angefertigt und die den benutzten Quellen wörtlich oder inhaltlich entnommenen Stellen als solche kenntlich gemacht habe. Diese Arbeit hat in gleicher oder ähnlicher Form noch keiner anderen Prüfungsbehörde vorgelegen.
(www.uni-lueneburg.de/fb3/muoe/pr/erklaerung.doc, 8.3.2007)

Für **Diplomarbeiten**:
»Ehrenwörtliche Erklärung
Hiermit versichere ich, die vorliegende Diplomarbeit ohne Hilfe Dritter und nur mit den angegebenen Quellen und Hilfsmitteln angefertigt zu haben. Alle Stellen, die aus den Quellen entnommen wurden, sind als solche kenntlich gemacht worden. Diese Arbeit hat in gleicher oder ähnlicher Form noch keiner Prüfungsbehörde vorgelegen.«
(http://www.sec.informatik.tu-darmstadt.de/pages/dipl/docs/finished/binder_diplom.pdf, 8.3.2007)

Ein Beispiel für **Dissertationen**:
»Ehrenwörtliche Erklärung
Ich, N. N., geboren am xx.xx.xxxx in xxxxx, erkläre ehrenwörtlich, dass ich die im Fachbereich Humanmedizin zur Promotionsprüfung eingereichte Arbeit mit dem Titel »Der kardiochirurgische ...« in der Klinik und Poliklinik für Herzchirurgie der Charité, der medizinischen Fakultät der Humboldt-Universität zu Berlin, unter Leitung von Herrn Professor Dr. xxxxxx ohne sonstige Hilfe durchgeführt und bei der Abfassung der Arbeit keine anderen als die in der Dissertation angeführten Hilfsmittel benutzt habe. Ich habe bisher weder an einer in- oder ausländischen medizinischen Fakultät ein Gesuch um Zulassung zur Promotion eingereicht, noch die jetzige Arbeit als Dissertation vorgelegt.«
(in Anlehnung an: http://www.diss.fu-berlin.de/2007/23/kapitel6.pdf, 8.3.2007)

Das bringt Sie weiter

- Finden Sie heraus, ob Sie eine ehrenwörtliche Erklärung abgeben müssen und wie diese genau zu formulieren ist.
- Vergessen Sie auf keinen Fall, die ggf. erforderliche ehrenwörtliche Erklärung in Ihre Arbeit aufzunehmen!

3.12 | Noten entschlüsseln

Nutzen

Entschlüsseln Sie die Noten und Sie wissen genau, was zu tun ist.

Die Prüfungsleistung einer wissenschaftlichen Arbeit gilt als bestanden, wenn mindestens die Note »ausreichend« (4,0) erlangt wurde. Aber es geht selbstverständlich auch besser.

Notenschema

Prüfungsleistungen werden nach dem folgenden Schema bewertet:

- 1 = sehr gut: Eine Leistung, die weit über den Erwartungen liegt.
- 2 = gut: Eine Leistung, die über den Erwartungen liegt.
- 3 = befriedigend: Eine Leistung, die den Erwartungen entspricht.
- 4 = ausreichend: Eine Leistung, die unter den Erwartungen liegt, aber trotz ihrer Mängel noch den Anforderungen genügt.
- 5 = nicht ausreichend: Eine Leistung, die wegen erheblicher Mängel den Anforderungen nicht mehr genügt.

Als Zwischenschritte gelten die Noten 1,3/1,7/2,3/2,7 etc., die Noten 0,7/4,3/4,7 und 5,3 werden nicht vergeben.

Teilnoten

Werden Noten aus mehreren Teilnoten gebildet, so gilt in der Regel:

- ein rechnerischer Wert bis einschließlich 1,5 = die Note »sehr gut«,
- ein rechnerischer Wert über 1,5 bis einschließlich 2,5 = die Note »gut«,
- ein rechnerischer Wert über 2,5 bis einschließlich 3,5 = die Note »befriedigend«,
- ein rechnerischer Wert über 3,5 bis einschließlich 4,0 = die Note »ausreichend«,
- ein rechnerischer Wert über 4,0 = die Note »nicht ausreichend«.

Hinweis: »Über« meint »>« und »bis einschließlich« meint »≤«. Hierbei werden bei Zwischenwerten meistens nur die ersten Dezimalstellen berücksichtigt. Weitere Stellen hinter dem Komma werden ohne Rundung gestrichen.

Relative Bewertung

In Zukunft werden auch vermehrt ECTS-Noten, eine relative Bewertung der Prüfungsleistung, vergeben werden. Die ECTS-Note setzt die individuelle Leistung ins Verhältnis zu den Leistungen anderer Prüflinge bzw. Absolventen. Danach erhalten die Absolventen, die innerhalb ihrer Vergleichsgruppe

- zu den besten 10 % gehören, die Note A,
- zu den nächsten 25 % gehören, die Note B,
- zu den nächsten 30 % gehören, die Note C,
- zu den nächsten 25 % gehören, die Note D,
- zu den schlechtesten 10 % gehören, die Note E.

Das bringt Sie weiter

- Klären Sie, welche Regelungen zur Benotung in Ihrem Fachbereich und für die betreffende Arbeit gelten.
- Denken Sie daran: Wenn die Note besser als »3,0« sein soll, müssen Ihre Leistungen über den Erwartungen liegen.

3.13 | Den Erfolg von Anfang an planen

Setzen Sie sich von Anfang an die Bestnote als Ziel.

Nutzen

Die Note einer wissenschaftlichen Arbeit gibt nicht nur ex post (also im Nachhinein) über die Qualität Ihrer Arbeit Auskunft. Sich über die angestrebte Note von Anfang an klar zu sein, ist für die gesamte Planung der Arbeit äußerst wichtig.

Welche Note wollen Sie bei Ihrer wissenschaftlichen Arbeit erreichen?

- Reicht Ihnen eine 3 = befriedigend? Dann müssen Sie lediglich eine Leistung erbringen, die den durchschnittlichen Anforderungen genügt. Manche Betreuer nennen das eine Leistung, die »den Erwartungen entspricht«.
- Streben Sie eine 2 = gut an? Dann müssen Sie eine Leistung erbringen, die erheblich über den durchschnittlichen Anforderungen (also über den Erwartungen) liegt.
- Möchten Sie sich gar mit einer 1 = sehr gut schmücken? So ist eine hervorragende Leistung zu erbringen, also eine Leistung die weit über den Erwartungen liegt.

Damit haben Sie aber ein klares Ziel: Sie wissen, was zu tun ist. Machen Sie sich klar, welche Elemente Ihrer Arbeit über oder sogar weit über den Erwartungen liegen. Oder anders herum: Falls Sie bei Ihrer Arbeit nichts anführen können, was (weit) über den Erwartungen liegt, sollten Sie keine bessere Note als eine 3 – befriedigend erwarten.

Highlights

Was könnte nun **das Besondere an Ihrer Arbeit** sein? Einige Beispiele:

- eine besonders gründliche und reflektierte Übersicht über den Status quo der Literatur bzw. der Forschung,
- ein eigenes (wissenschaftliches, theoretisches etc.) Modell,
- eine eigenständige Diskussion und Bewertung der verschiedenen theoretischen Ansätze,
- eine eigenständige Befragung,
- ein wissenschaftlich begleitetes Experiment,
- eine eigenständige Beobachtung (Feld-, Laborbeobachtung),
- eine eigenständige Auswertung,
- eine sehr kritische Auseinandersetzung mit einem Thema,
- die Vertiefung eines Themas mit Interviews.

Kombinationen

Lesen Sie hierzu auch das Kapitel 8. Noch besser: Integrieren Sie gleich mehrere Elemente in Ihre Arbeit, mit denen Sie erfolgreich punkten wollen. Dann können Sie eine eventuelle Schwäche in einem Gebiet leicht ausgleichen.

Das bringt Sie weiter

Überlegen Sie, was Ihre wissenschaftliche Arbeit auszeichnen kann und arbeiten Sie konsequent daran.

3.14 | So bewerten die Prof(i)s

Nutzen

Bekommen Sie einen Einblick, wie Ihre Arbeit von Profis bewertet wird.

Teilnoten

In der Regel setzt sich die Note einer wissenschaftlichen Arbeit aus mehreren Teilen zusammen. So werden etwa Inhalt, Quellen, Formalia, Innovation bzw. Eigenständigkeit getrennt bewertet. Die Teilnoten werden z. B. nach dem folgenden Schlüssel gemittelt:

Gesamtnote = (Inhalt × 0,4) + (Quellen × 0,2) + (Formalia × 0,2) + (Innovation/Eigenständigkeit × 0,2).

Beispiel

Der Prüfer bewertet den Inhalt mit 2,0, Quellen mit 1,7, Formalia mit 2,3 und Eigenständigkeit mit 1,0 so ergibt sich die Gesamtnote 1,8.

Bonus und Malus

Nehmen Sie Ihre Arbeit zur Hand und gehen Sie entsprechend des im Abschnitt 3.12 dargestellten Notenschemas vor. Gehen Sie davon aus, dass die Arbeit den Erwartungen entspricht. Suchen Sie dann entsprechend der im Abschnitt 3.16 aufgeführten »Checkliste: Wissenschaftliche Arbeit« Mängel und finden Sie heraus, **welche Ihrer Leistungen über oder weit über den Erwartungen liegen.**

- Wenn Sie keine besonderen Mängel finden, aber auch keine besonderen innovativen Ansätze erkennen können, so entspricht die Arbeit den Erwartungen und ist mit 3,0 zu bewerten.
- Erkennen Sie in erster Linie Mängel, so wird die Note noch schlechter ausfallen.
- Finden Sie aber innovative und eigenständige Leistungen, die über die Erwartungen hinausgehen, so können Sie mit den Noten »gut« und »sehr gut« rechnen.

Gutachten

Gutachten zu wissenschaftlichen Arbeiten sind daher häufig folgendermaßen aufgebaut:

- **Verständlichkeit:** Logik der Gliederung – »roter Faden« – Begrifflichkeit – Ausdruck/Stil – Abbildungen,
- **Analyse:** Analyse und Beschreibung des Problems – Kapitel 1 … – Kapitel 2 … – Aufarbeitung Wissensstand/Literatur – Prüfung – Kritik – Bewertung,
- **Synthese:** Entwicklung eigenständiger Lösungsideen – Ableitung Modell/Konzept – Prüfung Lösung mit Aufgabenstellung,
- **Korrektheit:** Zitierweise – Literaturangaben – Abbildungsverzeichnis/Tabellenverzeichnis – Abkürzungsverzeichnis – Gliederung/Nummerierung – ehrenwörtliche Erklärung/Deckblatt – Fußnoten – Sonstiges,
- **Fehlerfreiheit:** Grammatik – Rechtschreibung – Zeichensetzung,
- **Schwierigkeitsgrad:** Komplexität des Themas – Neuheit des Themas – abzudeckende Fachgebiete – Fazit.

Das bringt Sie weiter

Versuchen Sie bereits während der Erstellung der wissenschaftlichen Arbeit, ihre eigene Arbeit selbst zu benoten.

3.15 | Wissenschaftliche Arbeiten gemeinsam verfassen

Wägen Sie ab, ob Sie mit anderen Kommilitonen gemeinsam eine Arbeit verfassen wollen.

Nutzen

Eine wissenschaftliche Arbeit kann alleine oder gemeinsam erstellt werden. In vielen Studien- und Prüfungsordnungen ist dies vorgesehen:

Beispiele

Für die **Thesis** gilt beispielsweise:
»Die Bachelorarbeit kann auch in Form einer Gruppenarbeit zugelassen werden, wenn der als Einzelleistung zu bewertende Beitrag aufgrund der Angabe von Abschnitten, Seitenzahlen oder anderer Kriterien, die eine eindeutige Abgrenzung ermöglichen, deutlich unterscheidbar und bewertbar ist …«

Prüfungsordnung für die Bachelorstudiengänge Business Administration, Taxation and Auditing und Information Systems an der Hochschule Niederrhein vom 11. Juli 2006 (Amtl. Bek. 20/2006), § 23.

Auch **Dissertationen** können gemeinsam verfasst werden.

Vorteile

Die Vorteile einer Zusammenarbeit sind:
- Gemeinsam verfügen Sie über mehr Wissen, mehr Ressourcen und auch mehr Energie.
- Sie haben einen weiteren kompetenten Ansprechpartner für fachliche Fragen.

Nachteile

Mögliche Nachteile sind:
- Die eindeutige Abgrenzung der verschiedenen Leistungen ist oft schwierig.
- Der Mitschreiber kann sich auf Ihre Kosten besser stellen.
- Die Abstimmung mit Ihrem Mitschreiber gestaltet sich schwierig.
- Die Arbeit wird sehr komplex und es besteht die Gefahr, den roten Faden zu verlieren.

Das bringt Sie weiter

Falls Sie sich vorstellen können, mit jemandem anderen zusammen eine wissenschaftliche Arbeit zu erstellen, so wägen Sie vorher unbedingt die Vor- und Nachteile ab und sprechen Sie mit Ihrem Betreuer.

3.16 | Checkliste: Wissenschaftliche Arbeit

Nutzen

Finden Sie heraus, ob Ihre wissenschaftliche Arbeit den Minimalanforderungen genügt.

Checkliste

Überprüfen Sie Ihre Arbeit auf folgende Aspekte:

- Ist die geforderte **Reihenfolge** (z. B. Deckblatt, Gliederung, Abbildungsverzeichnis/Tabellenverzeichnis, Abkürzungsverzeichnis, Einleitung, Hauptteil, Fazit, Literaturverzeichnis, Anhang) eingehalten?
- Verdeutlicht die **Einleitung** Fragestellung und Ziel der Arbeit, werden die wichtigsten Begriffe geklärt, die Vorgehensweise begründet und das Thema eingegrenzt bzw. notwendige Exkurse erläutert?
- Wird das **Thema** eingehalten, stimmen Gliederung und Einleitung überein?
- Ist stets eine zielgerichtete Gedankenführung (**roter Faden**) erkennbar, werden sinnvolle Schwerpunkte gesetzt?
- Haben Sie die **Vorkenntnisse** der Leser berücksichtigt?
- Sind alle **wesentlichen Sachverhalte** berücksichtigt und wichtige Details herausgearbeitet?
- Werden die Argumente **logisch** begründet und setzen Sie sich mit anderen Meinungen auseinander?
- Konzentrieren Sie sich auf das **Wesentliche**?
- Werden im Studium erlernte **Fertigkeiten und Methoden** angewandt?
- Besteht methodische Einseitigkeit oder werden **verschiedene Lösungswege** gesehen und auf ihre Eignung für das gestellte Thema/Problem diskutiert?
- Haben Sie ein exzellentes **Fazit** formuliert?
- Kann die vorgeschlagene **Lösung** überzeugen? Haben Sie sorgfältig recherchiert?
- Sind die Quellen und die **Sekundärliteratur** selbstständig aufgearbeitet?
- Sind die Arbeit und die verwendeten **Quellen** auf dem **neuesten Stand**?
- Haben Sie möglichst viele **eigenständige Leistungen** eingebracht?
- Sind **alle Passagen kenntlich** gemacht, die dem Sinn nach aus anderen Quellen entnommen sind?
- Haben Sie sich **klar** ausgedrückt?
- Verwenden Sie **korrekte** Begriffe?
- Ist der Text grammatikalisch **richtig**?
- Stimmen **Rechtschreibung** und **Kommasetzung**?
- Unterstützt der **Satzbau** die Lesbarkeit?
- Vermischen Sie **Sachsprache** und Umgangssprache?
- Sind die Abbildungen, Grafiken und Tabellen **aussagekräftig** und gut lesbar?
- Sind Abbildungen und Tabellen entsprechend **beschriftet**?
- Besteht ein **ausgewogenes Verhältnis** zwischen Hauptteil und Anhang?

Das bringt Sie weiter

Lassen Sie Ihre wissenschaftliche Arbeit möglichst von Dritten Korrektur lesen.

3.17 | Vermeiden Sie typische Fehler

Nutzen

Häufige Fehler müssen nicht wiederholt werden.

Vermeiden Sie typische Fehler:

- Sprechen Sie mit Ihrem Betreuer, welche **Erwartungen** er an die Arbeit, den Inhalt, die Formalia etc. hat.
- Prüfen Sie, ob jeder Gedanke, Absatz, Kapitel, Teil etc. **logisch** angebunden ist.
- Nehmen Sie nur weitere **Untergliederungen** vor, wenn mindestens zwei Unterpunkte benötigt werden. (Hinweis: Falsch ist z.B. 1, 1.1, 2, 2.1 etc., inhaltlich sinnvoll ist nur: 1, 1.1, 1.2, 2, 2.1, 2.2 etc.)
- Vermeiden Sie **Behauptungen ohne Belege**.
- Schreiben Sie nicht zu **journalistisch**.
- Führen Sie eine vernünftige **Silbentrennung** durch.
- Fügen Sie ausreichend **Absätze** ein. Schaffen Sie also keine Bleiwüste auf den Seiten, sondern sorgen Sie für Übersichtlichkeit.
- Achten Sie darauf, dass alle **Abbildungen**, Grafiken und Tabellen aussagekräftig und gut lesbar sind.
- Denken Sie daran, dass farbliche Unterschiede beim Druck mit **Grauschattierungen** weniger deutlich erkennbar sind.
- Prüfen Sie, ob stets aussagekräftige **Legenden** vorhanden sind.
- Verwenden Sie nicht zu viele wörtliche **Zitate** (z.B. alle paar Seiten ein wörtliches Zitat), dafür muss es stets einen besonderen Grund geben.
- Zitieren Sie nicht über mehrere Seiten immer nur dieselbe Quelle. Das wirkt dann fast wie »abschreiben«. Suchen Sie die **Vielfalt** auch bei den Quellen und der Sekundärliteratur.
- Verwenden Sie **ältere Literatur** (>5 Jahre) nur, wenn es erforderlich ist (z.B. Arbeit zur Wirtschaftsgeschichte), und begründen Sie dies.
- Geben Sie nur die Literatur im **Literaturverzeichnis** an, auf die Sie im Text Bezug genommen haben.
- Geben Sie die verwendete Literatur vollständig an.
- Prüfen Sie vor dem Ausdruck der Arbeit, ob alle **Seitenangaben** in den Verzeichnissen (Inhaltsverzeichnis, Abbildungsverzeichnis etc.) **korrekt** sind.
- Überprüfen Sie, ob alle in der Studien- bzw. Prüfungsordnung geforderten Teile (z.B. die **ehrenwörtliche Erklärung**) vorhanden sind.
- Achten Sie darauf, dass die Namen der Gutachter korrekt und einheitlich geschrieben sind (z.B. beide mit oder beide ohne Vornamen).
- Prüfen Sie die (gebundene) Arbeit vor der Abgabe auf ihre **Vollständigkeit**. Es kommt vor, dass Seiten beim Kopieren oder Drucken verloren gehen.

Das bringt Sie weiter

Gehen Sie bereits beim Verfassen der wissenschaftlichen Arbeit die hier aufgeführten Checklisten mehrmals durch und prüfen Sie, ob Sie die einzelnen Punkte erfüllen.

3.18 | Finger weg von Plagiaten!

Nutzen

Lassen Sie sich auf keinen Fall zu einem Plagiat verleiten.

Plagiat

Ein Plagiat liegt vor, wenn Sie fremdes geistiges Eigentum als Ihr eigenes »verkaufen«. Dies ist beispielsweise dann der Fall, wenn Sie Gedanken, Sätze, ganze Passagen oder gar komplette Werke Dritter in Ihre wissenschaftliche Arbeit übernehmen, ohne dies entsprechend kenntlich zu machen.

Zulässig ist

Ein entsprechend gekennzeichnetes wissenschaftliches Zitat ist kein Plagiat. Nach dem geltenden Urheberrecht ist es zulässig, z. B. kürzere Passagen aus einem geschützten Werk zu zitieren bzw. inhaltliche Anlehnungen zu verwenden – natürlich unter Nennung der entsprechenden Quelle. Im Urheberrecht finden Sie hierzu folgenden Paragrafen:

»§ 51 Zitate
Zulässig ist die Vervielfältigung, Verbreitung und öffentliche Wiedergabe, wenn in einem durch den Zweck gebotenen Umfang
1. einzelne Werke nach dem Erscheinen in ein selbstständiges wissenschaftliches Werk zur Erläuterung des Inhalts aufgenommen werden. (...)«

Gesetz über Urheberrecht und verwandte Schutzrechte, zitiert nach http://bundesrecht.juris.de/urhg/__51.html, 31.5.2007.

Analyseprogramme

Inzwischen gibt es bereits eine Reihe von Programmen, die es ermöglichen, ein wissenschaftliches Werk daraufhin zu überprüfen, ob einzelne Passagen mit Veröffentlichungen im Internet übereinstimmen. Aus diesem Grunde schreiben immer mehr Prüfungsordnungen vor, auch eine digitale Version der wissenschaftlichen Arbeit vorzulegen, um sie entsprechend überprüfen zu können.

Straftatbestand

Bei einem Plagiat handelt es sich um Diebstahl geistigen Eigentums und dies kann entsprechend geahndet werden.

Das bringt Sie weiter

Geben Sie zu jedem Zitat und zu jeder Anlehnung an andere Urheber immer eine Quelle an. Informieren Sie sich über Plagiatsnachweis-Software z. B. unter: http://de.wikipedia.org/wiki/Plagiat.

4 Ein passendes Thema finden und formulieren

Themenvergabe

Manchmal ist das Thema für eine Seminararbeit oder Abschlussarbeit genau vorgegeben. Oder Sie können aus einer Liste von Themen wählen. Manchmal müssen Sie das Thema aber auch selbst suchen und formulieren.

Ein geeignetes Thema zu finden, ist für viele Studierende schwer. Das ist nachvollziehbar, da man dies ja nicht ständig tut. Nachfolgend finden Sie wichtige Tipps, die Ihnen die Themensuche erleichtern sollen.

Zum »Warmlaufen« möchten wir zunächst ein Beispiel anführen, das zeigt, wie breit manche Themen sind.

Eine typische Ausgangssituation sieht folgendermaßen aus: Die Abschlussarbeit steht bevor und der Kandidat weiß nur: »Ich will im Bereich Marketing schreiben und über Autos.« Mehr weiß er nicht.

Beispiel

Eine Recherche nach Dissertationen mit den Suchworten »Marketing«, »Auto*« und »Diss*« ergibt:

- Automobilmarketing,
- Senioren im Automobilmarketing,
- Wettbewerbsanalyse in der Automobilindustrie,
- Markenloyalität im Premiumsegment des Automobilmarkts,
- Key-Account-Management im Automobilhandel,
- Inbound-Supply-Chain-Management in der Automobilindustrie,
- Vertriebssysteme im Automobilhandel,
- Automobilmarketing im Spannungsfeld von gesellschaftlichen Umweltzielen und Kundennutzen,
- Kundenorientierte Lagerfertigung im Automobilvertrieb,
- das strategische Marketing-Management von Motorsport-Projekten der Automobilindustrie,
- die Händlerzufriedenheit als Zielgröße im vertikalen Marketing der Automobilwirtschaft,
- Multi-Franchise-Konzepte im Automobileinzelhandel,
- Internationale Marktsegmentierung im Automobilmarketing,
- Wertewandel im Spiegel der Automobilwerbung.

Ergebnisse einer Online-Suche im Katalog der Deutschen Nationalbibliothek, http://dispatch.opac.ddb.de/DB=4.1, 31.5.2007.

Aber verzweifeln Sie nicht: Es gibt vielfältige Möglichkeiten, die Themensuche zu erleichtern. In diesem Kapitel finden Sie zahlreiche Tipps.

Tipps

- Nehmen Sie eine solche Liste als Grundlage und lassen Sie Ihren Gedanken und Ihrer Kreativität freien Lauf.

4.1 | Viele Wege führen zum Thema

Nutzen

Nutzen Sie Hilfsmittel bei der Themenfindung.

Checkliste

Es gibt zahlreiche Hilfsmittel, die Sie bei der Themenfindung heranziehen können:

- Vorschlagslisten, die an Instituten aushängen bzw. die Sie bei den Lehrstühlen erhalten oder einsehen können,
- Listen und Kataloge, die bereits vollendete Abschlussarbeiten beinhalten, etwa in Ihrer Bibliothek,
- Veröffentlichungen im Internet (z. B. Diplomarbeitenbörsen),
- Datenbanken für die Suche nach Dissertationen,
- Thematische Buchkataloge,
- Fachzeitschriften, insbesondere deren Inhaltsverzeichnisse,
- Liste von Forschungsprojekten, siehe z. B. http://www.dfg.de/dfg_im_profil/zahlen_und_fakten/projekte_und_programme/index.html,
- Gespräche mit Praktikern und ihren Beratern,
- Veröffentlichungen der Verlage, Verlagsprospekte. Hier sehen Sie besonders schnell, welche Themen gerade aktuell sind.

Themenliste im Internet

Die Diplomarbeitenbörse des Handelsblattes finden Sie unter www.karriere.de.

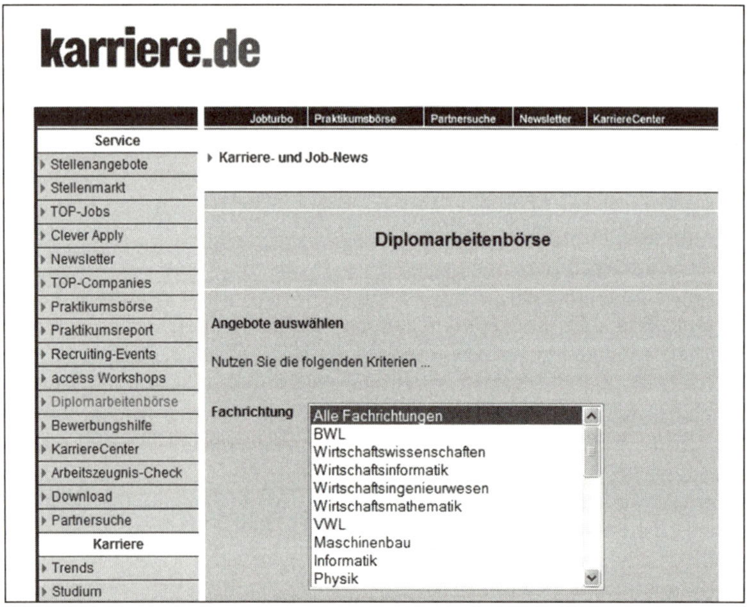

Das bringt Sie weiter

Geben Sie in einer Suchmaschine Begriffe wie »Diplomarbeitsthemen«, »Themen für Abschlussarbeiten«, »Diplomarbeit Themen« etc. ein.

4.2 | Fordern Sie Ihre eigene Kreativität heraus

Verwenden Sie gängige Kreativitätstechniken und finden Sie ein Thema.

Nutzen

Kreativitätstechniken sind Denkwerkzeuge, die eingesetzt werden, um Blockaden beim Denken zu überwinden. Sie sollen dabei helfen, das Denken (die Ideensuche, die Suche nach Problemlösungen etc.) ungeordnet – und somit kreativ – ablaufen zu lassen. Das kann eine große Hilfe bei der Themenfindung sein.

Methoden

Mittels Kreativitätstechniken werden Ideen generiert. Dabei werden alte Denkwege verlassen und neue Möglichkeiten erkannt. Das Unterbewusstsein wird aktiviert und somit kann auf einen reichhaltigen Erfahrungsschatz zurückgegriffen werden.

- **Brainstorming:** Ausgangspunkt ist die Themenfindung für die Abschlussarbeit. Es werden möglichst viele spontane, assoziative Äußerungen gesammelt. Die Gedanken werden notiert, ohne kommentiert oder bewertet zu werden. Lassen Sie sich von den Ideen und Assoziationen Ihrer Kommilitonen anregen! Brainstorming kann auch in relativ kleinen Gruppen durchgeführt werden.
- Die Methode des **Brainwriting** ist eine Modifikation des Brainstormings. Die Gedanken werden in der Gruppe nicht über das Sprechen und Hören der Begriffe in Schwung gebracht, sondern über die Schrift. Die Teilnehmer schreiben ihre Assoziationen selbst auf (einen großen Bogen) Papier. Jeder Teilnehmer erhält ein Blatt mit drei Spalten und sechs Reihen = 18 Kästchen. Ausgehend von der Frage nach einem geeigneten Thema schreibt jeder Teilnehmer in die Kästchen der erste Reihe je eine Idee. Jeder Teilnehmer reicht das Blatt weiter. Der Vorgang wird fünf Mal wiederholt.
- **Mind Mapping** ist eine besonders gehirngerechte Technik. Die Teilnehmer legen dabei eine Gedankenkarte an und notieren in der Mitte »Thema für die Abschlussarbeit«. Ihre Ideen gruppieren sie dann um dieses Zentrum.
- Bei der **Visualisierung** machen Sie sich in Gedanken ein positives Bild von der Abschlussarbeit. Mit möglichst vielen Details malen Sie sich aus, wie das Ergebnis aussehen soll.
- Bei der **Reizworttechnik** bringen Sie Dinge zusammen, die auf den ersten Blick nichts miteinander zu tun haben. Schlagen Sie beispielsweise ein Buch auf, recherchieren Sie im Internet, lesen Sie in irgendeiner Zeitschrift. Dann greifen Sie einen Begriff heraus und notieren beispielsweise alle Eigenschaften, die Ihnen zu diesem Begriff einfallen. Bringen Sie die notierten Begriffe mit Ihrer Themensuche in Verbindung.

Die verschiedenen Methoden lassen sich auch kombinieren.

Das bringt Sie weiter

Informieren Sie sich im Internet über Kreativitätstechniken. Nutzen Sie z. B. die Seite http://de.wikipedia.org/wiki/Ideenfindung oder geben Sie in einer Suchmaschine das Stichwort »Kreativitätstechniken« ein.

4.3 | So formulieren Sie konkret

Nutzen

Erfahren Sie, wie man Themen gut formulieren kann.

Eng oder weit?

Eine weitere große Hürde stellt die konkrete Formulierung des Themas der wissenschaftlichen Arbeit dar. Dabei gibt es zwei Extreme:

- Das Thema kann **sehr präzise formuliert** sein und ist damit recht eng eingegrenzt. Die meisten Betreuer werden eine solche Themenstellung bevorzugen.
- Das Thema kann **sehr weit formuliert** sein. Die Eingrenzung findet dann erst in der Abschlussarbeit selbst (also in der Einleitung) statt. Das ist aber eher ungewöhnlich.

Vor- und Nachteile

Beides hat seine Vor- und Nachteile:

- Bei einem sehr eng gefassten Thema besteht die Gefahr, dass das Thema nicht genügend hergibt und Ihnen der Stoff ausgeht.
- Bei einem sehr weit gefassten Thema können Sie die wichtigen Punkte eventuell nur kursorisch abhandeln, ohne sie einer genauen Analyse zu unterziehen. Die Arbeit wird dadurch unpräzise und bleibt reines Stückwerk.

Themen präzisieren

An einem Beispiel möchten wir zeigen, wie man aus einem sehr weit gefassten Thema eine präzise definierte Themenstellung entwickeln kann. Hier gibt es »**Übergänge**«:

→ Die Balanced Scorecard,
→ Konzepte zur Umsetzung der Balanced Scorecard,
→ Konzepte zur Umsetzung der Balanced Scorecard in NPOs,
→ Konzepte zur Umsetzung der Balanced Scorecard in NPOs am Beispiel von Seniorenheimen.

Präzisieren Sie Ihr Thema, indem Sie beispielsweise

- einen Teilaspekt untersuchen,
- sich auf eine bestimmte Branche beschränken,
- einen speziellen Zeitraum betrachten,
- von einer konkreten Situation ausgehen,
- nur einen Überblick geben.

Relevanz für Bewerbungen

Häufig wird die Auffassung vertreten, dass die Auswahl des Titels (insbesondere einer Abschlussarbeit) für die anschließende Bewerbung relevant sei. Unserer Meinung nach wird dieser Aspekt der »Bewerbungstauglichkeit« aber tendenziell überbewertet. **Ein sehr spezielles Thema ist nur in wenigen Fällen für eine Bewerbung förderlich.** Meist spielt es keine so große Rolle. Ein Thema kann eher ein wenig abschreckend wirken, wenn es z. B. zu mathematisch oder zu theoretisch formuliert ist.

Das bringt Sie weiter

Diskutieren Sie das von Ihnen präferierte Thema auch mit Ihren Helfern und mit Ihren Kommilitonen.

4.4 | So formulieren Profis

Nutzen

Finden Sie heraus, ob es bereits Dissertationen zu dem von Ihnen präferierten Thema gibt, und Sie erhalten möglicherweise wertvolle Hinweise.

Vorteil

Vorhandene Dissertationen können für Sie nur von Vorteil sein. Denn eine Dissertation (Inauguraldissertation, Doktorarbeit) ist eine schriftliche wissenschaftliche Arbeit zur Erlangung eines Doktorgrades an einer Hochschule. Sie soll zeigen, dass der Kandidat selbstständig wissenschaftlich arbeiten kann. Wichtig ist hierbei eine umfassende Kenntnis und Erörterung der bisher bekannten und relevanten Fachliteratur.

Insofern ist eine Dissertation möglicherweise eine Fundgrube für Informationen und relevante Literatur.

Vorgehen

Die **Recherche** ist auf folgendem Weg möglich:

- Gehen Sie im Internet zum Karlsruher Virtuellen Katalog (vgl. Abschnitt 5.5): http://www.ubka.uni-karlsruhe.de/kvk.html,
- wählen Sie dort den Link zur DNB (= Deutsche Nationalbibliothek), in dem Sie auf »DNB« klicken (nicht ins Kästchen daneben),
- klicken Sie in der oberen Navigationszeile auf »Erweiterte Suche«,
- geben Sie in der ersten Zeile das Suchwort (z. B. »Beschaffungsmarketing«) ein. Wählen Sie in der linken Drop-down-Box der zweiten Zeile »Hochschulschrift« und geben rechts »diss*« ein. Klicken Sie dann auf »Suchen« und Sie erhalten die Ergebnisliste,
- ggf. können Sie ein weiteres Suchwort eingeben.

Beispiel

Rechercheergebnis für das Stichwort »Qualitätsmanagement«:

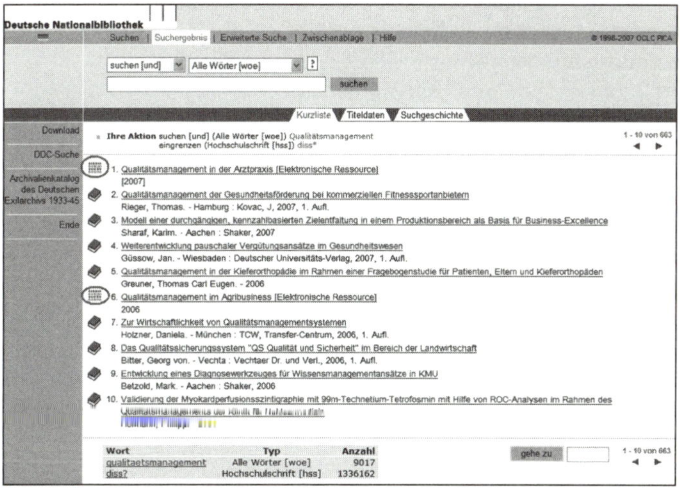

Das bringt Sie weiter

Suchen Sie nach Titeln von Dissertationen und nutzen Sie dies bei der Themenfindung.

4.5 | Nutzen Sie Titel von Doktorarbeiten

Nutzen

Die Titel von Doktorarbeiten können Ihnen die Themenfindung erleichtern.

Beispiele

Sie suchen nach einem Thema für Ihre Arbeit. Sie recherchieren, wie im vorigen Abschnitt 4.4 erläutert wurde, in der Datenbank für Dissertationen. Sie wollen etwas zum Thema Controlling schreiben und geben das entsprechende Stichwort ein.

Die ersten 10 Rechercheergebnisse erscheinen: Manche Titel verstehen Sie nicht, andere gefallen Ihnen nicht. Es ist auch von Branchencontrolling die Rede, also von Controlling einer bestimmten Branche. Die Arbeiten haben hier folgende Titel: »Konzeption eines Qualitätscontrollings für die stationäre Altenhilfe« oder »Planungs-, Informations- und Controlling-Systeme für Agrarunternehmen«.

Sie gehen zu den nächsten 10 Rechercheergebnissen. Ihnen fallen folgende Titel ins Auge: »Strategisches Controlling in Wirtschaftsprüfungsgesellschaften« und »Controlling in mittelständischen Unternehmen«.

Ihnen wird klar, dass die Themen häufig branchenspezifisch gefasst sind. Sie erinnern sich an Ihr Praktikum in der Abfallwirtschaft und geben daher in der Suchmaske zusätzlich das Stichwort »Abfallwirtschaft« ein. Sie erhalten das Suchergebnis: »Benchmarking als Instrument einer new-public-Managementorientierten Controllingkonzeption für kommunale Abfallwirtschaftsbetriebe« von Bert Stegmann. Sie können sich diese Dissertation per Fernleihe besorgen und mit der Planung beginnen.

Ein weiteres Beispiel: Sie wollen Dissertationen zum Thema Controlling für Hochschulen suchen. Sie geben als weiteren Suchbegriff »Hochschule*« ein und erhalten 17 Ergebnisse, z. B.:

- Kosteninformationen für universitäre Hilfsdienste,
- Informationssysteme für Hochschulen,
- Kennzahlensysteme des Hochschul-Controlling – Fundierung, Systematisierung, Anwendung,
- Hochschul-Informationssystem.

Das bringt Sie weiter

Trainieren Sie diese Art der kreativen Themenfindung bereits, bevor es ernst wird.

4.6 | Ist das Thema mit potenziellen Risiken verbunden?

Minimieren Sie das Risiko, eine schlechte Note zu bekommen, in dem Sie ein systematisches »Risikomanagement« betreiben. Nutzen

Risiken:

Risiko 1

Eine erste Klippe stellt das eigene **Interesse am Thema** dar. Das kann sich zwischen »Feuer und Flamme« und »keine Lust« bewegen. Zu viel Engagement kann Sie blind für die Risiken machen. Keine Lust auf das Thema zu haben, ist aber ebenso gefährlich. Wenn Sie sich zum Schreiben zwingen müssen, kann kein guter Text entstehen.

Risiko 2

Ein weiteres Risiko birgt die **Menge der relevanten Literatur**. Falls zu viel Literatur vorhanden ist, reicht häufig die Zeit nicht, um sich einen Überblick zu verschaffen und die Literatur angemessen zu bewerten. Bei zu wenig Sekundärliteratur fehlen Ihnen Quellen und Belege, auf die Sie sich in Ihrer Arbeit stützen können.

Risiko 3

Es gibt äußerst **spannende und aktuelle** Themen, die **aber** trotzdem **für eine wissenschaftliche Arbeit nicht geeignet** sind. Einerseits kann die Zeit für ein sehr weit gefasstes Thema schnell knapp werden oder das Thema lässt sich nicht auf der geforderten Seitenzahl angemessen behandeln. Ein Beispiel für ein Thema, das nicht »schreibbar« ist und von dem wir nur dringend abraten können, ist: »Die Angst der Manager vor Entscheidungen.« Dieses Thema ist brandaktuell und äußerst interessant, aber woher wollen Sie das notwendige Material nehmen? Es sei denn, Sie haben genügend Freiwillige und können professionelle Interviews durchführen.

Risiko 4

Ein sehr anwendungs- und praxisorientiertes Thema birgt das Risiko, dass es sich auf **keinen theoretischen Ansatz** beziehen lässt. Aber eine wissenschaftliche Arbeit kann nicht ohne ein theoretisches Fundament geschrieben werden. Falls Sie ein solches Thema in Kooperation mit einem Unternehmen gewählt haben, empfiehlt sich: Schreiben Sie zwei Arbeiten. Eine wissenschaftliche Arbeit für die Hochschule mit entsprechender Bezugnahme auf theoretische Modelle und einen Projektbericht für das Unternehmen.

Das bringt Sie weiter

Schreiben Sie zu jedem Thema auf, mit welchen potenziellen Risiken es verbunden ist, und wägen Sie gründlich ab.

4.7 | Entscheiden Sie sich endgültig für ein Thema

Nutzen

Versachlichen Sie die Entscheidung für ein Thema und machen Sie sie für andere nachvollziehbar und bewertbar.

Nutzwertanalyse

Bewerten Sie potenzielle Themen mit der Nutzwertanalyse, um das beste Thema für sich herauszufinden. Die Vergleichbarkeit von Themen wird über Punkte hergestellt. Der Ablauf einer Nutzwertanalyse sieht wie folgt aus:

- Schritt 1: Bestimmen Sie die Zielkriterien. Stellen Sie einen Kriterienkatalog zusammen.
- Schritt 2: Gewichten Sie die einzelnen Zielkriterien. Dadurch geben Sie die relative Bedeutung der Ziele zueinander an.
- Schritt 3: Ermitteln Sie die Zielerträge. Je Alternative wird die Ausprägung der Zielerfüllung eines jeden Zielkriteriums durch Zuweisung eines Punktewertes (Zielerfüllungsgrad) bestimmt (1–5, 5 = Bestnote).
- Schritt 4: Berechnen Sie die (gewichteten) Teilnutzwerte. Multiplizieren Sie die Zielerträge mit den Gewichten der einzelnen Zielkriterien.
- Schritt 5: Nutzwertsynthese und Entscheidung: Um den Gesamtnutzwert einer Alternative zu ermitteln, addieren Sie die (gewichteten) Teilnutzenwerte. Entscheiden Sie sich für das Thema mit dem höchsten Gesamtnutzen.

Zielkriterien

Nachfolgend finden Sie ein konkretes Beispiel. Alternative 1 ist das potenzielle Thema »Balanced Scorecard für Nonprofitorganisationen«, Alternative 2 das Thema »Kundenbindung in Automobilclubs«.

Zielkriterium	Gewicht	Alternative 1		Alternative 2	
		Ziel-ertrag	Teil-nutzen	Ziel-ertrag	Teil-nutzen
Eigenes Vorwissen	3	3	9	3	9
Quellenlage	3	2	6	2	6
Vorhandene Ideen für Eigenständigkeit	3	1	3	4	12
Neuigkeitsgrad	1	1	1	4	4
Schwierigkeitsgrad	1	1	1	3	3
Realisierbarkeit	1	1	1	5	5
Summe			21		39

Aufgrund des verschiedenen Gesamtnutzens entscheiden Sie sich in diesem Fall für Alternative 2.

Das bringt Sie weiter

Erstellen Sie die Nutzwertanalyse für potenzielle Themen und besprechen Sie die Ergebnisse auf jeden Fall mit Ihren Beratern. So können Sie Ihre eigene (subjektive) Einschätzung zur Diskussion stellen und mit den Meinungen anderer abgleichen.

4.8 | Soll es eine Literatur- oder empirische Arbeit sein?

Lernen Sie die Vor- und Nachteile einer Literaturarbeit im Vergleich zu einer empirischen Arbeit gegeneinander abzuwägen.

Nutzen

Literaturarbeit

Im Rahmen einer Literaturarbeit sichten Sie die vorliegenden wissenschaftlichen Texte, sammeln die wesentlichen Aussagen, vergleichen und bewerten diese. Die kreative und eigenständige Literaturanalyse und -bewertung ist somit der Kern dieser Form der wissenschaftlichen Arbeit.

Die Darstellung und der Vergleich der Literatur kann
- im Text und/oder
- in Form von Tabellen oder Grafiken

erfolgen. Letzteres macht die Arbeit anschaulicher und übersichtlicher. Manchmal werden im Rahmen einer Literaturarbeit auch ein eigenes theoretisches Modell entwickelt oder theoretische Ansätze eigenständig beispielsweise auf eine andere Branche übertragen.

Empirische Arbeit

Zwar gehört zur empirischen Arbeit auch die Analyse der vorliegenden Literatur, diese hat aber einen geringeren Stellenwert als in der reinen Literaturanalyse. Vielmehr geht es bei der empirischen Arbeit vorrangig um die Auswertung und Nutzung von empirischem Material.

Empirische Erkenntnisse können Sie im Rahmen von **Primärforschung** (Field Research) oder **Sekundärforschung** (Desk Research) gewinnen (vgl. hierzu auch Kapitel 7). Die Sekundärforschung stützt sich auf bereits vorhandene Informationen, sogenannte Sekundärstatistiken, die in der Regel für einen anderen Zweck (z. B. Untersuchungen im Rahmen eines Projektes) oder wegen eines allgemeinen Interesses (z. B. Veröffentlichungen statistischer Ämter) zusammengetragen worden sind. Informationen, die in den Sekundärquellen (vorhandenen Daten) nicht vorliegen, werden im Rahmen der **Primärforschung** gewonnen. Die Sekundärforschung ist in der Regel kostengünstiger, einfacher und weniger riskant.

Abwägung

Nachfolgend einige Gedanken, die Ihnen die Entscheidung erleichtern:
- Literaturarbeiten sind eher Fleißarbeiten und daher eine »sichere Bank«.
- Empirische Analysen sind mit mehr Risiken verbunden: Was machen Sie, wenn Sie die benötigten Daten und Informationen nicht erhalten, weil zu wenige Befragte ihre Fragebögen zurückgesendet haben?
- Empirische Analysen zeugen von einer hohen Eigenständigkeit.

Das bringt Sie weiter

Notieren Sie für Ihr potenzielles Thema das »Pro« und »Contra« einer Literaturarbeit bzw. einer empirischen Arbeit. Wägen Sie ab und besprechen Sie es mit Ihren Vertrauten.

5 Erfolgreich recherchieren

Recherchieren bedeutet laut Duden untersuchen, nachforschen, ermitteln. Darunter versteht man die strukturierte, planvolle, professionelle Suche nach Informationen. Man unterscheidet zwischen einer journalistischen und einer wissenschaftlichen Recherche.

Bevor mit der professionellen wissenschaftlichen Recherche begonnen werden kann, muss das Problem zunächst präzise beschrieben werden: Was soll recherchiert werden? Welche Frage- bzw. Problemstellung soll ermittelt werden?

Beispiele

Angenommen Ihre wissenschaftliche Aufgabe besteht darin, die Entwicklung der Industrie- und Handelskammer in Ihrer Region darzustellen. Dann müssen Sie zunächst einmal recherchieren, wie diese Institutionen entstanden sind und wie sie sich entwickelt haben.

In einem anderen Fall geht es darum, die Bedeutung des Bindungsmanagements für Dienstleistungsunternehmen auszuarbeiten. Dann haben Sie gleich mehrere Rechercheaufgaben:

- Zum einen recherchieren Sie, was unter dem Begriff »Bindungsmanagement« zu verstehen ist.
- Dann informieren Sie sich über die Besonderheiten von Dienstleistungsunternehmen.
- In einem dritten Schritt ermitteln Sie beispielsweise, inwieweit Dienstleistungsunternehmen auf diesem Gebiet bereits tätig bzw. erfolgreich sind.

Man könnte die wissenschaftliche Arbeit als eine Art Handwerk beschreiben, bei dem gilt: »**Übung macht den Meister.**«

Damit ist gemeint: Sie sollten die Methoden und Möglichkeiten der wissenschaftlichen Recherche möglichst früh ausprobieren und Erfahrungen sammeln. Dann sind Sie für den Ernstfall bestens gerüstet!

Wenn Sie die Techniken und Methoden der Recherche erst beherrschen, dann macht sie wirklich Spaß.

Viel Erfolg!

5.1 | Suchen Sie systematisch

**Lernen Sie unterschiedliche Methoden und Quellen der wissenschaftlichen Recherche kennen.
Erfahren Sie mehr über wichtige Schritte im Rechercheprozess.**

Nutzen

Quellen

Bei der wissenschaftlichen Recherche sind besonders folgende Quellen sehr hilfreich:

- Internet (mithilfe von Suchmaschinen),
- Bibliothekskataloge,
- wissenschaftliche Datenbanken,
- Dissertationen,
- Sammelwerke (wie Handbücher etc.),
- Monographien,
- Hochschulschriften etc. (»graue Literatur«),
- Fachzeitschriften,
- Institutionen.

Digital

Grundsätzlich ist zu unterscheiden, ob die Recherche digital (z. B. Internet, Online-Recherche) stattfindet oder ob man in Printprodukten (z. B. Fachzeitschriften) sucht. In Ausnahmefällen kann es auch sinnvoll sein, professionelle Recherchedienste (Bezahldienste) zu nutzen.

Rechercheprozess

Eine Recherche läuft folgendermaßen ab:

- Definieren Sie das **Rechercheziel**.
- Legen Sie die **Recherchemittel** (Datenbanken, Internet, Printmedien) fest.
- Operationalisieren Sie die **Suchstrategien**: Legen Sie die relevanten Suchbegriffe fest und ermitteln Sie weitere, synonyme Suchbegriffe (z. B. wenn Sie zum Thema »Stadtmanagement« recherchieren wollen, so sollten Sie auch nach Begriffen wie »Quartiersmanagement« suchen).
- Führen Sie die Suche durch.
- Werten Sie die **Suchergebnisse** aus.
- Ändern Sie die Suchstrategien, bestimmen Sie neue Suchbegriffe etc.

Tauschen Sie sich mit Ihren Kommilitonen regelmäßig über Ihre Erfahrungen mit der Recherche aus. Scheuen Sie sich nicht, anderen Ihre Ergebnisse mitzuteilen, damit auch sie davon profitieren können.

Viele Bibliotheken bieten Kurse zu den Themen Recherche, Recherchetechniken oder Recherchequellen. Vielleicht lohnt es sich für Sie, einen solchen Kurs zu besuchen, bevor Sie mit der wissenschaftlichen Arbeit beginnen.

Das bringt Sie weiter

Dokumentieren Sie die Suchergebnisse auf geeigneten Speichermedien und verwenden Sie die im Abschnitt 5.3 beschriebene Recherchedatei.

5.2 | Nicht jede Art von Fachliteratur ist geeignet

Nutzen

Erkennen Sie die speziellen Nutzen verschiedener Arten von Fachliteratur.

Lehrbücher

Lehrbücher werden so verfasst, damit sie im Unterricht, in einer Vorlesung oder in einem Seminar verwendet werden können. Sie sind für wissenschaftliche Arbeiten eher ungeeignet, da viele Aspekte hier vereinfacht dargestellt werden.

Monographien

Eine Fachmonographie ist eine Einzelschrift zu einem speziellen Thema, also eine selbstständige Publikation. Im Gegensatz zum Lehrbuch, dessen Zielgruppe in erster Linie die Studierenden sind, wendet sich die Fachmonographie an Wissenschaftler und Dozenten.

Fachartikel

In einer Fachzeitschrift werden Fachartikel veröffentlicht. Fachartikel stellen somit unselbstständige Publikationen dar. Sie sind kürzer und aktueller als ganze Fachbücher (Monographien). Bei den bekannten Fachzeitschriften werden die Artikel außerdem in der Regel von zwei unabhängigen Gutachtern vor der Veröffentlichung geprüft. Hier gibt es also eine bessere Qualitätskontrolle. (Das Gegenstück zur wissenschaftlichen Fachzeitschrift ist die »Special-Interest-Zeitschrift« bzw. populärwissenschaftliche Fachzeitschrift.)

Handbücher

Wissenschaftliche Handbücher, Sammelbände, Handwörterbücher, Tagungsbände, Festschriften werden häufig zu einem besonderen Anlass herausgegeben. Manche Handbücher haben einen sehr guten Ruf und stellen daher eine gute Grundlage dar, gerade im Hinblick auf eine erste Strukturierung des Themas. In der Betriebswirtschaftslehre ist das Handwörterbuch der Betriebswirtschaft (HWB) hierfür ein Beispiel. Beiträge in Sammelwerken sind von der Länge her mit Fachartikeln zu vergleichen. Sie sind aber oft breiter angelegt und geben einen ersten guten Überblick.

Graue Literatur

Graue Literatur wird nicht über den Buchhandel vertrieben. Sie umfasst etwa Forschungsergebnisse (Working Papers) oder Hochschulzeitschriften (vgl. Abschnitt 5.9). Working Papers sind oftmals sehr speziell, aber zugleich auch sehr interessant.

Open-Access-Literatur

Hinter dem Begriff »Open Access« verbirgt sich das Ziel, wissenschaftliche Literatur und Materialien im Internet frei zugänglich zu machen.

Fachartikel und Beiträge in Sammelwerken weisen unter Umständen wesentliche Vorzüge gegenüber Monographien auf!

Das bringt Sie weiter

Informieren Sie sich möglichst früh über die verschiedenen Arten von Fachveröffentlichungen. Ideal ist, wenn Sie sich damit bereits bestens auskennen, bevor Sie mit Ihrer wissenschaftlichen Arbeit beginnen.

5.3 | Halten Sie das Rechercheergebnis systematisch fest

Nutzen

Suchen Sie nicht lange, sondern finden Sie die relevanten Rechercheergebnisse sofort.

Dokumentieren Sie in einer Rechercheergebnisdatei wichtige Informationen zu Suchprozessen und Suchergebnissen. Nehmen Sie z. B. eine Word-Datei, in der Sie alle wichtigen Recherchewege und Ergebnisse dokumentieren.

Formatierungsfrei

Kopieren Sie die Informationen ohne Formatierungsballast in Ihre Rechercheergebnisdatei. Wenn Sie beispielsweise in der Textverarbeitung Word für Windows bei »Bearbeiten« statt »Einfügen« den Menüpunkt »Inhalte einfügen« und dann »Unformatierter Text« wählen, so verschwinden alle Formatierungen und nur der reine Text wird eingefügt. Damit erhält Ihre Rechercheergebnisdatei wesentlich weniger Datenvolumen und lässt sich viel schneller benutzen. Manchmal helfen auch Screenshots (Kopie des Bildschirms in der Zwischenablage mithilfe der Taste »Druck«) weiter.

Hyperlinks

Dynamisieren Sie Ihre Recherchedokumente mithilfe von Hyperlinks. Bilden Sie so Verknüpfungen zu recherchierten Dateien (z. B. PDF-Dokumente, Bilder im JPG-Format) und Inhalten im Web. Ein Hyperlink (kurz Link) ist eine anklickbare, elektronische Verknüpfung zu Webseiten, Dateien etc. und zweckmäßig eingesetzt eine äußerst nützliche Sache!

Es ist ganz einfach, einen Hyperlink einzufügen. Sie müssen lediglich den Text bzw. das Element markieren, das Sie als Hyperlink anzeigen möchten. Meistens finden Sie die entsprechende Funktionalität bei »Einfügen« und »Hyperlink«. Alle weiteren Aktionen sind selbsterklärend.

Suchfunktion

Nutzen Sie die Suchfunktion in Ihrem Textverarbeitungsprogramm, um Passagen in der Rechercheergebnisdatei zu finden. In vielen Programmen ist die Suchfunktion mit dem Kurzbefehl »STRG« + »F« zu aktivieren.

Automatische Gliederung

Nutzen Sie die automatische Gliederungsfunktion (vgl. Abschnitt 11.3), um die Rechercheergebnisdatei zu strukturieren. Gliedern Sie die Datei nach den thematischen Aspekten der wissenschaftlichen Arbeit.

Portabilität

Machen Sie Ihre Rechercheergebnisdatei portabel. Speichern Sie diese auf einem USB-Stick mit ausreichendem Speicherplatz, den Sie stets bei sich tragen können. Vergessen Sie nicht, täglich eine Sicherungskopie dieses USB-Sticks zu machen.

Das bringt Sie weiter

Richten Sie, bevor Sie mit der wissenschaftlichen Arbeit beginnen, eine Rechercheergebnisdatei genau nach Ihren Bedürfnissen ein. Üben Sie den Umgang mit einer solchen Datei.

5.4 | Recherchieren Sie planlos?

Nutzen

Erkennen Sie, dass die Recherche mithilfe von Suchmaschinen auch ihre Tücken hat.

Häufig beginnen wir auch eine wissenschaftliche Recherche damit, dass wir einen oder mehrere Suchbegriffe im Internet eingeben. Eine solche Suche kann sinnvoll und erfolgreich sein, Sie müssen sich aber im Klaren sein, dass eine solche Suche eher unstrukturiert und zufällig abläuft.

Nutzen Sie lieber die in den kommenden Abschnitten beschriebene, systematische Recherche in Dissertationen und Fachdatenbanken.

Einige Internetquellen, insbesondere die Enzyklopädie »Wikipedia«, werden von vielen Betreuern nicht als Quellen für wissenschaftliche Arbeiten anerkannt.

Plagiat

Leider regt das Internet manchen Zeitgenossen zum Kopieren fremder Inhalte an. Aber diese Inhalte sollten Sie niemals eins zu eins in Ihre wissenschaftliche Arbeit übernehmen. Wird Ihnen ein Plagiat, der Diebstahl geistigen Eigentums, nachgewiesen, so gilt – je nach Schwere des Vergehens – Ihre wissenschaftliche Arbeit gar als »nicht bestanden«. Das ist aber das kleinste Risiko. Viel schlimmer: Sie verstoßen gegen Gesetze und machen sich strafbar. Also geben Sie stets alle Quellen gewissenhaft an.

Das bringt Sie weiter

- Nutzen Sie das Internet und die Suchmaschinen, um Fragen schnell zu klären, sich einen Überblick zu verschaffen oder neue Ideen zu bekommen.
- Lassen Sie sich nicht dazu verleiten, geistiges Eigentum zu stehlen!

5.5 | Testen Sie elektronische Kataloge

Nutzen

Lernen Sie einen bedeutenden virtuellen Katalog kennen.

Es ist sehr bequem, dass Sie die meisten Rechercheaktivitäten inzwischen online von Zuhause aus erledigen können.

Karlsruher Virtueller Katalog

»Der Karlsruher Virtuelle Katalog (KVK) ist ein Meta-Katalog zum Nachweis von mehr als 500 Millionen Büchern und Zeitschriften in Bibliotheks- und Buchhandelskatalogen weltweit. ... Die eingegebenen Suchanfragen werden an mehrere Bibliothekskataloge gleichzeitig weitergereicht und die jeweiligen Trefferlisten angezeigt. Der KVK verfügt selbst über keine eigene Datenbank. Er ist von der Verfügbarkeit der Zielsysteme im Internet abhängig. Er kann auch nicht mehr Funktionalität bei der Recherche bieten als die einzelnen Zielsysteme selbst.

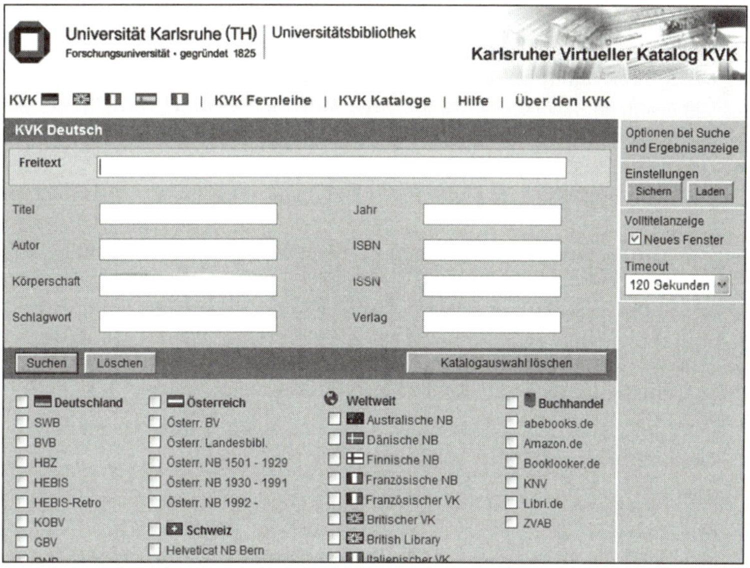

Standardmäßig sucht das System in allen Katalogen, die angehakt sind. Von den Kurztitellisten führen die Links zu den Original-Volltitelanzeigen der einzelnen Systeme. Diese werden vom KVK nicht weiter aufbereitet.

Das System wurde an der Universitätsbibliothek Karlsruhe in Zusammenarbeit mit der Fakultät für Informatik entwickelt. Der KVK wurde am 26.7.1996 für die Öffentlichkeit freigegeben.

http://www.ubka.uni-karlsruhe.de/hylib/virtueller_katalog.html, 8.3.2007.

Das bringt Sie weiter

Nutzen Sie auch die Optionen unter: http://www.ubka.uni-karlsruhe.de/hylib/kvk_help.html#optionen.

5.6 | Starten Sie mit der Recherche in Doktorarbeiten

Nutzen

Gehen Sie immer systematisch an die Recherche heran. In Dissertationen finden Sie möglicherweise Informationen und Literaturtipps in Hülle und Fülle.

Dissertationen

Mit einer Dissertation stellt der Doktorand unter Beweis, dass er selbstständig wissenschaftlich arbeiten kann. Eine umfassende Kenntnis und Erörterung der bisher bekannten und relevanten Fachliteratur ist dabei unabdingbar.

Daher stellen Dissertationen eine **Fundgrube für Informationen und relevante Literatur** dar. Von Dissertationen können Sie wie folgt profitieren:

- Die Themen und Überschriften von Dissertationen helfen Ihnen dabei, das Thema in seiner ganzen Bandbreite zu erfassen.
- Die Gliederungen der Dissertationen zeigen Ihnen, wie eine gute und wie eine schlechte Strukturierung des Themas aussieht.
- Die Inhalte helfen Ihnen, die Sache an sich zu verstehen.
- Die konkreten Formulierungen unterstützen Sie dabei, Ihr Thema zu strukturieren und die speziellen Fachbegriffe zu erlernen.
- Das Literaturverzeichnis führt Sie schnell und systematisch zu relevanter Literatur.

Weitere Funktionalitäten

Der Recherche nach Dissertationen im Karlsruher Virtuellen Katalog vorgehen, wurde im Abschnitt 4.4 erläutert. Im Online-Katalog der Deutschen Nationalbibliothek (DNB) können Sie noch weitere Funktionalitäten nutzen:

- Elektronische Ressourcen sind besonders wertvoll, da Sie im Nu auf Ihren Rechner geladen werden können. Wenn Sie auf der Website der DNB unten in der Zeile »Materialart« nur »Online Ressourcen« anklicken, erhalten Sie einen schnellen Überblick.

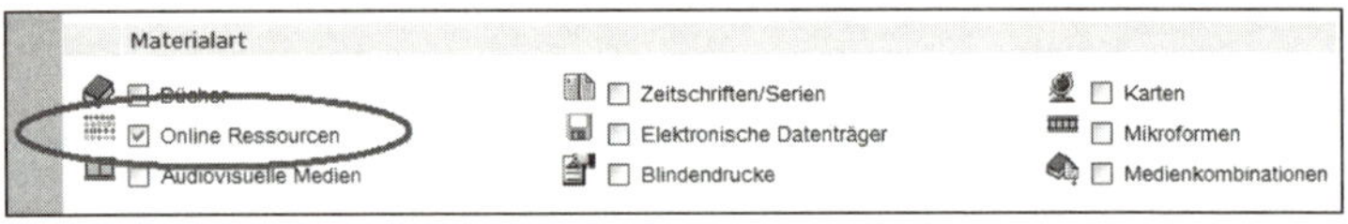

- Wenn Sie links oben auf »Download« klicken, können Sie sich das Suchergebnis entweder – indem Sie unten den Button »Bildschirm« wählen – als reine Textdatei anzeigen lassen und in die Zwischenablage kopieren oder an eine E-Mail-Adresse versenden.

Beispiel

So gelangen Sie zu den elektronischen Quellen:

- Sie geben Folgendes in die Suchmaske der DNB ein:

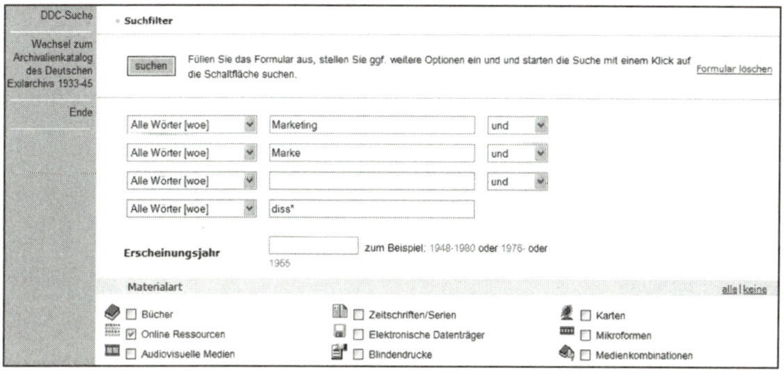

- Ihr Rechercheergebnis: »Management von Markenarchitekturen«.
- Sie klicken auf das Rechercheergebnis und gelangen zum Volltext der Quellenangabe. Hier klicken Sie auf die entsprechende Internetquelle für den Volltext der Dissertation, in der Regel der Archivserver der DNB:

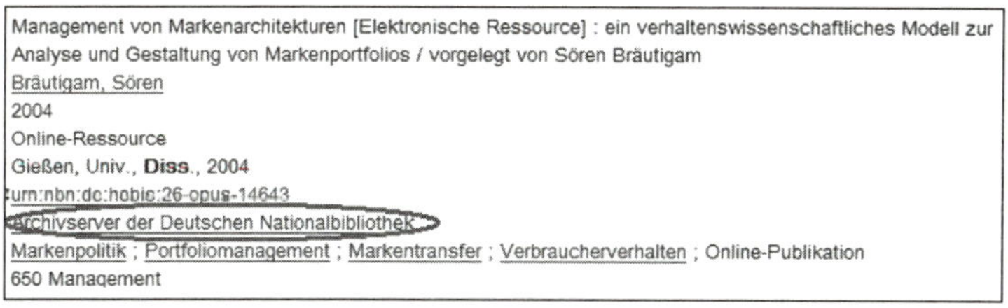

- Auf dem Archivserver ist dann der direkte Download möglich.

- Klicken Sie dazu auf »pdf« oder nehmen die rechte Maustaste und wählen »Ziel speichern unter …«.

Das bringt Sie weiter

Nutzen Sie auch den systematischen Katalog, die »DDC-Suche« (Dewey-Dezimalklassifikation), die Sie im Menü am linken Bildrand auswählen können.

5.7 | Suchen Sie nach aktuellen Auflagen

Nutzen **Recherchieren Sie nach aktuellen Büchern im Verzeichnis Lieferbarer Bücher.**

VLB Das VLB (Verzeichnis Lieferbarer Bücher) enthält alle Titel, die aktuell im Buchhandel erworben werden können.

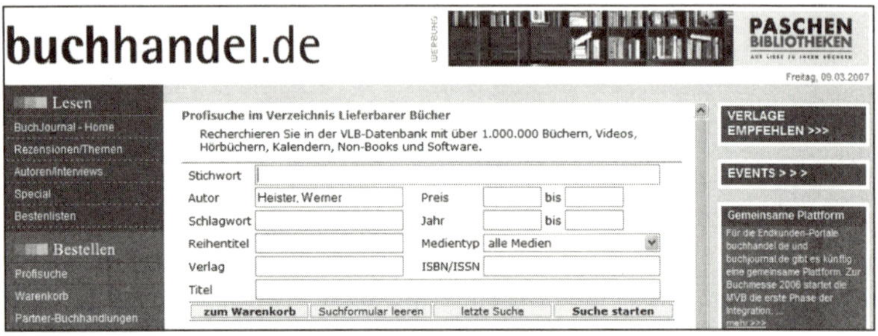

- Recherchieren Sie insbesondere die aktuellen Werke wichtiger Autoren im VLB. Dann können Sie sicher sein, wirklich aktuelle Literatur zu nutzen.
- Finden Sie heraus, welches die aktuelle Auflage eines Werkes ist.
- Zitieren Sie alle Werke stets in der aktuellen Auflage.

DNB Ein weiteres wichtiges Hilfsmittel bietet die Deutsche Nationalbibliothek mit »ILTIS«. Geben Sie in einer Suchmaschine »Deutsche Nationalbibliografie online Katalogdatenbank ILTIS« bzw. nur »ILTIS« und »DNB« ein, und Sie gelangen zu einem geeigneten Link. Hier können Sie die meisten relevanten bibliografischen Angaben recherchieren:

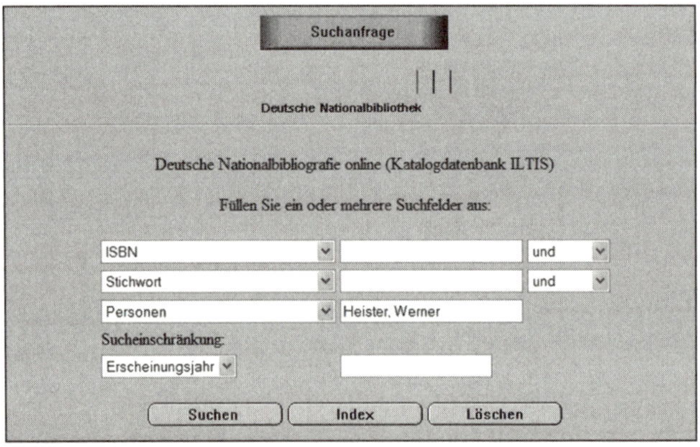

Das bringt Sie weiter Nutzen Sie das Verzeichnis Lieferbarer Bücher und die Online-Angebote der Deutschen Nationalbibliothek. Es lohnt sich!

5.8 | Verwenden Sie wissenschaftliche Suchmaschinen

Nutzen

Verwenden Sie Suchmaschinen, die speziell auf den Wissenschaftsbetrieb ausgerichtet sind.

Beispiele

Inzwischen haben sich eine Reihe von Suchmaschinen etabliert, die für die wissenschaftliche Recherche konzipiert sind. Viele nützliche Links finden Sie auf »sciencegarden«, dem Portal für junge Forscher.

Diese Seite finden Sie unter http://www.sciencegarden.de/recherche/recherche.php

Die Suchmaschine »Google Scholar Search« ist ebenfalls sehr hilfreich. Diese finden Sie unter http://scholar.google.de/.

Das bringt Sie weiter

Die wissenschaftlichen Suchmaschinen bringen teilweise Suchergebnisse zu Tage, die in anderen Listen nicht verzeichnet sind. Versuchen Sie Ihr Glück, halten Sie sich aber nicht zu lange auf. Suchen Sie immer nur strukturiert und zielgerichtet.

5.9 | Wie für Sie geschaffen: Datenbanken und Linklisten

Nutzen

Mithilfe betriebswirtschaftlicher Datenbanken finden Sie viel schneller relevante Literaturquellen.

Datenbanken

Die hier genannten betriebswirtschaftlichen Datenbanken sind in der Regel kostenpflichtig. In vielen Universitätsbibliotheken (und anderen spezialisierten Fachbibliotheken) ist aber häufig eine kostenfreie Nutzung möglich.
Hinweis: Die Beschreibungen stammen jeweils von der angegebenen URL.

Datenbank-Infosystem (DBIS)
URL: http://www.econbiz.de/kataloge/dbis.htm
Nutzen: »Das Datenbank-Infosystem (DBIS) ist ein kooperativer Service deutscher und österreichischer Bibliotheken zur Nutzung wissenschaftlicher Datenbanken. Zurzeit sind über 300 Datenbanken mit Bezug zu den Wirtschaftswissenschaften verzeichnet, von denen viele kostenlos im Internet verfügbar sind.« 580 Einträge für den Bereich Wirtschaftswissenschaften.

Catalog of Nonprofit Literature
URL: http://lnps.fdncenter.org/
Nutzen: »Catalog of Nonprofit Literature is a searchable database of the literature of philanthropy. It incorporates the unique contents of the Foundation Center's five libraries and contains more than 25,000 full bibliographic citations, of which more than 17,000 have descriptive abstracts. It is updated daily.«

Digitale Bibliothek A-Z, Wirtschaftsuniversität Wien
URL: http://www2.wu-wien.ac.at/bib/resguides/azliste/digibib_az.php
Nutzen: Informationsquellen für Studium, Forschung und Lehre.

Business Source Premier (EBSCO)
URL: http://ejournals.ebsco.com/Login.asp
Nutzen: »EBSCOhost Electronic Journals Service (EJS) is your gateway to thousands of e-journals containing millions of articles from hundreds of different publishers, all at one web site.«

wiso
URL: http://www.wiso-net.de/index00.html
Nutzen: »wiso bietet Ihnen das umfassendste Angebot deutschsprachiger Literatur für die Wirtschafts- und Sozialwissenschaften. Wir haben für Sie die relevanten Inhalte für Studium und Beruf zusammengestellt. Die Kooperation mit bedeutenden Verlagen und wissenschaftlichen Instituten ermöglicht ein einmaliges Portfolio an Qualitätsinhalten.

wiso bietet Ihnen den schnellen und effizienten Zugriff auf:

- 6,2 Mio. Volltexte aus über 340 Zeitschriften,
- über 4 Mio. Literaturnachweise,
- 13 Mio. Artikel aus der Tages- und Wochenpresse,
- 32 Mio. Unternehmensinformationen.«

Vascoda
URL: http://www.vascoda.de/
Nutzen: »vascoda.de ist ein Internet-Portal für alle, die wissenschaftliche Information suchen. Es bietet einen komfortablen Zugang zu verlässlichen Informationen und Volltexten aus unterschiedlichsten Fachbereichen. Unter einer einheitlichen Oberfläche kann wahlweise fachspezifisch oder interdisziplinär gesucht werden. Eine einfache Navigation führt zu hochwertigen spezialisierten Fachportalen. vascoda.de und die integrierten Fachangebote werden von wissenschaftlichen Bibliotheken und Informationseinrichtungen mit überregionaler Bedeutung aufgebaut und gepflegt. vascoda.de kann deshalb auf Ressourcen zugreifen, die für Internet-Suchmaschinen unsichtbar sind. In vielen Fällen ist ein direkter Zugriff auf elektronische Zeitschriftenartikel möglich. Daneben ist vascoda.de mit lokalen Nachweissystemen und Dokumentenlieferdiensten verknüpft, so dass die Literatursuche und -beschaffung einfach und schnell ist.«

Linklisten

Im Internet finden Sie Linklisten, die sehr nützlich sind und die stets auf dem aktuellen Stand gehalten werden:

- Wirtschaftsuniversität Wien: http://www2.wu-wien.ac.at/bib/resguides/azliste/digibib_az.php
- Universitätsbibliothek Köln Sondersammelschwerpunkt BWL: http://www.ub.uni-koeln.de/ssg/dfg/bwl/index_ger.html
- Universitätsbibliothek Köln Sondersammelschwerpunkt Sozialwissenschaften: http://www.ub.uni-koeln.de/ssg/dfg/sowi/index_ger.html
- Virtuelle Fachbibliothek Wirtschaftswissenschaften: http://www.econbiz.de/
- Elektronische Zeitschriften innerhalb der Virtuellen Fachbibliothek Wirtschaftswissenschaften, teilweise mit Volltext: http://www.econbiz.de/volltexte/index.htm
- Wirtschaftswissenschaftliche Fachdatenbanken Universität Tübingen: http://www.wiwi.uni-tuebingen.de/cms/index.php?id=379

Internetquellen für BWL

Eine Zusammenstellung der Internetquellen für BWL finden Sie hier: http://www.econbiz.de/fach/fs_bwl.shtml

Graue Literatur

Insbesondere zu sehr aktuellen Themen gibt es häufig sogenannte graue Literatur, also Veröffentlichungen, die nicht über den Buchhandel vertrieben werden, z. B. Forschungsberichte, Working Papers, Gutachten, Exposés für Dissertationen, Manuskripte. Die Literaturangaben finden sie in der Reihe B der Deutschen Nationalbibliografie. Nach grauen Schriften können Sie sehr gut im Internet recherchieren, z. B.:

- Wirtschaftsuniversität Wien: http://epub.wu-wien.ac.at/
- Institut für Weltwirtschaft Kiel: http://www.uni-kiel.de/ifw/pub/kap/kap.htm
- ZBW-Dokumentenserver Kiel: http://opus.zbw-kiel.de/opus/
- International: http://www.greynet.org/

Statistiken

Statistische Daten und Informationen finden Sie beim Statistischen Bundesamt (Destatis).
URL: https://www-genesis.destatis.de/genesis/online/logon

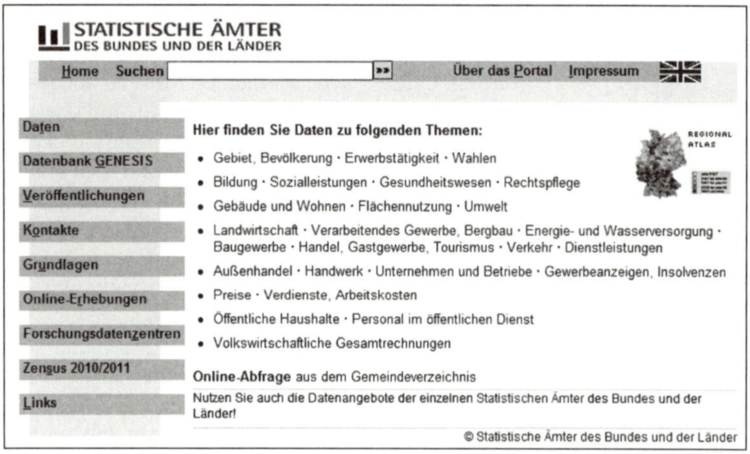

Diese Seite finden Sie unter: http://www.statistik-portal.de/Statistik-Portal/

Gesetze

Das aktuelle deutsche Bundesrecht wird auf der Website des Bundesministerium der Justiz veröffentlicht:
URL: http://bundesrecht.juris.de/index.html

Das bringt Sie weiter

Machen Sie sich mit den betriebswirtschaftlichen Datenbanken und Linklisten bereits vertraut, bevor Sie größere wissenschaftliche Arbeiten angehen. Dann sind Sie den Umgang gewöhnt und beherrschen die wichtigsten Tricks.

5.10 | Das bieten Hochschulbibliotheken

Nutzen

Erkennen Sie die Vorteile, die Ihnen eine Recherche in Universitätsbibliotheken bieten kann.

Sammelschwerpunkte

Manche Universitätsbibliotheken haben Sammelschwerpunkte. Und möglicherweise befindet sich der Sammelschwerpunkt, der zu Ihrer wissenschaftlichen Arbeit passt, ganz in Ihrer Nähe.

Was sind Sammelschwerpunkte? Die deutschen Bibliotheken haben inhaltliche und regionale Schwerpunkte untereinander aufgeteilt. So hat z. B. die Universitäts- und Stadtbibliothek Köln den Sammelschwerpunkt »Wirtschaftswissenschaften« übernommen. Das bedeutet, dass je nach intern festgelegter Erwerbungsintensität die entsprechende wissenschaftlich relevante Literatur erworben wird, also auch Spezialliteratur in beträchtlichem Umfang. Alle wichtigen (bzw. die meisten relevanten) Fachbücher, Fachzeitschriften und Fachmedien liegen dort vor.

Die Sammelschwerpunkte deutscher Bibliotheken sind unter http://webis.sub.uni-hamburg.de/aufgeführt. Siehe auch http://dispatch.opac.d-nb.de/DB=1.1/SSG.

Datenbanken

Die meisten Hochschulbibliotheken bieten Zugang zu Datenbanken, in denen die Recherche für wissenschaftliche Arbeiten vorgenommen werden kann. In vielen Fällen können die Rechercheergebnisse sogar sofort digital an eine E-Mail-Adresse gesendet werden.

Lesesaal

In den Lesesälen stehen meist die wichtigsten Standardwerke und Sammelwerke wie Handbücher, Handwörterbücher etc. Diese können Sie zwar nicht ausleihen, das hat aber den Vorteil, dass sie Sie jederzeit eingesehen und/oder kopieren können.

Freihand-Magazin

In den Lesesälen stehen immer nur eine begrenzte Zahl an Büchern und Zeitschriften zur Verfügung. Für Sie ist es optimal, wenn Zeitschriften und Bücher in Freihand-Magazinen frei zugänglich sind. So können Sie die Materialien vor Ort sichten und ggf. Passagen daraus kopieren. Etwas Praktischeres gibt es nicht, gerade bei Zeitschriften: Denn der Titel alleine verrät oft nicht, ob Sie den gefundenen Artikel wirklich gebrauchen können.

Institutsbibliotheken

Institutsbibliotheken ergänzen die Hochschulbibliotheken. Sie sind in aller Regel sehr spezialisiert. So gibt es beispielsweise an der Universität Köln eine Fachbibliothek Versicherungswissenschaft (http://www.ivk.uni-koeln.de/bibliothek/). In diesen stark spezialisierten Bibliotheken werden Sie häufig mehr Materialien finden, als Ihnen lieb ist.

Beachten Sie: Eine Ausleihe der Medien ist besonders in Institutsbibliotheken häufig nicht möglich. Kopiermöglichkeiten und Leseräume stehen aber in jedem Fall zur Verfügung.

Wichtig: Die Öffnungszeiten vieler Institute sind oft sehr begrenzt. Berücksichtigen Sie dies bei Ihrer Planung.

Top-Tipp

Sie haben bestimmt inzwischen bemerkt, worauf es letztendlich ankommt:

- Wichtig ist, dass Sie die Recherche gut vorbereiten, damit eine etwaige längere Anreise nicht umsonst ist. Machen Sie sich vorher Gedanken, was Sie genau recherchieren wollen. Notieren Sie Recherchestichworte und Synonyme. Wenn Sie beispielsweise zum Thema »Kundenbindung« recherchieren wollen, dann suchen Sie auch nach dem Stichwort »Customer Relationship« und anderen synonymen Begriffen.
- Wichtig ist, dass Sie über die Öffnungszeiten der einzelnen Bibliotheken und Dienste gut informiert sind. Oft gibt es beispielsweise eine Stelle, an der Sie die aktuellen Ausgaben der Zeitschriften (z.B. des laufenden Jahres) einsehen können. Diese hat möglicherweise andere Öffnungszeiten als der Lesesaal insgesamt.
- Wichtig ist auch, dass Sie sich vorab gut orientieren. Laden Sie sich ggf. Lagepläne etc. im Voraus aus dem Internet.

Hochschulbibliotheken sind ein Mekka der Recherche. Aber je kleiner die Hochschule, desto kleiner natürlich auch die Hochschulbibliothek. Optimal sind die Hochschulbibliotheken mit Sammelschwerpunkten.

Das bringt Sie weiter

- Bitte nehmen Sie folgende Sachen mit: ein Vorhängeschloss, einen USB-Stick, eventuell eine Diskette oder beschreibbare CD, leeres Papier, Kleingeld für den Kopierer.
  Ein Vorhängeschloss benötigen Sie häufig, um Tasche oder Jacke wegschließen zu können. Die anderen Dinge werden benötigt, um etwa Rechercheergebnisse zu speichern, auszudrucken bzw. Artikel etc. zu kopieren.
- Prüfen Sie aber stets, ob Sie die Rechercheergebnisse auch direkt an eine E-Mail-Adresse senden können.
- Fragen Sie nach, ob Sie anstatt Kopien zu machen, die Materialien als PDF-Dateien einscannen können.

5.11 | Nutzen Sie Fachzeitschriften

Erkennen Sie, wie wichtig Fachzeitschriften für Ihre Recherche im Bereich Wirtschaftswissenschaften sind. Nutzen

Vorteile

Der Wert von Fachzeitschriften für die wissenschaftliche Arbeit wird häufig unterschätzt. Die Beiträge in Fachzeitschriften zeichnen sich gegenüber denen in Monographien aus durch:

- Komprimiertheit: Artikel in Fachzeitschriften sind wesentlich kürzer als solche in Fachmonographien. Das ist auch nicht weiter verwunderlich, weil die Essenz und die Hauptaussage von Monographien häufig in einem Fachartikel vorab veröffentlicht werden.
- Mehr Themen: Nicht alle Themen, die in Fachzeitschriften behandelt werden, werden als Monographien veröffentlicht. Insofern ist die Themenauswahl in Fachzeitschriften umfassender und auch spezieller.
- Höhere Aktualität,
- Direkterer Themenbezug.

Für BWL

Wichtige betriebswirtschaftliche Fachzeitschriften sind:

- Betriebswirtschaftliche Forschung und Praxis,
- Bilanzbuchhalter und Controlling,
- Buchführung, Bilanz, Kostenrechnung,
- Controller News,
- Controller Magazin
- Controlling: Zeitschrift für erfolgsorientierte Unternehmenssteuerung,
- Controlling & Management,
- Der Betrieb,
- Der Betriebswirt,
- Der Controlling-Berater,
- Die Betriebswirtschaft,
- Die Unternehmung,
- Havard Business Review,
- Jahrbuch für Controlling und Rechnungswesen,
- Kostenrechnung Praxis,
- Kyklos: Internationale Zeitschrift für Sozialwissenschaft,
- Manager Magazin,
- Personalführung,
- WiSt: Wirtschaftswissenschaftliches Studium,
- WISU: Das Wirtschaftsstudium,
- Zeitschrift für Betriebswirtschaft,
- Zeitschrift für Führung und Organisation,
- Zeitschrift für Personalforschung,
- ZfbF. Zeitschrift für betriebswirtschaftliche Forschung,
- BFuP Betriebswirtschaftliche Forschung und Praxis.

Eine umfangreichere Liste finden Sie unter: http://www.bibliothek.uni-regensburg.de/Systematik/zs-sign/q2.html

Lernen Sie wichtige Fachzeitschriften für Ihre Recherche im Bereich der Sozialwissenschaften/Soziale Arbeit kennen.

Für Sozialwissenschaften

Zeitschriften aus dem Bereich Sozialwissenschaften/Soziale Arbeit sind:

- Archiv für Wissenschaft und Praxis der sozialen Arbeit,
- Betreuungsrechtliche Praxis,
- Blätter der Wohlfahrtspflege,
- Das FORUM Sozialarbeit & Gesundheit,
- Der pädagogische Blick,
- Empirische Pädagogik,
- European Journal of Social Work,
- Familiendynamik,
- Forum Erziehungshilfen,
- Forum Sozial,
- Heilpädagogische Forschung,
- Journal for Social Work & Social Policy,
- Kindergarten heute,
- Kölner Zeitschrift für Soziologie und Sozialpsychologie,
- Neue Praxis,
- Sonderpädagogik,
- Sozial Extra,
- Soziale Welt,
- Sozialmagazin,
- Theorie und Praxis der sozialen Arbeit,
- Zeitschrift für pädagogische Psychologe,
- Zeitschrift für Sozialpädagogik,
- Zeitschrift für Sozialpsychologie.

Weitere Informationen finden Sie in der Zeitschriftendatenbank (ZDB) unter http://www.zeitschriftendatenbank.de/. Wählen Sie den Menüpunkt ZDB-OPAC und dann in der oberen Navigationsleiste »Erweiterte Suche«, dann gelangen Sie zur folgenden Suchmaske:

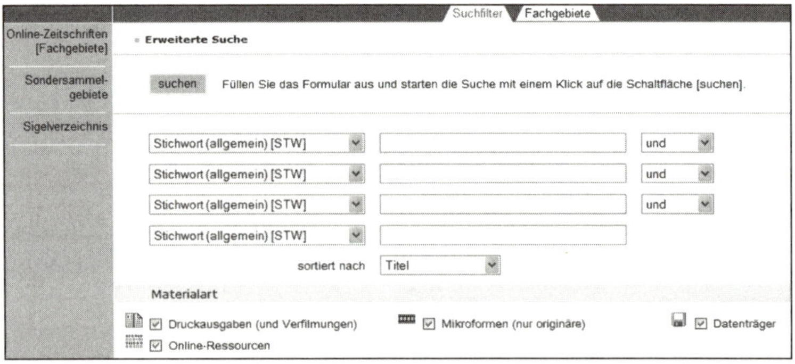

Das bringt Sie weiter

Informieren Sie sich über die vorhandenen Fachzeitschriften in Ihrer Fachbibliothek.

5.12 | Fernleihe und Dokumentenlieferdienste helfen Ihnen

Nutzen

Beschaffen Sie sich bequem Literatur, die vor Ort nicht verfügbar ist.

Fernleihe

Bei der Fernleihe handelt es sich um eine Dienstleistung der Bibliotheken, mithilfe derer Sie sich Monographien und Fachartikel, die bei der Bibliothek vor Ort nicht verfügbar sind, besorgen können. Teilweise erhalten Sie die Medien tatsächlich zugeschickt, teilweise auch als PDF-Datei. In dem Recherchekatalog in Ihrer Bibliothek besteht meist die Möglichkeit, die Medien automatisch nach der Recherche im Internet zu bestellen. In Nordrhein-Westfalen wird dieser Service im Rahmen der Digitalen Bibliothek angeboten. Bei »körperlich« gelieferten Medien müssen Sie mit einer Lieferdauer von 5–10 Tagen rechnen, PDF-Dateien kommen in der Regel in 2–3 Tagen bei Ihnen an.

Kostenbeispiel

Am Beispiel der Hochschule Niederrhein können Sie sehen, wie viel eine Fernleihe ungefähr kosten kann und wie das Prozedere aussieht:
»Was kostet eine Online-Fernleihbestellung?
Die Gebühren für die Online-Fernleihbestellung betragen 1,50 Euro. Die Abrechnung der Fernleihgebühr erfolgt über sogenannte Transaktionsnummern (TANs), die Sie in der Hochschulbibliothek oder über ein Bestellformular erwerben müssen, bevor Sie eine Fernleihbestellung tätigen können. Die Gebühren sind grundsätzlich als Bearbeitungsgebühren zu verstehen, bei Nichterfolg erfolgt i. d. R. keine Rückerstattung. Weitere Kosten entstehen normalerweise nur bei umfangreichen oder wertvollen Lieferungen.

Bestellen Sie Aufsätze, werden in der Regel 20 Vorlagenseiten ohne zusätzliche Kosten geliefert. Falls der von Ihnen gewünschte Aufsatz mehr als 20 Kopien umfasst, werden Sie über die Vorgehensweise informiert. Sie beschleunigen die Lieferung, wenn Sie während des Bestellvorgangs eintragen, bis zu welchem Betrag Sie die Kosten übernehmen.«

http://atlas.hs-niederrhein.de/cms/3887.html, 4.4.2007

Bibliothekssigel

Bei der Recherche nach einer Fernleihemöglichkeit spielen Bibliothekssigel eine wichtige Rolle. Das sind bestimmte Zeichenfolgen, anhand derer Sie erkennen können, um welche Bibliothek es sich handelt. Hinweise zu Bibliothekssigeln finden Sie unter: http://sigel.staatsbibliothek-berlin.de/wosigel.html. Eine Online-Recherchemöglichkeit nach Bibliothekssigeln bietet das Sigelverzeichnis unter: http://dispatch.opac.d-nb.de/DB=1.2/.

Dokumentenlieferdienste

Häufig schneller, aber möglicherweise auch teurer, sind Dokumentenlieferdienste wie beispielsweise subito (www.subito-doc.de).

Das bringt Sie weiter

Informieren Sie sich in Ihrer Bibliothek vor Ort möglichst frühzeitig über die Fernleihe-Möglichkeiten.

5.13 | Kennen Sie Ihre(n) Gutachter wirklich?

Nutzen

Es kann von unschätzbarem Wert sein, die Veröffentlichungen, Aktivitäten und wissenschaftlichen Vorlieben Ihres Gutachters genau zu kennen.

Veröffentlichungen

Wir können es nicht empirisch nachweisen, aber wir sind überzeugt: Viele Studierende, die wissenschaftliche Arbeiten schreiben, sind nicht umfassend über die Aktivitäten ihres Gutachters/Ihrer Gutachter informiert. Folgenden Fragen sollten Sie nachgehen:

- Welche Fachmonographien haben der/die Gutachter verfasst bzw. herausgegeben?
- Welche Fachartikel haben sie geschrieben?
- Welche »grauen Schriften« haben sie publiziert?

Aktivitäten

Ebenso wichtig sind die wissenschaftlichen oder ggf. auch sonstigen Aktivitäten der Gutachter.

- In welchen wissenschaftlichen Gremien sitzen die Gutachter?
- In welchen nicht wissenschaftlichen Organen (z. B. Aufsichtsrat) sind sie engagiert?
- Welche Vorträge der Gutachter sind veröffentlicht?
- Gibt es private Aktivitäten, die für das vereinbarte Thema relevant sind? Beispiel: Sie schreiben über Fundraising und der Gutachter sitzt im Beirat einer gemeinnützigen Organisation, die sich über Spenden finanziert.

Schwerpunkte

Jeder Gutachter hat bestimmte Schwerpunkte und auch gewisse wissenschaftliche Vorlieben:

- Ist Ihnen bekannt, mit welchen wissenschaftlichen Themen sich die Gutachter aktuell befassen?
- Ist Ihnen bekannt, mit welchen wissenschaftlichen Themen sich die Gutachter bereits früher befasst haben?
- Ist Ihnen bekannt, mit welchen wissenschaftlichen Themen sich die Gutachter in Zukunft befassen wollen?

Das bringt Sie weiter

- Achten Sie ganz besonders darauf, dass Sie die relevante Literatur, die Ihr(e) Gutachter herausgegeben haben, auch kennen und angemessen berücksichtigen.
- Informieren Sie sich darüber, was an Lehrstühlen anderer Hochschulen gelehrt und geforscht wird. Welche Schwerpunkte gibt es dort? Welche Themen werden dort behandelt?
- Sprechen Sie Professoren und wissenschaftliche Mitarbeiter anderer Hochschulen direkt an. Einen Überblick über die Hochschulen in Deutschland finden Sie unter: http://www.uni-trier.de/uni/unis/deutschlandkarte/deutschland.htm. Die österreichischen sind unter: http://www.univie.ac.at/links/uni_uniinoe.html, die schweizerischen unter: http://www.switch.ch/de/edu/educ_orgs. html aufgeführt.

6 Gekonnt exzerpieren

Exzerpieren kommt aus dem Lateinischen und bedeutet, die wichtigsten Gedanken eines Textes schriftlich kurz zusammenzufassen.

Exzerpieren kann man auf sehr unterschiedliche Weise. Versuchen wir es einmal mit einem Brainstorming. Was fällt uns zum Stichwort »Exzerpieren« ein?

- Etwas an eine Pinnwand hängen,
- ausschneiden und collagieren,
- Fazit,
- Fragestellungen,
- Hauptaussagen finden,
- Hervorhebungen mit Leuchtstift,
- Hinweise,
- in Worten und Sätzen,
- klassisch,
- knapp,
- kopieren,
- mittels Mind Map,
- moderne und klassische Methoden,
- möglichst strukturiert,
- offene Punkte,
- PQRST-Methode,
- Aufzählung,
- Recherchebedarf,
- SQ3R-Methode,
- Stichpunkte,
- Tipps,
- unverständlich,
- verständlich,
- weiterführende Literatur,
- zunächst keine Details.

Alles schon einmal gehört? Lesen Sie mal weiter, sicher entdecken Sie noch etwas Neues.

6.1 | Gehen Sie systematisch vor

Nutzen

Mit einer strukturierten Herangehensweise schaffen sie es, auch unter Zeitdruck die wesentlichen Aussagen aus Texten »herauszufischen« und für Ihre Zwecke zu nutzen.

Aktive Informationsverarbeitung

Das Lesen und Verstehen von Texten ist nichts Passives (wie etwa Fernsehen). Für das Verstehen und Behalten von Textinhalten müssen Sie selbst aktiv und konstruktiv mit dem Text arbeiten. Dieser Vorgang umfasst folgende Prozesse:

- Aufnahme von Information,
- Verarbeitung,
- Speicherung,
- Abruf und Einsatz.

Exzerpieren ist das zielgerichtete Lesen anhand von konkreten Fragen an den Text.

SQ3R-Methode

Eine bekannte und bewährte Methode des optimierten Erfassens von Texten ist die SQ3R-Methode), die von dem US-Amerikaner Francis Robinson entwickelt wurde (vgl. Robinson 1970). Sie ist auch als PQRST-Methode bekannt:

- Survey (Preview): durchsehen, einen Überblick gewinnen,
- Question: Fragen formulieren,
- Read: genaues Lesen,
- Recite (Self Recitation): rekapitulieren, zusammenfassen und Fragen beantworten,
- Review/Repeat (Test): einzelne Stellen noch einmal lesen, um Unklarheiten zu beseitigen.

In der Praxis ist diese Methode vor allem für eine detaillierte Analyse kürzerer Texte geeignet. Wenn dieses Verfahren auch recht aufwendig erscheint, so lässt es sich mit etwas Disziplin dennoch gut in **drei Phasen** umsetzen:

- 1. Phase: Vorbereitung und Einstimmung.
- 2. Phase: Lesen und Markieren.
- 3. Phase: Textauswertung.

Lesegeschwindigkeit

Prüfen Sie einmal Ihre Lesegeschwindigkeit: Wie lange haben Sie für diese Seite gebraucht? Ein durchschnittlicher Leser schafft etwa 250 Wörter pro Minute. (Diese Seite hat 301 Wörter.) Glauben Sie nicht, dass langsames Lesen automatisch eine besseres Verständnis mit sich bringt. Denn ein zu langsames Lesen kann auch dazu führen, dass die Gedanken abschweifen.

Das bringt Sie weiter

Auch wenn es anfangs schwer fällt: Nur Übung bringt Sie weiter. Gehen Sie von jetzt an jeden Text nur noch strukturiert an. Sie werden dann in Zukunft effektiver Texte lesen und auswerten können!

6.2 | Stimmen Sie sich auf den Text ein

Wie Sie wissen, behalten wir Informationen, die uns persönlich berühren (z. B. aufregen, freuen, ekeln) viel besser und ohne Mühe.

Nutzen

Auch Fachinformationen können ein solch persönliches Interesse wecken. Dazu müssen Sie sich klar machen, was Sie persönlich mit der Thematik verbindet, welche Aspekte für Sie von Bedeutung sind. Entwickeln Sie eine Einstellung und eine persönliche Meinung zum Thema Ihrer wissenschaftlicher Arbeit und nutzen Sie dies bei der Erarbeitung von Texten!

Interesse

Wenn Sie nicht bei der Sache sind oder sich nicht wirklich für einen Text interessieren, brauchen Sie wesentlich länger, um ihn zu verstehen. Ihr Auge bleibt an willkürlichen Punkten zu lange hängen oder springt zu oft wieder zu ihnen zurück. Die Folge ist, dass Sie Passagen mehrfach lesen müssen, bis Sie sie wirklich aufgenommen haben.

Konzentration

Ideal wäre ein Zustand des selbstvergessenen Lesens, in dem Sie Raum und Zeit vergessen und ganz in Ihrem Text eintauchen. Dabei entwickeln sich vor Ihrem geistigen Auge eigene Bilder und Vorstellungen, durch die Sie persönlich in den Text hineingezogen werden. Es ist jedoch schon ein erster Schritt, wenn Sie so viel Interesse und Konzentration entwickeln können, dass Sie Ihre Aufmerksamkeit auf den Inhalt eines Textabschnittes richten und nicht nur auf die einzelnen Begriffe oder Sätze achten.

Leseumgebung und -haltung

Eine gute Beleuchtung und frische Luft leuchten den meisten ein. Aber beim Lesen auf eine gute Haltung achten? **Bitte unterschätzen Sie nicht den Einfluss, den die Körperhaltung auf Ihre Denkprozesse hat!**

Körperhaltung und Aufmerksamkeit

Auf der Landkarte unserer linken Gehirnhälfte befinden sich das Wernick'sche Sprachzentrum, das für das Sprachverständnis zuständig ist. Hier wird die ständige Verfügbarkeit erlernter Wortbilder und die Fähigkeit zur Interpretation von Sprache gesteuert. Das Wernick'sche Sprachzentrum gehört zu den Gehirnbereichen, die mit sogenannten cross-modalen Assoziationen beschäftigt sind. Das heißt, Sie verknüpfen hier verschiedene sensorische Reize (Input) miteinander. Beispielsweise wird etwas Gesehenes direkt mit der Tastwahrnehmung, mit auditiven oder auch motorischer Wahrnehmungen verknüpft. Die dichten Querschaltungen von einem Wahrnehmungsbereich zum anderen und die sich ergänzenden Wechselwirkungen verdeutlichen nur ansatzweise die Komplexität sensorischer Wahrnehmungsvorgänge (zu denen auch das Lesen gehört!).

Die wichtigste Konsequenz daraus ist, dass eine völlig entspannte Körperhaltung nicht mit der Empfindung »Achtung, jetzt bitte aufpassen!« einhergehen sein kann. Wenn Sie in einer fremden Umgebung plötzlich ein ungewohntes Geräusch hören, werden Sie feststellen, das Sie sich aufrichten und eine gewisse Körperspannung aufbauen, um aufmerksam das Geräusch orten und einordnen zu können. Umgekehrt können Sie über die Körperspannung und -haltung aktiv Ihre mentale Aufmerksamkeit beeinflussen. Nutzen Sie dies für Ihre Lesekonzentration und suchen Sie sich Ihre Leseumgebung bewusst aus.

Hinweis: Wer sich näher mit den Zusammenhängen von Motorik und Lernen beschäftigen möchte, dem sei Hannaford 1997 empfohlen.

Entspannung

Ihre Aufmerksamkeit für den Text ist abhängig von Ihrer Aufmerksamkeit für sich selbst. Wenn Sie merken, dass Sie immer wieder mit den Gedanken abschweifen und die Augen anfangen zu brennen, dann ist es höchste Zeit für eine Pause. Es ist besser, die Lese- und Bearbeitungsabschnitte sich vorher einzuteilen (vgl. Kapitel 6) und auch Pausen gezielt einzuplanen. Erstens rechnen Sie dann auch die Pausenzeit mit ein und können sich ohne das Gefühl, Zeit zu verlieren, richtig entspannen. Und zweitens hilft es Ihnen, Pausen zu machen, die Ihr Gehirn für die Verarbeitung des Gelesenen braucht.

Wussten Sie, dass Sie umso schneller lesen können, je größer Ihre Blickspanne ist?

3 Pausenübungen

Folgende Pausenübungen sind besonders zu empfehlen:
Gesichtsfeld und **Blickspanne** erweitern:
- Die Zeigefinger ca. 15 cm vor die Augen halten,
- die Arme langsam nach außen bewegen,
- den Kopf ruhig halten und mit den Augen den Zeigefingern folgen.

Augen entspannen:
- Die Handflächen aneinander reiben, bis sie ganz warm sind,
- das Gesicht in die hohlen Hände legen,
- sich eine Situation aus dem letzten Urlaub vorstellen und entspannen.

Die **Verbindung** zwischen beiden **Gehirnhälften** wiederherstellen (sich neu konzentrieren) und zugleich den Rücken mobilisieren:
- Sich aufrecht hinstellen,
- das rechte Knie heben und mit dem linken Ellbogen berühren,
- das Kreuz bleibt dabei gerade,
- gegengleich wiederholen.

Fachliteratur lesen

Ein Werk Ihres Lieblingsautors verschlingen Sie förmlich, Sie hören nicht auf, bis Sie den Schluss gelesen haben. Sie lassen sich also von dem Text einfangen und mittragen. Damit ist der Zweck des Lesens erreicht: Der Text hat Ihnen gefallen und Sie emotional berührt. Fachliteratur fordert mehr von Ihnen: Sie soll Ihnen nicht unbedingt gefallen, sondern Sie sollen sie verstehen und in größere theoretische Zusammenhänge einordnen. Das erfordert eine aktivere, systematische und gezielte Auseinandersetzung mit diesen Texten. Daher beginnt der Leseprozess von Fachliteratur mit der konkreten Vorstellung Ihres Leseziels.

Leseerwartung

Warum wollen Sie diesen Text lesen? Diese Frage hört sich banal an, sie ist aber durchaus nützlich. Sie lesen einen Text anders, wenn Sie die Materie schon kennen und nur noch wichtige Details wissen möchten, oder wenn Sie sich erst einmal allgemein mit einer neuen Thematik vertraut machen wollen.

Um Ihre Leseerwartung zu klären, können folgende Fragen hilfreich sein:
Habe ich schon Kenntnisse zu der Thematik?
Wenn ja:

- Will ich bestimmte Details wissen?
- Will ich Schlussfolgerungen, Meinungen und Thesen kritisch prüfen?
- Will ich Anregungen zur eigenen Weiterentwicklung der Thematik finden?

Wenn nein:

- Will ich einen allgemeinen Überblick über das Thema bekommen?
- Will ich die wichtigsten Aspekte einer Thematik kennenlernen (z. B. für eine weitere Literaturrecherche oder eine Gliederung)?

Absichten erfassen

Autoren von Texten haben ganz unterschiedliche Intentionen, wenn sie einen Text produzieren. So unterschiedlich die Absichten sind, so unterschiedlich muss auch die Herangehensweise an einen Text sein. Wenn Sie z. B. einen Liebesbrief lesen würden wie eine Abhandlung über zwischenmenschliche Probleme, würde der Absender sicherlich nicht Ihr Herz gewinnen, sondern vielleicht nur Ihr Unverständnis.

Absichten von Texten können z. B. sein: Menschen zu beeinflussen, Sachverhalte darzustellen, Probleme zu erörtern oder Meinungen zu verbreiten. Dementsprechend sind die Informationen eines Textes unterschiedlich gestaltet: Sie können eine Thematik umfassend darstellen, vertiefen, ergänzen, einen bestimmten Standpunkt vertreten oder Sie zu eigenen Gedanken anregen.

Als erstes geht es also darum, die Absicht eines Textes zu erfassen und mit der eigenen Leseerwartung abzustimmen. Wenn Sie eine konkrete Sachfrage beantwortet haben wollen, ist ein Text, der einen Sachverhalt darstellt, angemessener als z. B. eine Meinungsäußerung dazu. Wenn Sie aber verschiedene Thesen vergleichen möchten, kann sie wiederum ein Text, der eine bestimmte Meinung vertritt, weiter bringen.

Merkmale

An äußeren Zeichen kann man bereits erkennen, mit welcher Absicht ein Text verfasst wurde. Das kann für die weitere Texterschließung sehr wichtig sein. Zu den markanten Merkmalen gehören:

- **Art der Veröffentlichung** des Textes (Buch, Flyer, Zeitschrift etc.):
  Achten Sie auf den Verlagsnamen. Für welche Art von Literatur ist er bekannt? Welche Autoren vertritt er noch?
  Wie wirkt die äußere Form der Veröffentlichung? Am Verhältnis von Text und Illustrationen können Sie z. B. einiges ablesen. Werden Bilder und Grafiken zur Erläuterung und Ergänzung des Textes eingesetzt

oder sind sie gar versteckte Werbung? Haben die Illustrationen einen informativen Charakter und enthalten fachliche Aussagen oder sollen sie die emotionale Beteiligung des Betrachters verstärken?

- **Entstehung des Textes:**
  In Buchbesprechungen und Rezensionen finden Sie gute Informationen über den Schwerpunkt eines Textes und seine Entstehungsgeschichte. Zahlreiche Literaturrezensionen finden Sie bei Google unter dem Stichwort »Rezensionen«. Sie erhalten hier fach- und themenbezogene Links und Adressen.
- **Klappentext oder Rückseite:**
  Hier werden die Grundaussagen des Textes kurz zusammengefasst. Außerdem erfahren Sie, welchem wissenschaftlichen Teilbereich der Text zugeordnet wird.
- **Titel, Untertitel und Kapitelüberschriften:**
  Der Titel enthält oft schon das erste Schlüsselwort (vgl. Abschnitt 6.3). Untertitel und Kapitelüberschriften geben weitere Hinweise auf Definitionen, Differenzierungen, Bezugnahmen und Abgrenzungen. Dadurch erfahren Sie, unter welchen Aspekten dieser Schlüsselbegriff behandelt wird und in welchem Verhältnis sie zueinander stehen.
- **Angaben zu Autor bzw. Autorin:**
  Welchen wissenschaftlichen und literarischen Werdegang und Hintergrund hat ein Autor? Beachten Sie die Themen weiterer Veröffentlichungen, denn sie geben häufig einen Hinweis darauf, wie sich der aktuelle Text in die Gesamtthematik einordnen lässt.
- **Der erste Satz:**
  Lesen Sie den ersten Satz des Textes. Macht er den Eindruck einer theoretischen Einleitung oder einer Feststellung oder eines Appells? Überlegen Sie, auf welcher Ebene Sie sich durch den ersten Satz angesprochen fühlen. Sollen Sie informiert, angeregt oder überzeugt werden?

Mit diesen Vorüberlegungen bestimmen Sie die Art, wie Sie an den Text herantreten und wie Sie ihn verstehen.

Kontrolle

Fragen Sie Ihre Kommilitonen, welchen Eindruck sie von dem Text haben. Die inhaltlichen Aussagen des Textes sind hierbei nicht so wichtig, sondern wie andere die Wirkung des Textes einschätzen und bewerten.

Das bringt Sie weiter

Bevor Sie einem Text mit Bleistift und Textmarker zu Leibe rücken, betrachten Sie seinen Kontext und lesen Sie ihn mindestens einmal, ohne Anmerkungen zu machen und zu unterstreichen. Im Hinterkopf sollten Sie dabei die Frage haben: Welche zentralen Überlegungen drückt der Text aus und was will der Autor damit erreichen?

6.3 | Lesen und verstehen Sie den Text

Erkennen Sie die unterschiedlichen Schritte des Leseprozesses und setzen Sie diese gezielt für eine bessere Textverwertung ein.

Nutzen

6 Schritte

In sechs Schritten den Text erschließen:

- Text überfliegen: »Worum geht es in diesem Text?«
- Schlüsselwörter identifizieren.
- Text gliedern bzw. die Gliederung erkennen und benennen.
- Text genau lesen und Schlüsselwörter in einer Farbe markieren.
- Unbekannte Begriffe nachschlagen und in Randnotizen erklären.
- Zusammenfassung in eigenen Worten notieren oder eine Stichworttabelle anlegen.

Überfliegen

Das Wort »überfliegen« können Sie ruhig wörtlich nehmen. Wenn Sie mit dem Flugzeug über eine Stadt fliegen, bekommen Sie einen Gesamteindruck. Sie sehen einzelne Stadtteile, besonders markante Bauten und können sich dieses Bild als Orientierungshilfe einprägen. Laufen Sie später durch diese Stadt, um sich die einzelnen Stadtteile und Bauten genau anzuschauen, haben Sie schon einen ungefähren Eindruck, wo Sie sich gerade befinden.

Beim Überfliegen eines Textes erfassen Sie in der gleichen Weise durch zügiges Lesen seine grobe Struktur und besonders interessante Textstellen. Sie erkennen Ihnen bekannte Inhalte, neue Informationen und unverständliche Passagen. Suchen Sie nach dem wichtigsten oder maximal den drei wichtigsten Schlüsselwörtern des Textes. Finden Sie Abschnitte, in die sich der Text gliedern lässt.

Nun sind Sie schon in der Lage zu entscheiden, welche Teile Sie überspringen können und welche Sie vertiefend studieren müssen.

Schlüsselwörter

Als Schlüsselwörter gelten die Begriffe, die für die Textaussage besonders prägnant und aufschlussreich sind. Häufig werden sie im Text definiert und der Text setzt sich mit ihnen besonders intensiv auseinander. Die Schlüsselwörter eines Textes können Sie oft dadurch erkennen, dass sie einem bestimmten Wortfeld angehören. Wenn Sie die Wörter zu einem Wortfeld herausfiltern, achten Sie darauf, ob sie miteinander in Beziehung stehen oder als Widersprüche gelten. Auch die Substantive und Verben, mit denen die Schlüsselbegriffe näher erläutert werden, geben Ihnen Hinweise auf die Beziehungen der Schlüsselwörter zueinander und damit auch auf die zentrale Aussage eines Textes.

Gliederung

Um einen Text wirklich zu verstehen, hilft es Ihnen, seinen Gesamtaufbau zu erfassen. Betrachten Sie dazu die Gliederung eines Textes und bestimmen Sie die jeweilige Funktion eines Gliederungsteils. Kennzeichnen Sie den Textaufbau beispielsweise mithilfe folgender Kategorien:

- These oder Gegenthese,
- Problemerfassung,

- Begründung oder Argumentation,
- Beispiel,
- Exkurs,
- Erläuterung,
- Vergleich,
- Widerspruch,
- Schlussfolgerung,
- Stellungnahme,
- Wertung oder Beurteilung,
- Zusammenfassung.

Genau lesen

Nehmen Sie sich für das intensive Studium nicht mehr als maximal ein Unterkapitel (oder 15–20 Seiten) vor. Unterteilen Sie längere Abschnitte in überschaubare Teile. Das steigert nicht nur Ihre Motivation, da Sie Ihr Ziel schneller erreichen, sondern verringert auch den Arbeits- und Zeitaufwand. Nehmen Sie sich zu lange Textpassagen vor, führt dies häufig dazu, dass Sie sie mindestens zweimal durchgehen müssen. Die Zusammenfassung mit eigenen Worten am Ende des Leseprozesses zeigt dann, dass es immer noch offene Fragen zum letzten Teil des Textes gibt und zwingt Sie dazu, den Textabschnitt erneut durchzuschauen.

Schwierige Textstellen

Stoßen Sie beim Lesen auf besonders schwierig formulierte Textstellen, dann macht es wenig Sinn, diese Stelle wieder und wieder durchzugehen. Lesen Sie diese maximal zweimal konzentriert durch und machen sich dann eine Randnotiz für nochmaliges Lesen. Oftmals erschließt sich der Sinn einer Textstelle durch die nachfolgenden Abschnitte und dann erübrigt sich das nochmalige Nachlesen. Sollte dies nicht der Fall sein, kehren Sie, nachdem Sie den zu bearbeitenden Textabschnitt durchgelesen haben, an die markierte Stelle zurück und knöpfen Sie sie sich systematisch vor.

Schwer zu verstehende Textstellen zeichnen sich in der Regel durch eines der folgenden beiden Merkmale aus (oder durch beide!):

- Ihnen unbekannte Fachbegriffe, Abkürzungen oder Fremdwörter,
- komplizierter Satzbau.

Schlagen Sie unbekannte Begriffe im Fremdwörterlexikon nach und ersetzen Sie sie durch Ihnen verständliche Synonyme.

Entwirren Sie Schachtelsätze, indem Sie sie in einzelne kurze Sätze zerlegen. Markieren Sie dann die Hauptaussage und die Ergänzungen.

Beispiel

»Im Gegenteil, eine genauere Untersuchung, sei sie introspektiv oder experimentell, zeigt, dass wir nie alle vorhandenen Signale verwenden, sondern durch unsere Aufmerksamkeit stets eine relativ kleine Anzahl auswählen und die Auswahl zudem durch die Vergegenwärtigung erinnerter Wahrnehmung (die im Augenblick nicht von den Sinnesorganen spontan erzeugt werden) je nach Bedarf ergänzen.« (Glaserfeld 2002, S. 22).

Eine mögliche Lösung

- Definitionsklärung:
  introspektiv = auf dem Weg der Innenschau, der psychologischen Selbsterkenntnis.
- Satzzerlegung:
  Experimente und psychologische Selbsterkenntnis zeigen (Ergänzung).
  Wir verwenden nie alle vorhandenen Signale (Hauptaussage).
  Wir wählen durch unsere Aufmerksamkeit eine kleine Anzahl von Signalen aus (Hauptaussage).
  Wir ergänzen die Signale bei Bedarf durch Erinnerungen (Hauptaussage).
  Die Erinnerungen beziehen sich auf frühere Wahrnehmungen von Sinnesorganen (Ergänzung).
- »Enthaupten« Sie Hauptwörter, wenn es in einem Satz zu viele gibt.
  Gerade wissenschaftliche Texte werden oft durch die Ableitung von Adjektiven oder Verben zu Hauptwörtern sehr abstrakt und schwer verständlich.
  Ersetzen Sie diese abgeleiteten Hauptwörter (zu erkennen an den Endungen »-ung«, »-heit«, »-keit«) durch die entsprechenden Verben oder Adjektive und formulieren Sie den Satz entsprechend um.

Beispiel

Ein weiteres Beispiel:
»Während die Umweltdifferenzierung sich auf die Erfordernisse der Beobachtung der Umwelt durch das System bezieht und dadurch zugleich stimuliert und limitiert wird, ergibt sich die interne Differenzierung aus dem Prozess der autopoietischen Reproduktion.« (Luhmann 1987, S. 258)

Lösung

Lösungsvorschlag:
»Die Umwelt soll beobachtet werden. Das geht nur, wenn man die Umwelt differenziert (unterscheidet). Das System, das die Umwelt beobachtet, stimuliert und limitiert aber damit zugleich das Beobachten der Umwelt. Intern differenziert ein System, indem es, um sich selbst als System zu erhalten, Wirklichkeit reproduziert (wiederherstellt).«

Das bringt Sie weiter

- Planen Sie die Erarbeitung eines Textes vorab.
- Wenn Sie 15 Seiten vor sich haben und pro Seite ca. 2 Minuten für das normale Lesen brauchen, also insgesamt 30 Minuten, sollten Sie für das Studium dieses Textes mindestens 1,5 Stunden einplanen. Für: Lesen, Nachschlagen, Markieren, Notieren und eine Pause von 5 Minuten.
- Tragen Sie diese Zeit als fest geplant in Ihren Kalender ein. Wenn Sie dann doch früher fertig sind, haben Sie Zeit gewonnen.
- Sie vermeiden dadurch, beim Durcharbeiten eines Textes immer oberflächlicher zu werden, weil Sie unter Zeitdruck stehen.

6.4 | Markieren muss gelernt sein

Nutzen

Gestalten Sie die Übersichtlichkeit des Textes mit der Art und Weise, wie Sie üblicherweise Textpassagen markieren.

Alles markiert!

Jeder kennt das Phänomen: Mit einem schnellen Strich ist eine wichtige Aussage im Text schön leuchtend hervorgehoben. Sie lesen ein wenig weiter und da kommt noch etwas Wichtiges und noch etwas … Und am Ende ist der ganze Text bis auf wenige Zeilen markiert.

Der Sinn des Markierens liegt aber darin, **den Text auf das Wesentliche zu reduzieren und die Information zu komprimieren**. Das hört sich kompliziert an, ist aber im Grunde ganz einfach.
Wie sollte man also markieren?

- Markieren Sie nicht sofort alles, was Ihnen wichtig erscheint, sondern legen Sie sich erst ein Markierungssystem fest.
- Markieren Sie sparsam.
- Setzen Sie die Farben systematisch ein.

Markierungsarten

Markierungsarten und ihr Nutzen:

Farbige Unterstreichungen	Markierung für Zuordnungen von Aussagen zu einem Begriff, einer Theorie oder einer These
Markierungen mit Text-markern	Kennzeichnung von Schlüsselwörtern und Zitaten
Kurzkommentare durch Zeichen	Kennzeichnung von Gliederungsteilen z. B.: ! für Schlussfolgerung ? für Unverständliches W für Widerspruch ← für vgl. mit …
Randnotizen	Erläuterung von Fremdwörtern
Umrahmungen und Verbindungslinien	Visualisierung von Zusammenhängen und Bezügen
Ziffern	Kennzeichnung von Argumentationsfolgen

Das bringt Sie weiter

- Entwickeln Sie Ihr eigenes System von Kurzkommentaren.
- Setzen Sie dabei prägnante und ruhig auch lustige Zeichen ein. Das Gehirn behält »absurde Bilder« besser und verknüpft sie leichter mit Inhalten.

6.5 | Suchen war gestern – finden ist heute

Nutzen

Finden Sie wichtige Aussagen der von Ihnen bearbeiteten Fachliteratur schnell und einfach wieder, und zwar genau dann, wenn Sie sie brauchen.

Eigene Gedanken

Informationen und eigene Gedanken, die für Ihre Arbeit wichtig sind, sollten Sie von Anfang an festhalten und zwar in geordneter Form. Nichts ist so mühselig und zeitraubend wie die Suche nach dem Motto: »Wo hab' ich da nur schon mal was dazu gelesen?« Notieren Sie daher, schon während Sie die Literatur lesen, die eigenen Gedanken und zwar nicht am Rand des Textes (das ist sowieso nicht immer erlaubt), sondern in einer Tabelle.

Die eigenen Gedanken sollten Sie anhand folgender Fragen ordnen:

- Auf welche Frage gibt dieser Textabschnitt eine Antwort?
- Mit welchen Stichwörtern lässt sich seine Aussage kurz und knapp umschreiben?
- Welche Thesen und Aussagen anderer Autoren unterstützt er?
- Welchen Thesen und Aussagen anderer Autoren widerspricht er?

Tabelle

Da Sie auf jeden Fall eine **Literaturliste** benötigen, schlagen Sie hier zwei Fliegen mit einer Klappe. Stellen Sie z. B. in Excel eine Literaturliste auf, in die Sie neben den Angaben zur Literaturquelle (Autor, Titel, Erscheinungsjahr etc.) in weiteren Spalten Stichwörter aus dem Text notieren und ihre eigenen Gedanken in maximal einem Satz zusammenfassen. Besonders prägnante Aussagen sollten Sie auch als Zitat einfügen, dann haben Sie gleich eine Sammlung von Aussagen, die Sie später wörtlich zitieren wollen. Vergessen Sie nicht die Seitenzahl mit zu notieren. Bei Texten aus dem Internet kopieren Sie in einer letzten Spalte die URL als Link.

Quelle	Stichwörter	Eigene Gedanken	Seitenangabe	Link der URL/zur Datei
Heister, W.: Lernen ...	Mnemotechnik	Tipps für gehirngerechtes Lernen	S. 23	–
...				

Wenn Sie Texte aus dem Internet als PDF abspeichern, macht es Sinn, das PDF umzubenennen, und zwar auf den Autorennamen und das Veröffentlichungsdatum. So können Sie später anhand der in der Tabelle notierten Stichwörter die Texte heraussuchen. Sie können in der Tabelle aber auch einen Link zu der auf der Festplatte gespeicherten Datei setzen.

Das bringt Sie weiter

Im Nachhinein ist es oft schwierig, eigene Gedanken den Texten zuzuordnen, die einen dazu veranlasst haben. Für die Überarbeitung und Korrekturen der wissenschaftlichen Arbeit, aber vor allem für die Vorbereitung auf ein Kolloquium oder eine mündliche Prüfung sind Sie jedoch darauf angewiesen. Daher führen Sie die oben gezeigte Tabelle konsequent und diszipliniert vom ersten Tag an.

7 Professionell forschen

Forschen ist das systematische Bemühen um die Vermehrung des Wissens. Neue Erkenntnisse basieren auf dem vorhandenen Wissen: Sie erweitern, übertragen, verbinden, ordnen das aktuelle Wissen neu oder widerlegen es.

Nichts anderes tun Sie im Rahmen Ihrer wissenschaftlichen Arbeit. Warum also das Licht unter den Scheffel stellen? Also: Es lohnt sich gleich von Anfang an professionell vorzugehen.

Falls Forschung für Sie als »schwierig«, »kompliziert«, »unattraktiv« oder gar »unmöglich« gilt, dann – denken Sie um:

Forschung ist sexy

»Wissenschaftliche Forschung ist sexy«, urteilte die Tageszeitung taz 2001 und meinte damit die Website von Ronald Hens: »Ronald Hens ist Psychologe an der Uni Saarbrücken. Darauf käme man aber nie, wenn man seine Website www.cops.uni-saarland.de/ronald/ONLINE/online.htm aufruft. Sie sieht aus wie eine Pornoseite. Hens lässt mit anklickbaren Fragebögen die Wirkung von Frauenbildern testen – wöchentlich drei Gesichter zur Auswahl, unter dem Forschungsschwerpunkt ›Beurteilung erotischer Fotos‹ auch den Rest.« (taz Nr. 6476 vom 21.6.2001). Ein interessantes Beispiel für Kreativität und Themenfindung.

Sie glauben es noch nicht? Ein weiterer Versuch: »Gender-Forschung ist sexy: Weg vom geschlechtslosen Einheitsbrei, entdecken nun auch Wissenschaftler zunehmend mehr Hinweise, dass Frauen und Männer einfach unterschiedlich sind.« (http://www.wissenschaft-online.de/artikel/782927, 1.5.2007)

Sie glauben es immer noch nicht? Dann geben Sie mal »Forschung sexy« in die Suchmaschine von Google ein. Als Suchergebnis erhalten Sie ca. 281.000 Einträge, teilweise stammen sie auch von hoch angesehenen Forschungseinrichtungen. So wird etwa an der ETH Zürich im Bereich »Klassische Pflanzenforschung« gefragt: »Nicht sexy genug?« (http://www.ethlife.ethz.ch/articles/tages/zuechtungsfo.html, 1.5.2007)

Recherchieren Sie mal nur nach dem Begriff »Forschung«, Sie erhalten 69.800.000 Einträge (Stand: 1.5.2007). Wenn Sie dies jetzt eingeben, sind es vielleicht schon ein paar Millionen mehr.

Auf geht's: Lernen Sie, wie Sie im Rahmen Ihrer wissenschaftlichen Arbeit Forschungsmethoden professionell anwenden können!

Betrachten Sie Ihre wissenschaftliche Arbeit als Forschung, ggf. auch als Forschung im Kleinen. Schaden kann das nicht!

7.1 | »Weißte Bescheid«-Forschung

Finden Sie sich im Forschungsdschungel zurecht und machen Sie sich auf zu Ihrer persönlichen Forschungssafari.

Nutzen

»Weißte Bescheid!« – wer kennt nicht die Lieblingsaussage des bekannten Reporters Horst Schlämmer alias Hape Kerkeling (vgl. http://www.horstschlaemmer.tv). Gilt das auch für Sie?

Wissensdurst oder Zweckerfüllung

In der Forschung wird zwischen »Grundlagenforschung« und »angewandter Forschung« unterschieden. Der Forschungszweck ist für diese Differenzierung ausschlaggebend:

- Die **Grundlagenforschung** wird auch als reine Forschung bezeichnet. Ziel ist der reine Erkenntnisgewinn, die Entdeckung und Formulierung allgemeiner Gesetzmäßigkeiten. Wissensdurst ist der Forschungsgrund. Ob dem wirklich immer so ist, sei dahingestellt, jedenfalls wird Grundlagenforschung als nicht zweckgebunden beschrieben. Häufig werden dabei zufällig entdeckte Phänomene weiter untersucht. Besonders in den Naturwissenschaften und der Psychologie ist diese Form der Forschung zu finden. Sie funktioniert nach dem dreigeteilten Prinzip: Aufstellung einer These, Prüfung und Diskussion.
- Die **angewandte Forschung** ist auch als Zweckforschung bekannt. Auch hier geht es darum, neues Wissen zu generieren oder vorhandenes Wissen neu zu kombinieren. Die Ausgangsfrage weist jedoch eine größere Nähe zur Praxis auf und entwickelt sich aus einer konkreten Problemstellung heraus. Die neuen Erkenntnisse fließen in der Regel wieder in die Praxis zurück, werden also angewandt.

Abhängig vom Forschungsziel und der Fragestellung wird deskriptive, explorative und Hypothesen prüfende Forschung unterschieden:

- Ein **deskriptives Untersuchungsdesign** kennzeichnet eine Untersuchung, in der es um die reine Erfassung und Beschreibung von Phänomenen und deren Kategorisierung und Zusammenfassung geht. Es sollen aus den Ergebnissen keine neuen Hypothesen abgleitet werden. *(Beschreiben)*
- **Explorative** Forschung verfolgt eine erkundende Fragestellung und geht über die reine Deskription hinaus. Die Datenanalyse zielt auf die Entdeckung neuer Phänomene, wobei ihre Ergebnisse bis zur Überprüfung der Hypothesen einen vorläufigen Charakter haben. *(Erkunden)*
- **Hypothesen prüfende** Forschung stellt damit die dritte Stufe der Forschung dar. Sie wird auch explanative Forschung genannt und prüft Hypothesen und Theorien. *(Beweisen)*

Primär oder sekundär

Im Hinblick auf den Neuigkeitsbezug wird zwischen Primär- und Sekundärforschung unterschieden.

Als **Primärforschung** wird die unmittelbare erste Untersuchung eines Phänomens bezeichnet, das vorher noch nicht in diesem Zusammenhang erforscht wurde. In der **Sekundärforschung** greifen Sie auf vorhandene

Ergebnisse und Erkenntnisse zurück. Sie ist letztlich eine Recherche und ein Zusammentragen von schon veröffentlichten Forschungsergebnissen (vgl. Abschnitt 7.5).

Eng mit dem Forschungsbegriff sind die Bezeichnungen »Statistik«, »Empirie« und »Daten« verbunden.

Statistik Das Wort Statistik stammt aus dem Lateinischen und stand hier für »den Staat betreffend« (statisticum). Und genau so hat es Gottfried Achenwall 1749 auch eingeführt: als Lehre von den Daten über den Staat. Erst im 19. Jahrhundert benutzte der Engländer Sir John Sinclair den Begriff in seiner heutigen Bedeutung. Als Statistik wird seitdem zum einen eine wissenschaftliche Methode zur zahlenmäßigen Erfassung, Untersuchung und Darstellung von Massenerscheinungen beschrieben, aber auch das dargestellte Ergebnis einer Untersuchung nach dieser Methode, vgl. Duden (Hrsg): Office-Bibliothek: Duden – Deutsches Universalwörterbuch. Office-Bibliothek für Win/Mac OS X/Linux, Mannheim: Dudenverlag 2006.

Empirie Die Empirie (abgeleitet vom griechischen »embiría« = die Erfahrung) wird im Duden als »Methode, die sich auf Erfahrung stützt, um wissenschaftliche Erkenntnisse zu gewinnen« beschrieben (vgl. ebd.). Empirisches Arbeiten bedeutet also, methodisch fundiert Erfahrung zu sammeln. Mit gezielten Beobachtungen und Versuchen sollen Daten gesammelt werden. Während sich Statistik immer auf die Sammlung und Verarbeitung von Zahlen bezieht, umfasst die Empirie auch das Erfassen und Erforschen von nicht zahlenmäßigen Daten.

Daten »Nach DIN 44 300 sind Daten als Zeichen oder kontinuierliche Funktionen definiert, die aufgrund von bekannten oder unterstellten Abmachungen dem Zwecke der Verarbeitung dienen.«
(http://www.itwissen.info/definition/lexikon//__data%20_daten.html, 1.5.2007)

Quantitativ oder qualitativ Informationen werden in Daten wiedergegeben und können in Form von Zahlen, aber auch in Worten dargestellt werden.

Wichtig ist auch die Unterscheidung zwischen den qualitativen und den quantitativen Methoden:

- **Quantitative Methoden** basieren auf einer vorab formulierten Hypothese, die mithilfe einer systematischen Messung und Auswertung der Fakten überprüft wird. Der Forschungsprozess mündet hierbei immer in die statistische Analyse der Daten.
- Insbesondere in der Sozialforschung, wenn der Forschungsgegenstand neu ist oder das Forschungsgebiet erst exploriert werden soll, werden **qualitative Forschungsmethoden** angewandt. Darunter sind interpretative Verfahrensweisen zusammengefasst, die vorrangig nach subjektiven Faktoren und Intentionen fragen. Ziel ist es, mögliche Strukturen zu erkennen.

Deduktiv oder induktiv

Unterscheiden Sie die deduktive und induktive Methode. In einer wissenschaftlichen Arbeit beziehen sich die gefundenen Ergebnisse und Erklärungen meistens auf eine anfangs gemachte allgemeine Beobachtung. Auf Grundlage dieser Beobachtung wird dann eine Vermutung oder Annahme formuliert. Dieses Vorgehen wird als **deduktive Methode** bezeichnet.

Ein Beispiel: Eine Zunahme der typischen Rauchererkrankungen (Lungenkrebs, Raucherbein etc.) wird beobachtet. Diese Beobachtung muss nun auf ein erfassbares Problemfeld reduziert werden, also räumlich und/oder zeitlich eingegrenzt werden. Es ergibt sich beispielsweise die Fragestellung, welche gesundheitlichen Folgen das Rauchen bei Jugendlichen hat. Daraus wird ein konkreter, messbarer Ausschnitt der Problematik in Form einer Hypothese definiert: Jugendliche, die unter 16 Jahre alt sind und mehr als xy Zigaretten rauchen, erkranken häufiger an Krankheiten wie x, y oder z. Für diese Behauptung werden zunächst die relevanten und zu messenden Daten bestimmt und dann erhoben.

Es gibt jedoch auch den Fall, dass sich aus vorliegenden Daten rückwirkend Antwortmöglichkeiten auf Fragen ergeben, die vorher gar nicht gestellt wurden. Bei der **induktiven Methode** wird also vom Einzelnen (vom Einzelfall) auf das Allgemeine geschlossen.

Auch hierzu ein Beispiel: Anhand mehrerer Interviews wird deutlich, dass alleinerziehende Mütter aufgrund ihrer Lebenssituation selbstbewusster auftreten. Aus diesen Einzelfallbeobachtungen wird die Hypothese abgeleitet, dass die Aufgabe der alleinigen Erziehung von Kindern Auswirkungen auf die Entwicklung des Selbstbewusstseins von Müttern hat. Diese Hypothese wird nun wieder in einen konkreten, räumlich und zeitlich messbaren Ausschnitt gefasst.

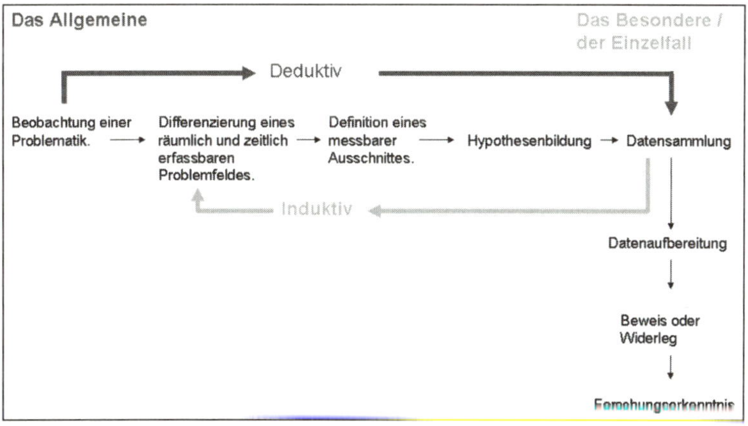

Das bringt Sie weiter

Nutzen Sie die hier aufgeführten Fachbegriffe. Argumentieren Sie wie ein Fachmann!

7.2 | Testen Sie Ihr Statistik-Wissen

Nutzen

Überprüfen Sie Ihre Kenntnisse der Grundbegriffe der Statistik. Entscheiden Sie dann selbst, wie intensiv Sie im Fachbuch nacharbeiten müssen.

Sie finden hier keine ausführliche theoretische Darstellung der Statistik.

Multiple-Choice-Test

Der Test ist als Multiple-Choice-Test aufgebaut. Pro Frage können auch mehrere Antworten richtig sein.

1 Die Ausprägung
A definiert die möglichen Erscheinungsformen, also Werte oder Kategorien, die eine Variable oder ein Merkmal annehmen kann.
B gibt an, wie stark eine bestimmte Eigenschaft oder ein Merkmal ausgeprägt ist.
C wird auch als Modalwert bezeichnet.

2 Das arithmetische Mittel
A ist der mittlere Wert einer Datenreihe.
B ist der Mittelwert einer Datenreihe.
C ist der Durchschnittswert der Stichprobe.

3 Die Grundgesamtheit
A wird aus der Summe der Bestands- und der Ereignismasse gebildet.
B bezeichnet die Gesamtheit aller ausgewählten Merkmalsträger.
C bezeichnet die Menge aller potenziellen Untersuchungsobjekte für eine Fragestellung (auch Population genannt).

4 Der Modalwert
A bezeichnet eine Häufigkeitsverteilung und kann in einer Verteilung mehrfach vorkommen.
B ist ein Lagemaß aus der deskriptiven Statistik.
C ist der Merkmalswert, der am häufigsten vorkommt.

5 Eine Variable
A wird auch Merkmal genannt und bezeichnet eine Eigenschaft von Personen, Objekten oder Ereignissen.
B hat mindestens zwei Ausprägungen.
C ist eine unveränderliche Beobachtungsgröße.

6 Der Median
A ist identisch mit dem Mittelwert einer Datenreihe.
B ist der Zentralwert einer Stichprobe.
C wird durch den Wert gebildet, der in der Mitte steht, wenn alle Beobachtungswerte der Größe nach geordnet sind.

7 Ein Merkmalsträger
A ist immer eine natürliche Person.
B ist der Träger von Informationen, die für eine Untersuchung relevant sind.
C ist das Gleiche wie eine natürliche Einheit.

8 Die Korrelationsanalyse
A ermittelt, ob es zwischen zwei Variablen eine Beziehung gibt.
B bezieht sich auf die Kausalität von Korrelationen.
C weist grundsätzlich eine Ursache-Wirkung-Beziehung nach.

9 Die Standardabweichung
A gibt die durchschnittliche Abweichung von Normmaßen an.
B ist eine Maßzahl der Streuung (mittlerer Wert).
C sagt etwas über die Größe der Einzelwerte im Verhältnis zum Mittelwert aus.

10 Ein Signifikanztest
A versucht die Wahrscheinlichkeiten für Fehlentscheidungen bei der Hypothesenbildung zu kontrollieren.
B schließt statistisch einen Hypothesenirrtum aus.
C dient in der Statistik als mathematischer Beweis dafür, ob die Nullhypothese einer Untersuchung verworfen werden kann oder nicht.

11 Nullhypothesen
A sagen aus, dass die Differenz zwischen verschiedenen Werten gleich null ist und so ein bestimmter Zusammenhang nachgewiesen ist.
B müssen widerlegt werden, um als indirekte Bestätigung der eigentlichen Arbeitshypothesen zu gelten.
C sind eine Annahme über die Häufigkeitsverteilung von Zufallsvariablen.

Hier sind die richtigen Antworten:
1: A; 2: B; 3: C; 4: A,B,C; 5: A,B; 6: C; 7: B; 8: A; 9: B; 10 :A,C; 11: B.
11 richtige Antworten = sehr gut
9–10 richtige Antworten = gut
7–8 richtige Antworten = befriedigend
5–6 richtige Antworten = ausreichend
Nutzen Sie ein statistisches Fachbuch, wenn Sie weniger als 7 richtige Antworten haben.

Das bringt Sie weiter

Berekoven u. a. 2006,
Schwarze 2005,
Diekmann 2004,
Bortz 2004,
Sachs 2004.

Links im Internet

http://www.uni-koeln.de/themen/Statistik/index.html
http://www.forschungsdatenzentren.de/

Lernprogramme

http://www.methodenlehre-baukasten.de/
http://www.lernstats.de/web/php/index.php

7.3 | Beherrschen Sie die Grundbegriffe der Statistik

Nutzen

Um die statistische Fachsprache perfekt verwenden zu können, müssen Sie die wichtigsten Grundbegriffe kennen.

Wichtige Grundbegriffe der Statistik:

Begriff	Bedeutung	Beispiel
statistische Einheit/Merkmalsträger	Das einzelne Objekt einer statistischen Analyse, dessen Eigenschaften erhoben werden.	Ein einzelner Studierender, beispielsweise Lieschen Müller
Grundgesamtheit/ statistische Gesamtheit/ statistische Masse	Die Gesamtheit aller (interessierenden) statistischen Einheiten, genau abgegrenzt durch sachliche, räumliche und zeitliche Kriterien.	Studierende der Vorlesung »Empirie« am 1.11.2004 in Elmsglück
Teilgesamtheit/ Stichprobe	Der Teil der Grundgesamtheit, der erfasst wird, falls nicht alle statistischen Einheiten erfasst werden.	50 % der Studierenden, die zufällig ausgewählt wurden.
Merkmal/ Variable/ charakteristische Eigenschaft	Eine (messbare) Eigenschaft einer statistischen Einheit.	Schuhgröße
Merkmalsausprägung	Die möglichen Werte, die ein Merkmal annehmen kann.	... 36, 37, 38, 39, 40, 41, 42, 43, 44, 45 ...
Merkmalswert/ Beobachtungswert	Der Wert, den ein Merkmal bei einer statistischen Einheit hat.	Klaus Höhnerbach hat die Schuhgröße 44.
Urliste (unsortiert)	Die unsortierte Urliste ist die Liste der Einzeldaten, so wie sie erhoben wurden, noch nicht sortiert oder gruppiert.	45, 43, 37, 37, 38, 40, 45
Urliste (sortiert)	In der sortierten Urliste werden die beobachteten Werte in eine aufsteigende Reihenfolge gebracht.	37 = II, 38 = I, 40 = I, 43 = I, 45 = II. I = kommt bei einer statistischen Einheit vor.

Das bringt Sie weiter

- Gewöhnen Sie sich an, bei passender Gelegenheit die statistischen Fachbegriffe – auch zu Übungszwecken – konsequent zu verwenden.
- Suchen Sie in einer Suchmaschine im Internet nach den Stichwörtern »Statistik Glossar«.

7.4 | Gehen Sie strukturiert vor

Nutzen

Ein sorgfältig geplanter, methodenadäquater Forschungsprozess führt zu einem guten Forschungsergebnis.

3 Phasen

Der Forschungsprozess besteht aus den drei Phasen Entdeckung, Begründung und Verwertung (vgl. Borsdorf 1999, S. 140):

Die Teilprozesse der drei Forschungsphasen

	Gegenstand	Teilprozesse	Praktische Umsetzung
Entdeckung		Literaturrecherche	Problematik beschreiben.
	Forschungs-problem	↕	Zusammenhänge darstellen.
		Forschungsfrage finden, konkretisieren, formulieren.	Fragestellung(en) entwickeln.
	und		Interesse begründen.
		↕	Forschungsziel formulieren.
	Erkenntnis-interesse	Theoretische Begründung formulieren.	Beziehung und Abgrenzung zu vorhandenen Erkenntnissen klären.
Begründung			Relevante Objekte und/oder Merkmale identifizieren.
		Beschreibung des Untersuchungs-bereiches	Begriffsdefinitionen
	Operationalisie-rung		Merkmalsdimensionen definieren.
			Hypothesen bilden.
			Indikatoren für nicht messbare Merkmale definieren.
	Forschungsdesign	Messbarkeit herstellen.	Merkmalsausprägungen (Variablen) festlegen.
			Skalierung entwickeln.
	Forschungs-methode		Grundgesamtheit festlegen.
			Stichprobenwahl.
	Durchführung	Datenerhebungs-instrument/ Methode entwickeln.	Methodenwahl (Beobachtung, Experiment, Befragung, Inhaltsanalyse).
	Auswertung		Instrument entwerfen (Fragebogen, Interviewleitfaden etc.).
			Pre-Test und Modifikation
		Datensammlung	Durchführungsplanung (Verteilung, Rücklauf)
			Fragebogenaktion, Interviews

	Gegenstand	Teilprozesse	Praktische Umsetzung
		Daten-aufbereitung	Filter setzen, ggf. Daten verkoden und Daten zusammenstellen.
		Datenanalyse/ Befund	Statistische Auswertung
Verwertung	Darstellung der Ergebnisse in Bezug auf den ursprünglichen Entdeckungs-zusammenhang	Daten-interpretation	Hypothesen prüfen.
		Präsentation	Grafische Darstellung
		Wirkungs-zusammenhang der Ergebnisse	Fazit formulieren: Relevanz der Ergebnisse

Forschungsprozess

Der Forschungsprozess kann alternativ auch in folgender verkürzten Form dargestellt werden:

- Forschungsproblem, Interesse,
- Forschungsfrage,
- Hypothese,
- Organisation, Forschungsplanung,
- Methodenwahl,
- Datenerhebung,
- statistische Bearbeitung und Auswertung,
- theoretische Auswertung, Fazit.

Qualität

Die Qualität des Forschungsprozesses und damit auch eines großen Teils Ihrer wissenschaftlichen Arbeit hängt von vier Faktoren ab:

- der Güte der theoretischen Annahmen,
- der Wahl und Beschaffenheit der untersuchten Realität,
- der Angemessenheit der gewählten Methoden und
- der Genauigkeit der angewandten Methoden.

Das bringt Sie weiter

Nutzen Sie die Vorteile der Prozessstandardisierung. Gehen Sie Schritt für Schritt so vor, wie hier aufgezeigt wurde.

7.5 | Primär- oder Sekundärforschung – oder besser beides?

Nutzen

Wägen Sie Ihr Vorgehen gründlich ab. Durch die Nutzung von Sekundärstatistiken können Sie unter Umständen viel Zeit und Mühe sparen.

Als Forschungsmethoden sind die Primär- und die Sekundärforschung zu unterscheiden.

Sekundärforschung

Die Sekundärforschung (Desk Research) stützt sich auf bereits vorhandene Informationen, sogenannte Sekundärstatistiken, die in der Regel für andere Zwecke (z. B. für Untersuchungen im Rahmen eines Projektes) oder aufgrund allgemeinen Interesses (z. B. Veröffentlichungen der statistischen Ämter) gesammelt wurden. Sie können z. B. folgendermaßen zustande kommen:

- Ein bekannter Fachwissenschaftler hat im Internet ein Redemanuskript veröffentlicht, in dem Ergebnisse von Materialprüfungen angegeben sind.
- Das Bundesministerium für Finanzen veröffentlicht die neueste Steuerschätzung.
- Ein anerkanntes Forschungsinstitut berichtet über die Ergebnisse eines neuen Testverfahrens im Textilwesen.
- Ein Projekt über die Mobilität von Senioren informiert über Ergebnisse.

Quellen der Sekundärforschung sind neben den »öffentlichen« (Berichte des Statistischen Bundesamtes, Analysen der Statistischen Landesämter, Fachliteratur und Fachzeitschriften, Umfragen der Meinungsforschungsinstitute, Informationen im Internet) auch betriebsinterne:

- Berichte des Außendienstes,
- Aufzeichnungen über Beschwerden,
- die Kundenkartei,
- das Rechnungswesen.

Die Nutzung von Sekundärstatistiken bedeutet zugleich, dass Sie das Rad nicht immer wieder neu erfinden müssen. Häufig beinhalten bereits die frei verfügbaren Statistiken des Statistischen Bundesamtes (siehe http://www.destatis.de) die benötigten Daten.

Primärforschung

Im Rahmen der Primärforschung (Field Research) können unterschiedliche Methoden angewandt werden. Man unterscheidet hier Befragung, Beobachtung und Experiment.

- Unter einer **Befragung** versteht man eine Methode der Situationsanalyse, bei der durch Fragen und Antworten persönliche Informationen von Befragten eingeholt werden. Befragungen werden z. B. in Form ei-

nes schriftlichen Fragebogens, am Telefon oder mittels Internet durchgeführt. Häufig wird die schriftliche Befragung in Papierform gewählt, bei der aber meistens nur eine Rücklaufquote von 5–15 % zu erwarten ist. Wird die Befragung mittels Internet gewählt, so lässt sich die Rücklaufquote meist schon erheblich steigern. Insbesondere zur Überprüfung der Qualität erbrachter Dienstleistungen ist die Telefonbefragung weit verbreitet. In anderen Fällen werden Computerterminals (z. B. im Eingangsbereich von Unternehmen) aufgestellt und die Besucher gebeten, an einer kurzen Computerbefragung teilzunehmen.
Man unterscheidet standardisierte und freie Befragungen. Bei der standardisierten Befragung gibt ein Interviewleitfaden vor, wie die Befragung durchzuführen ist. Bei einer freien Befragung ist das nicht der Fall.
Eine geschlossene Befragung lässt keinen Freiraum für freie Nennungen seitens des Befragten, sondern arbeitet durchgängig z. B. mit Antwortvorgaben. Häufig ist es aber sinnvoll, offene Fragen in die Befragung zu integrieren.
- Bei einer **Beobachtung** erhält man Informationen durch die Wahrnehmung der aktuellen Umwelt. Beobachtungen können arglos oder mit wissenschaftlichen Methoden durchgeführt werden.
  Zu unterscheiden sind die persönliche Beobachtung (z. B. Verhalten bei Eintritt in eine Klinik, Verhalten im Wartezimmer etc.) und die apparative Beobachtung (z. B. Untersuchung des Blickverhaltens beim Lesen der Tageszeitung mittels technischer Registrierungsgeräte).
- Ein **Experiment** ist ein methodisch aufgebauter Versuch zur zielgerichteten Untersuchung eines Sachverhalts. Man unterscheidet Befragungs- und Beobachtungsexperimente: Je nachdem, ob mittels Befragung oder Beobachtung die Wirkung verschiedener Faktoren aufeinander festgestellt wird. Finden die Experimente unter künstlichen Bedingungen (im Labor) statt, spricht man von Laborexperimenten. Versuche unter natürlichen Bedingungen werden als Feldexperimente bezeichnet.

Grundsätzlich gilt: Informationen, die nicht in Sekundärquellen verfügbar sind, werden im Rahmen der Primärforschung mit einer eigens dafür konzipierten Erhebung als sogenannte Primärstatistiken gewonnen.

Wo liegen die Vor- und Nachteile? Die Sekundärforschung ist in der Regel wesentlich kostengünstiger, einfacher und weniger riskant als die Primärforschung. Dafür ist die Primärforschung häufig genauer auf die zu klärende Fragestellung hin zugeschnitten.

…s bringt Sie weiter

- Rufen Sie doch einfach mal bei der Stelle an, die Daten für Sie bereithalten könnte. Statistiker freuen sich oftmals, wenn sich jemand für ihre Daten interessiert und stellen diese deshalb gerne zur Verfügung.
- Vergewissern Sie sich insbesondere bei der Zusammenarbeit mit Unternehmen, dass Sie die Daten auch wirklich verwenden dürfen. Treffen Sie ggf. eine schriftliche Vereinbarung.

7.6 | Müssen und können Sie repräsentativ arbeiten?

Nutzen

Prüfen Sie, ob Sie wirklich eine Vollerhebung durchführen müssen oder ob eine Teilerhebung nicht ausreicht.

Im Rahmen Ihrer wissenschaftlichen Arbeit können Sie nur selten eine Vollerhebung durchführen und alle Elemente einer Grundgesamtheit untersuchen (oder befragen). Dies ist oft zu teuer oder organisatorisch nicht machbar. Die Alternative ist eine Teilerhebung in Form einer Stichprobe. Entscheiden Sie danach, wie groß die Grundgesamtheit ist und wie repräsentativ eine Teilerhebung sein kann. Die Stichprobe bildet die Grundlage für eine Aussage über die Grundgesamtheit und muss in ihrer Zusammensetzung der Grundgesamtheit möglichst stark ähneln.

Stichprobe

Die Grundgesamtheit ist die Gesamtheit aller Elemente (Personen, Gruppen, Tage, Ereignisse etc.), über die eine Aussage getroffen werden soll. Die Stichprobe ist eine Teilmenge dieser Gesamtheit, die nach einer Auswahlmethode gewonnen wird. Nachfolgend sind Beispiele aufgeführt.

Verfahren

Bei der **Zufallsstichprobe** hat jedes Element aus einer Grundgesamtheit die gleiche Chance, in die Stichprobe aufgenommen zu werden. Beispiel: Aus einer Grundgesamtheit aller Mitarbeiter einer Firma wählen Sie per Losverfahren eine repräsentative Anzahl an Teilnehmern für eine Befragung aus.

Die **geschichtete Stichprobe** nutzen Sie, wenn Sie das Zufallsverfahren strukturiert gestalten wollen und so die Struktur einer Grundgesamtheit in der Stichprobe widerspiegeln wollen. Sie teilen dazu die Grundgesamtheit anhand mehrerer Merkmale in Teilpopulationen (alle Männer, alle Frauen oder alle Männer über 40 Jahre und alle Frauen über 40 Jahre) und ziehen dann aus diesen Teilpopulationen die Zufallsstichproben.

Die **Klumpenstichprobe** bezieht sich auf Grundgesamtheiten, die von sich aus schon in natürliche Gruppen (Klumpen) gegliedert ist. Per Zufall werden einige dieser Gruppen ausgesucht und als Gesamtheit untersucht. Beispiel: Sie losen in einem Unternehmen einzelne Abteilungen als Klumpen von Mitarbeitern aus der Grundgesamtheit aller Mitarbeiter aus.

Repräsentativ

Als repräsentativ gilt das Ergebnis einer Umfrage, wenn die Stichprobe so ausgewählt wurde, dass sie ein Miniaturbild der Merkmale einer Grundgesamtheit abbildet, also diese wirklichkeitsgetreu repräsentiert.

Die Repräsentativität einer Befragung ist von vier Faktoren abhängig:

- von der Menge der Vorkenntnisse, die über die relevanten Merkmale der Grundgesamtheit bekannt sind (z. B. Anteil männlich, weiblich),
- von der Größe der Grundgesamtheit,

- von der Varianz der Merkmale. Die Varianz bezeichnet die mögliche Unterschiedlichkeit eines Merkmales in der Grundgesamtheit (Streuung von Merkmalsausprägungen). Eine kleine Varianz ist gegeben, wenn die Probanden einer Grundgesamtheit alle sehr ähnliche Merkmalsausprägungen vorweisen,
- von der Sicherheit der Aussage, mit der die wahren Werte bestimmt werden sollen.

Bei einer Zufallsstichprobe ist die Repräsentativität abhängig von der Größe der Grundgesamtheit, der Größe der Stichprobe und der Varianz der Merkmale (und damit der Aussage, wie genau das Stichprobenergebnis sein soll). Die erforderliche Größe einer Stichprobe kann berechnet werden (zur Fragestellung insgesamt und zur Berechnung vgl. Berekoven u. a. 2006, S. 49 ff.).

Grenzen

Die Repräsentativität einer Stichprobe zu gewährleisten, ist für einen ungeübten Erstanwender – wie dies häufig bei einer Abschlussarbeit der Fall ist – nicht einfach bzw. teilweise schlicht unmöglich. Seien Sie sich dessen bewusst und lassen Sie sich ausführlich von Ihrem Gutachter oder dessen Assistenten beraten. Wenn es möglich ist, gehen Sie besser den Weg einer **explorativen Befragung**. Machen Sie dann von Anfang an deutlich, dass es sich um eine erkundende (explorative) Ausarbeitung handelt.

Der Unterschied kann etwa wie folgt verdeutlicht werden:
- Bei einer repräsentativen Befragung benötigen Sie z. B. 500–1.000 Befragungen und mehr, bei einer explorativen stellen ggf. bereits über 100 Fragebögen eine angemessene Zahl dar.
- Insbesondere bei strukturierten Interviews – die auch telefonisch durchgeführt werden können – geben bei einer explorativen Studie bereits 20–30 Interviews wertvolle und verwertbare Hinweise, manchmal reichen auch schon weniger.

Was ganz wichtig ist: Vermeiden Sie in jedem Fall den Ausdruck »repräsentativ«, wenn Sie sich in dessen Verwendung nicht sicher sind. Vermitteln Sie niemals den Eindruck repräsentativ zu arbeiten, obwohl dies gar nicht gewährleistet ist.

Das bringt Sie weiter

- Stimmen Sie mit Ihrem Gutachter ab, welche Qualität der empirischen Forschung erwartet wird und was das in Bezug auf die Anzahl an Befragungen etc. genau bedeutet.
- Prüfen Sie, ob das erwartete Resultat einigermaßen sicher zu erreichen ist. Ansonsten: Lassen Sie die Hände davon bzw. sichern Sie die empirische Arbeit dadurch ab, dass Sie genügend anderes Material (z. B. umfangreiche Theoriestudie, eigenes Modell) bereithalten, um Ihr Wunschresultat auf jeden Fall erreichen zu können.
- Achten Sie bei der Stichprobenwahl auch auf die Durchführbarkeit.

7.7 | Auf die Forschungsfrage/Hypothese kommt es an

Bereits die Forschungsfrage entscheidet, ob sich Ihr Prüfer mit Ihrer Forschungsarbeit intensiver befasst und ob sie wirklich sein Interesse weckt. Die Forschungsfrage steht also sowohl am Anfang der wissenschaftlichen Arbeit als auch im Mittelpunkt Ihrer Forschungstätigkeit.

Nutzen

Die Forschungsfrage fasst das Erkenntnisinteresse zusammen. Sie stellt die Wissensfrage und ist zugleich die Rechtfertigung des Forschungsvorhabens.

Kompassfunktion

Die Forschungsfrage ist quasi der Kompass, der durch den gesamten Forschungsprozess führt. Daher sollte sie folgende Eigenschaften haben:

- zielbestimmend: Beschränkung auf das wirklich Wesentliche,
- richtungweisend: für alle folgenden Arbeitsschritte,
- bindend: für die kennzeichnenden Größen der empirischen Untersuchung.

Ihr Forschungsthema und die daraus formulierte Forschungsfrage muss – um wissenschaftlich anspruchsvoll genug zu sein – bestimmten Anforderungen genügen.

Sie sollte das Interesse Ihres Prüfers wecken und in jedem Fall entsprechend anspruchsvoll sein.

Anforderungen

- Sie muss für Ihr Fachgebiet relevant sein und an aktuelle Forschungsergebnisse anknüpfen.
- Sie muss ausreichend aktuell sein: Sie darf kein »alter Hut« sein, aber auch nicht zu neu, so dass noch gar keine Daten oder Literatur dazu vorhanden sind.

Eine gute Hilfestellung und ein Schema, wie Sie eine Forschungsfrage entwickeln können, finden Sie in: Spoun/Domnik 2004, S. 91 f.

Wie gelangen Sie nun zu einer entsprechenden Formulierung Ihrer Forschungsfrage? Hilfreich ist dabei eine Beantwortung der fünf W-Fragen:

Formulierung

Wer?	Um wen geht es in Ihrer Forschung, wer sind die zentralen Akteure?
Was?	Welche Kategorien können Sie aus dem Forschungsthema bilden?
Wann?	Welche zeitliche Eingrenzung gibt es?
Wo?	In welchem Rahmen, in welchem Kontext spielt sich Ihr Forschungsthema ab?
Warum?	Worin liegt die Begründung eines Sachverhaltes?

Hypothese Auf der Grundlage der Forschungsfrage entwickeln Sie Hypothesen. Der Begriff stammt aus dem Griechischen und bedeutet laut Fremdwörter-Duden Unterstellung, Vermutung. In einer empirischen Untersuchung bezeichnet die Hypothese eine unbewiesene Annahme, die durch Beweise bestätigt oder widerlegt werden soll. In der Regel soll der Zusammenhang zwischen verschiedenen Variablen bestätigt (verifiziert) werden.

In der Statistik In der Statistik wird jedoch nicht die eigentliche Arbeitshypothese überprüft und ggf. bestätigt, sondern es wird versucht, einen bestimmten Zusammenhang zwischen zwei Phänomenen zu widerlegen (falsifizieren). Überprüft wird damit die sogenannte Nullhypothese. Wird diese Nullhypothese statistisch widerlegt, so ist das die indirekte Bestätigung der Arbeitshypothese.

Anforderungen

- Die Hypothese ist allgemeingültig, also eine über den Einzelfall hinausgehende Behauptung.
- Die Hypothese muss begründet sein. Es muss ein gesetzmäßiger, kausaler Zusammenhang zwischen den Variablen deutlich werden.
- Begriffe, die in der Hypothese enthalten sind, müssen operationalisierbar sein, also in eine Wenn-dann-Beziehung gesetzt werden können.
- Die Hypothese darf keine Widersprüche enthalten.
- Die Hypothese muss empirischen Gehalt habe, das heißt, sie muss potenziell widerlegbar sein.

Arten **Zusammenhangshypothesen:** Sie behaupten einen Zusammenhang zwischen zwei oder mehreren Merkmalen, z. B. zwischen dem Lesen diesen Buches und dem Erfolg in Ihrer Arbeit.

Unterschiedshypothesen: Die untersuchten Gruppen, welche jeweils ein bestimmtes Merkmal aufweisen, unterscheiden sich in einem Aspekt. Beispiel: Studenten, die dieses Buch lesen, und Studenten, die dieses Buch nicht lesen, sind unterschiedlich erfolgreich beim Verfassen ihrer wissenschaftlichen Arbeit.

Veränderungshypothesen: Sie behaupten, dass sich bestimmte Merkmale aufgrund bestimmter Einflüsse über einen beobachteten Zeitraum hinweg verändern. Beispiel: Die Nutzung der Ratschläge in diesem Buch erhöht die Wahrscheinlichkeit einer guten Note in der wissenschaftlichen Arbeit.

Das bringt Sie weiter Schauen Sie sich Beispiele an. Recherchieren Sie in Google unter dem Stichwort »Forschungshypothese«.

7.8 | So gelingt es: die Durchführungsplanung

Nutzen

Sichern Sie die Qualität Ihrer Forschungsergebnisse durch einen gut strukturierten Erhebungsplan.

Bei einer Datenerhebung müssen viele einzelne Schritte vorab bedacht werden. Falls Ihre Datenerhebung ins Stocken gerät, da Sie auf unerwartete Probleme stoßen, haben Sie bei einer wissenschaftlichen Arbeit oftmals nicht die Zeit, noch nach geeigneten Lösungsmöglichkeiten zu suchen. Notlösungen, methodische Ungenauigkeiten oder gar das Weglassen wichtiger Aspekte der Fragestellungen sind die Folge und mindern die Qualität Ihrer erhobenen Daten. Nur mit einem gut strukturierten Erhebungsplan können Sie zu einem qualitativ hochwertigen Ergebnis kommen.

	Aufgabe	Arbeitsschritte	Zeit
Vorbereitung	Orientierung	**Erfahrungen** mit bisher durchgeführten Erhebungen in der Organisation/dem Unternehmen erfragen. **Unterlagen** beschaffen. **Datenschutzfrage** klären. Klären, ob Mitwirkung der **Mitarbeitervertretung** erforderlich ist.	3 Tage
	Grobkonzept	**Datenerhebungsverfahren** bestimmen. **Umfang der Erhebung** festlegen: Grundgesamtheit, Stichprobengröße, Variablen etc. **Absicherung** der Erhebung: Erreichbarkeit der Testpersonen sicherstellen. **Methode** der Erhebung: Fragebogen, Interview etc. Grobe Ablaufplanung z. B. für Fragebogendruck und -verteilung, Online-Befragung und Technik, Telefoninterview und Dokumentation.	5 Tage
Planung	Feinkonzept	**Entwurf des Instrumentes:** Fragebogen, Interviewleitfaden, Experimentplanung etc. **Konkrete Fragestellungen,** Items formulieren. Notwendige **Skalierung** festlegen. **Layout** gestalten. **Pre-Test** konzipieren. Auswertung des Pre-Tests. Modifizierung des Instrumentes. Endfassung des Instrumentes erstellen: Verteilungs- und Rücklaufplanung, z. B. Forschungsmarketing planen.	5 Tage

	Aufgabe	Arbeitsschritte	Zeit
Realisierung	Marketing	Instrumente zur **Information der Teilnehmer** einsetzen. **Rückfragemöglichkeit** organisieren. **Anonymität** der Befragten sichern. **Rücklauf** prüfen, evtl. Rücklaufappell planen.	mind. 4 Wochen
	Datensammlung	**Befragung,** Interviews, Experimente etc. durchführen und **Dokumentation** sicherstellen.	
Auswertung	Daten-aufbereitung	**Übertragen** oder Aufruf der Daten in Excel, SPSS oder anderen Programmen. **Kategorisierung** der inhaltlichen Aussagen aus Interviews.	5 Tage
	Datenanalyse	**Statistische Auswertung** oder Inhaltsanalyse und deskriptive Darstellung.	
	Daten-interpretation	**Aussagen** der Daten formulieren, Bewertung der Ergebnisse.	
	Dokumentation	**Darstellung** in Tabellen und Grafiken.	5 Tage
	Präsentation	**Ergebnisbericht** für die Unternehmen oder Organisationen vorbereiten. Rückmeldung an Teilnehmer.	
	Fazit	**Auswertung** der Forschungsergebnisse vor dem Hintergrund der ursprünglichen Fragestellung.	

Die Dauer der Durchführung selbst ist natürlich abhängig von der Art und dem Umfang der Datenerhebung. Wenn Sie z. B. eine internetbasierte Umfrage starten, müssen Sie eine wesentlich längere Rücklaufzeit einplanen, als wenn Sie mit persönlichen Interviews arbeiten. Aber auch in diesem Fall müssen Sie einplanen, wann z. B. die Teilnehmer zur Verfügung stehen, wie lange ein Interview dauert und wie viel Zeit Sie brauchen, um von einem Teilnehmer zum nächsten zu gelangen.

Bedenken Sie, dass eine Erhebung einen zusätzlichen Zeitaufwand bedeutet, und berücksichtigen Sie dies bei der Gesamtplanung Ihrer wissenschaftlichen Arbeit! Es wird länger dauern, bis Sie die erste Version Ihrer Arbeit fertig haben (zum Projektmanagement vgl. Kapitel 3).

Das bringt Sie weiter

Rechnen Sie grundsätzlich in jeder Phase einen Zeitpuffer von 1–2 Tagen ein. Eine Verzögerung von 1–2 Tagen in einer ersten Phase kann sich in den nächsten Phasen schnell auf eine ganze Woche erhöhen. Wenn Sie z. B. länger als geplant für die Erstellung des Interviewleitfadens brauchen, können Sie nicht zum geplanten Termin mit den Interviews beginnen. Sie müssen einen neuen Termin absprechen und verlieren wiederum einige Tage.

7.9 | Weisen Sie die Qualität Ihrer Arbeit nach

Nutzen

Lernen Sie, professionell zu argumentieren.

Mit der Konzeption einer quantitativen Forschungsarbeit sind klare Qualitätserwartungen verbunden. Es geht konkret um die methodische Genauigkeit, mit der die Erhebung und Auswertung durchgeführt wird.

Objektivität, Reliabilität, Validität

Um wirklich überzeugend zu sein, muss eine Messung (das Erhebungsinstrument) und ihre Auswertung drei zentrale Qualitätskriterien erfüllen:
- Objektivität,
- Reliabilität,
- Validität.

Diesem »Dreigestirn« begegnen Sie immer wieder:
- Eine Messung ist dann **objektiv,** wenn die Ergebnisse einer Untersuchung unabhängig von der Person des Untersuchers sind. Mehrere Personen, die die Messung unabhängig voneinander durchführen, müssen zum selben Ergebnis kommen. Vorsicht: Subjektive Momente können sowohl bei der Durchführung (z. B. Interviewer), der Auswertung und der Interpretation eine Rolle spielen.
- Eine Messung ist dann **reliabel** (zuverlässig), wenn die Merkmalserfassung formal genau erfolgt. Die Messung ist präzise und stabil und bei Wiederholung sind die Messwerte reproduzierbar. In einer wiederholten, gleichen Messung müssten also dieselben Ergebnisse herauskommen. Als »Störfaktoren« kommen in Frage: äußere Einflüsse, mangelnde Konsistenz des Merkmals und fehlende Präzision des Messinstrumentes.
- Die Validität (Gültigkeit) bezieht sich auf den Gegenstand einer Untersuchung (seine Merkmale) und damit auf das Untersuchungsergebnis. Ein Ergebnis ist **valide**, wenn mit dem Instrument im Endeffekt auch das gemessen wurde, was gemessen werden sollte.

Zur konkreten **Messung der Güte** werden genutzt:
- Objektivität: Berechnung des Objektivitätskoeffizienten,
- Reliabilität: Test-Retest-Methode und Split-Half-Methode,
- Validität: Bestimmung der Inhalts-, Kriteriums- und Konstruktvalidität.

Der Zusammenhang zwischen den drei Qualitätskriterien sieht folgendermaßen aus: »Objektivität ist Voraussetzung für Reliabilität, diese wiederum für die Validität eines Messinstrumentes.« (Berekoven u. a. 2006, S. 90). Vgl. auch ebd., S. 87–90, besonders das Beispiel auf S. 90.

Das bringt Sie weiter

Begründen Sie jede angewandte Methode sehr genau. Dann erkennen Sie, ob eine Methode theoretisch fundiert ist, professionell angewandt und von Ihnen kritisch genug hinterfragt wurde.

7.10 | Entwickeln Sie Fragebögen strukturiert

Nutzen

Mit einer strukturierten Fragebogenentwicklung überlassen Sie Ihre Auswertungsergebnisse nicht dem Zufall.

Gerne wird die Beschäftigung mit der Datenauswertung erst mal hinausgeschoben. Man beginnt zunächst damit, die Fragen, Items etc. zu entwickeln und die Befragung durchzuführen. Und dann kann man ja mal sehen, was mit den Daten anzufangen ist. Die Formulierung der Fragen und Items und die Bildung der Skalen entscheiden jedoch über die Möglichkeiten der Datenauswertung.

Beispiel

Evaluationsziel	Erkenntnis bezüglich der Zufriedenheit der befragten Studierenden mit dem Lehrangebot
Frage	Wie zufrieden sind Sie mit dem Lehrangebot?
Merkmale	Zufriedenheit
Merkmalsausprägungen	Schulnoten 1, 2, 3, 4, 5.
Fragen und Antwortkategorie	geschlossen, Einfachwahl
Auswertungsmethode	Häufigkeiten, Median
mögliche handlungsleitende Empfehlung	Bei Unzufriedenheit detaillierte Befragung/Gespräche, worin die Unzufriedenheit begründet liegt. Oder: Offene Anschlussfrage: »Was genau können wir verbessern?«

Reihenfolge

Die Reihenfolge einer **strukturierten Fragebogenentwicklung** sieht folgendermaßen aus:

- Legen Sie das Evaluationsziel fest: Wozu wollen Sie konkret eine Erkenntnis erlangen?
- Formulieren Sie dazu eine Frage: Welche Fragestellung muss beantwortet werden, um zu dieser Erkenntnis zu gelangen?
- Benennen Sie das Merkmal in einer Kurzform.
- Legen Sie mögliche Merkmalsausprägungen fest und bestimmen Sie damit auch die Antwortkategorien (Antwortmöglichkeiten).
- Überprüfen Sie nun, ob Sie mit den Daten, die Sie durch die Antwort erhalten werden, die notwendigen statistischen Berechnungen durchführen können.
- Überlegen Sie, ob Sie aus der gewonnenen Erkenntnis eine handlungsleitende Empfehlung in Form einer Strategie oder Maßnahme ableiten können.

Das bringt Sie weiter:

Legen Sie eine Exceltabelle zur Fragebogenentwicklung an. Sie können die Fragen dann zunächst sammeln, ausformulieren und dann später ohne große Umstände über die Sortierfunktion in eine sinnvolle Reihenfolge bringen.

7.11 | Wählen Sie angemessene Items und Antwortkategorien

Nutzen

Lernen Sie die Anforderungen an die Itembildung und die Wahl der Antwortkategorien kennen und sichern Sie so die Zuverlässigkeit Ihres Forschungsergebnisses.

Die Formulierung der Fragen und die Gestaltung der Antwortmöglichkeiten sind für Ergebnisse einer Befragung ausschlaggebend. Die Formulierung von Fragen entscheidet beispielsweise über den Rücklauf: Fragen, die zu schwer oder gar unverständlich sind, werden oftmals einfach nicht beantwortet. Zudem können für ein zuverlässiges Ergebnis nur Antworten auf Fragen herangezogen werden, die von allen Befragten gleich verstanden werden.

Items

Ein Item ist ein Reiz, auf den in einer bestimmten Weise reagiert werden soll. In Fragebögen wird damit die als Frage oder Bewertung formulierte Aussage bezeichnet, zu der eine befragte Person ihre Zustimmung oder Ablehnung äußert. Zudem kann die Zustimmung oder Ablehnung in unterschiedlicher Intensität geäußert werden (vgl. Abschnitt 7.12).

Häufige Fehler

Häufige Fehler, die bei der Itembildung gemacht werden, sind:

- Die verwendete Sprache orientiert sich nicht an den Sprachgewohnheiten der Zielgruppe,
- schwer verständlicher Satzbau,
- keine eindeutige Interpretierbarkeit der Items,
- inakzeptable Items (z. B. zu intim),
- doppelte Verneinungen oder Tautologien,
- Redundanzen in den Items: Wiederholungen in den Fragen.

Eine sehr praxisnahe Erklärung und Anleitung zur Itemgenerierung und Antwortwahl gibt: Bühner 2004.

Antwortkategorie

Die Antwortmöglichkeit zu einem Item muss sich am Auswertungsbedarf orientieren. Wenn Sie also eine Häufigkeit ermitteln wollen, macht es wenig Sinn, eine offene Frage zu stellen. Dann müssen Sie nämlich nachträglich bei der Auswertung die Kategorienbildung vornehmen.

Allgemein sind vier **Fragentypen** mit den zugehörigen Antwortkategorien üblich:

- **Offene Frage.** Die Frage ist so formuliert, dass der Befragte eine eigene Antwort formulieren muss. Die Wahl dieser Antwortkategorie ist sinnvoll für die Erfassung möglichst vielseitiger Antworten, wenn keine Einschränkung gewollt ist und wenn besonders lebendige Kommentare gesammelt werden sollen.

Die offene Frage wird häufig bei der Konzeption eines neuen Fragebogens eingesetzt. In einem Pre-Test werden damit die Antwortmöglichkeiten für eine Einfach- oder Mehrfachwahl ermittelt.

- **Geschlossene Frage und Einfachwahl:** Die Antworten zu dieser Frage sind vorgegeben. Es darf jeweils nur eine Antwortoption gewählt werden. Bei der Einfachwahl müssen die Antworten eine klare Klassenbildung erlauben, d.h., die einzelnen Antworten dürfen sich inhaltlich nicht überschneiden. Es muss zugleich aber auch jede Antwortmöglichkeit erfasst sein. Wenn Sie sich nicht sicher sind, ob es noch andere mögliche Antworten gibt, sollten Sie eine Antwortoption wie »Sonstiges« oder eine ähnliche Restwahl hinzuzufügen. Die Einfachwahl ist dann angezeigt, wenn Sie eine ganz klare Positionierung wollen.

- **Geschlossene Frage und Mehrfachwahl:** Die Gestaltung der Mehrfachwahl ist für Sie recht aufwendig, für den Befragten ist dies jedoch der anspruchsloseste Antworttyp. Die Auswertungsmöglichkeiten und damit auch der Einsatzbereich beschränken sich oft auf eine einfache Häufigkeitszählung. Die Mehrfachwahl ist besonders sinnvoll, wenn es Ihnen um die vollständige Erfassung aller Aspekte geht.

- **Teiloffene Frage:** Die Frage ist so formuliert, dass der Befragte eine eigene Antwort formulieren kann, es aber nicht muss, weil auch vorgegebene Antwortkategorien gewählt werden können. Außerdem ist als Antwort auch ein »sowohl – als auch« möglich. Die teiloffene Frage ist dann sinnvoll, wenn Sie keine Antwortmöglichkeit verhindern möchten.

Das bringt Sie weiter

- Eine durchdachte Gestaltung und eine treffende Formulierung des Fragebogens unterstreichen die Seriosität Ihrer Datenerhebung.
- Kündigen Sie den Befragungstermin vorab an, mit einem kleinen Brief, einer Rundmail, einem Plakat oder durch persönliche Ansprache. Damit können Sie den seriösen Eindruck noch weiter verstärken und so auch die Rücklaufquote erhöhen:
- Wählen Sie dann eine seriöse Form der Übermittlung: Fügen Sie dem Fragebogen ein persönliches Begleitschreiben bei, in dem das Rücksendungsdatum klar genannt ist.
- Bieten Sie den Probanden außerdem eine einfache und kostenlose Rückgabemöglichkeit.
- Planen Sie eine Nachfassaktion ein, wie z.B. ein Erinnerungsanruf oder -schreiben.

7.12 | Nutzen Sie Skalen richtig

Nutzen

Erfahren Sie, wie Sie eine Skala als Antwortkategorie gezielt gestalten können.

Wenn Sie Skalen als Antwortmöglichkeit nutzen, ist die Struktur der Skala entscheidend für die Aussagekraft der erfragten Bewertung. Daher müssen Sie die unterschiedlichen Skalenniveaus genau kennen.

Skalenniveaus

Nominalskala: Die Daten haben nur eine Ja/Nein-Ausprägung und können ausschließlich nach der Häufigkeit ausgewertet werden (Ja/Nein oder + /-).

Rangskala (Ordinalskala): Die Daten lassen sich in eine sinnvolle Rangfolge bringen. Neben der Häufigkeit kann auch der Median ermittelt werden (Beispiel: Schulnoten).

Intervallskala und Ratioskala: Die Daten können in eine Rangfolge gebracht werden und die Abstände zwischen den einzelnen Daten sind exakt definiert. Hier ist die Berechnung eines Mittelwertes möglich und sinnvoll (Beispiele: Altersfolge = Abstände in Jahren, Körpergröße = Abstände in cm).

Symmetrisch oder asymmetrisch

Eine ungerade Zahl an Bewertungsmöglichkeiten, also beispielsweise eine Fünferskala, bildet immer eine mittlere Antwortkategorie.

5	4	3	2	1
Trifft absolut zu	Trifft weitgehend zu	Trifft manchmal zu	Trifft weitgehend nicht zu	Trifft absolut nicht zu

Bei der Beantwortung von Fragebögen ist grundsätzlich eine Tendenz zur unverfänglichen Mitte zu beobachten. Die Befragten versuchen, eine zu extreme und profilierte Bewertung möglichst zu vermeiden.

Die symmetrische Skala birgt zudem die Gefahr einer unklaren Auswertungsgrundlage. Bereits in den Hochzeiten der Meinungsforschung hat Mummendey (Mummendey 1987, S. 56) auf die Mehrdeutigkeit der mittleren Antwortkategorie hingewiesen. Die Wahl dieser Antwortkategorie kann nämlich einerseits ein bewusst gewählte mittlere Bewertung darstellen, andererseits aber auch als Ausweichmöglichkeit genutzt werden. Die antwortende Person könnte aus Protest oder Unentschlossenheit auf diese Antwortmöglichkeit ausweichen, es kann aber auch ein Zeichen für die Bedeutungslosigkeit des Items für den Befragten sein.

Das bringt Sie weiter

- Wenn Sie aus den Antworten ein klares Antwortprofil erhalten wollen, sollten Sie eine gerade Zahl bei der Skalierung wählen.
- Wollen Sie eine Skala um die »Nichtaussage« ergänzen, muss diese deutlich durch Formulierungen wie »Ich weiß es nicht« oder »Ich will keine Aussage treffen« gekennzeichnet sein.

7.13 | Auch qualitative Methoden bringen Sie weiter

Nutzen

Beachten Sie die Qualitätsanforderungen (Gütekriterien) der qualitativen Methoden und sichern Sie sich dadurch die wissenschaftliche Akzeptanz Ihrer Ergebnisse.

Qualitative Forschung ist doch »easy doing«: Ein kleines Interview, ein bisschen deuten und das Ganze gut dokumentieren – fertig ist es! Aber auch die qualitativen Methoden müssen nachvollziehbar sein. Sie erfordern eine methodisch fundierte Vorbereitung und Durchführung.

Qualitative Sozialforschung

Das Besondere an der qualitativen Sozialforschung ist:

- Die subjektive Perspektive, d.h. das Forschungssubjekt (die Persönlichkeit) steht im Vordergrund. Der Einzelfall wird zur Untersuchungseinheit.
- Der zirkulare Prozess und reflexive Charakter, d.h. die Entwicklung der Datengewinnung, stehen im Vordergrund. Die Forschung beginnt mit einer Vorannahme, die im Verlauf des Forschungsprozesses immer geprüft und weiter verändert wird. Ein Teil der Informationen aus den vorherigen Befragungen wird immer aufgegriffen und in die folgende Befragung integriert (Sampling).
- Als Datenmaterial werden Texte erfasst.

Hier werden zwei Erhebungsmethoden und eine Auswertungsmethode vorgestellt, die auch in wissenschaftlichen Arbeiten gut angewandt werden können.

Erhebungsmethoden

Man unterscheidet die beiden Erhebungsmethoden narratives Interview und leitfadengestütztes Interview:

Narratives Inteview

Das **narrative Interview** wird auch erzählendes Interview genannt. Den Verlauf des Interviews bestimmt der Erzähler, der nicht unterbrochen oder bei seiner Erzählung beeinflusst werden darf. Es werden fünf Interviewphasen unterschieden:

Erklärungsphase: Der Befragte wird über den Ablauf informiert. Hier sollten Sie die Erlaubnis für die Dokumentation (z.B. Aufzeichnung oder Mitschrift) einholen.

Einleitung: Das besondere Interesse an bestimmten Erzählinhalten wird dem Befragten verdeutlicht. Das Interview startet mit einer entsprechenden Einstiegsfrage.

Erzählphase: Der Befragte erzählt und beendet seine Erzählung selbst.
Nachfragephase: Bei Unklarheiten und offenen Punkte kann nachgefragt werden, jedoch darf die Antwort wiederum nicht unterbrochen werden.

Bilanzierung: Interviewer und Befragter tauschen sich über den Verlauf des Interviews aus.

Eine zweite Methode ist das **leitfadengestützte Interview:** Bei dieser Interviewform steuert der Interviewer den Erzählinhalt durch entsprechende Zwischenfragen. Diese Fragen sind jedoch offen formuliert, so dass ihre Beantwortung absolut frei ist. Es gibt keine Antwortkategorien. Die Fragen sind nicht an eine bestimmte Reihenfolge gebunden, damit eine möglichst hohe Flexibilität im Gesprächsverlauf erreicht wird. Der Interviewer muss spontan entscheiden, wann er Fragestellungen vertieft und nachfragt oder wann zu seinem Leitfaden zurückkehrt.

Leitfaden-gestütztes Interview

Eine gute Einführung in die Erstellung eines Leitfadens bietet: Helfferich 2005, S. 158–169.

Die **qualitative Inhaltsanalyse** nach Philipp Mayring (Mayring 2000) ist eine systematische und intersubjektiv überprüfbare Textanalyse. Grundlage sind die Dokumentationen (Protokolle) der Interviews. In die Analyse wird neben dem wörtlichen Inhalt auch der durch Interpretation erschlossene Inhalt (was zwischen den Zeilen steht) und die formalen Aspekte des Textes aufgenommen. Die Inhaltsanalyse folgt drei Grundprinzipien:

Auswertungs-methode

- Die Einordnung in ein Kommunikationsmodell: Das Ziel der Analyse wird definiert. Es werden die Variablen des Probanden und des Urhebers des Textes erfasst (Erfahrungen, Einstellungen, Gefühle). Die Entstehungssituation des Textes sowie der soziokulturelle Hintergrund und die Wirkung des Textes werden beschrieben.
- Regelgeleitetheit: Das Textmaterial wird in Analyseeinheiten zerlegt und schrittweise nach einem bestimmten inhaltsanalytischen Ablaufmodell bearbeitet.
- Kategorienbildung: Die unterschiedlichen Analyseaspekte werden in Kategorien geordnet, die im Laufe der Auswertung weiter überarbeitet werden. Die Bildung der Kategorien wird jeweils genau begründet.

Eine vertiefende Darstellung der Methode und deren Ablauf finden Sie auf der Internetseite des Forums Qualitative Sozialforschung (http://www.qualitative-research.net/fqs/fqs-d/inhalt1-01-d.htm). Wenn Sie in der Menüleiste den Button »Rubriken« anklicken, öffnet sich ein Verzeichnis der Artikel.

Qualitative Forschungsmethoden müssen prinzipiell nachvollziehbar sein. Ihre Ergebnisse müssen im Sinne eines Triangulationsansatzes (z. B. durch die Einbeziehung unterschiedlicher Datenquellen zu unterschiedlichen Zeitpunkten, mit unterschiedlichen Personen an unterschiedlichen Orten) mit anderen Studien vergleichbar sein und damit in gewisser Weise auch einer Reliabilitätsprüfung standhalten (vgl. hierzu auch Flick u. a. 2004).

Gütekriterien

- Lassen Sie sich, bevor Sie sich für eine Interviewmethode entscheiden, selbst zu einer Ihrem Forschungsvorhaben ähnlichen Thematik interviewen. Sie bekommen so einen ganz anderen Eindruck von der Wirkung der verschiedenen Interviewmethoden.
- Informieren Sie sich ausführlicher in: Flick 2002 und Flick 2005.

Das bringt Sie weiter

7.14 | Werten Sie professionell aus

Nutzen

Lernen Sie ein einfach zu bedienendes und leicht zugängliches Auswertungsprogramm kennen.

Von der Erhebungsplanung bis zur statistischen Auswertung können Ihnen die vorhandenen EDV-Programme das Leben erleichtern. Aber nicht jeder hat Zugang zu Profi-Software wie SPSS, und auch nicht jede Befragung ist so umfangreich, dass die Nutzung solcher Programme sinnvoll ist. Daher möchten wir Ihnen hier ein einfaches und leicht zugängliches Instrument vorstellen.

GrafStat

Dieses Programm wurde konzipiert und entwickelt, um insbesondere Jugendlichen methodische Kenntnisse und Fertigkeiten der empirischen Sozialforschung näher zu bringen. Die Bundeszentrale für politische Bildung fördert und unterstützt die Entwicklung und Verbreitung des Programmes.

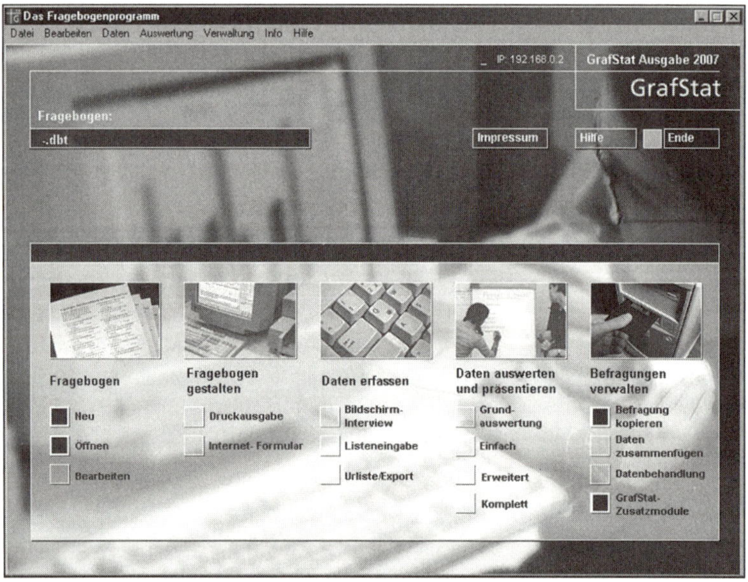

Die Software ist sehr nutzerfreundlich und ermöglicht auch Statistik-Greenhorns, professionelle Befragungen durchzuführen und auszuwerten. Mit diesem Programm können Sie bequem eine Online-Befragung konzipieren und durchführen. Die Daten werden dabei auf externen Servern gesammelt und können von Ihnen jederzeit abgerufen werden.

Fragebogen-gestaltung

Das Modul Fragebogengestaltung unterstützt Sie bei der Entwicklung bzw. Modifikation und Gestaltung von Fragebögen. Sie können auch bereits fertige Befragungen erneut aufrufen und verändern.

Die Software führt Sie automatisch durch die Bearbeitung folgender Elemente:

- Fragetext,
- Kurztext zur Frage (einfachere Auswertung),
- Fragetyp,
- Antwortvorgaben.

Wenn Sie Ihre Fragen und Antworten eingegeben haben, sind der Fragebogen und eine HTML-Version des Fragebogens bereits fertig. Sie können dann das Layout, die Reihenfolge der Fragen etc. weiter bearbeiten.

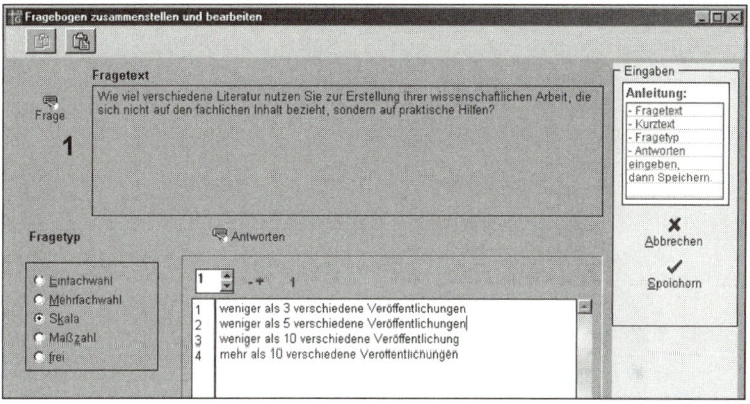

Datensammlung

GrafStat stellt drei Möglichkeiten zur Verfügung, die Antworten aus den Befragungen zu erfassen:

- die Online-Erfassung über einen externen Server,
- das Bildschirminterview, in dem die Fragen des Fragebogens nacheinander abgearbeitet werden,
- die Listeneingabe, in der die Daten über eine tabellarische Darstellung des kompletten Fragebogens erfasst werden.

Durch die Erfassung oder Eingabe der Daten stehen diese nun automatisch im Modul Datenauswertung zur Verfügung.

Datenauswertung

Die Datenauswertung geschieht per Mausklick. Sie erhalten sofort eine Grundauswertung über Häufigkeiten und Mittelwerte, die Sie nach Wunsch auch um die Angabe des Medians erweitern können.

Das Programm kann zusätzlich komplexere Auswertungen errechnen, indem Sie z. B. zwei Merkmale miteinander kombinieren und daraus eine Kreuztabelle erstellen. Weiterhin können Sie Gruppierungen vornehmen, Merkmale koppeln etc.

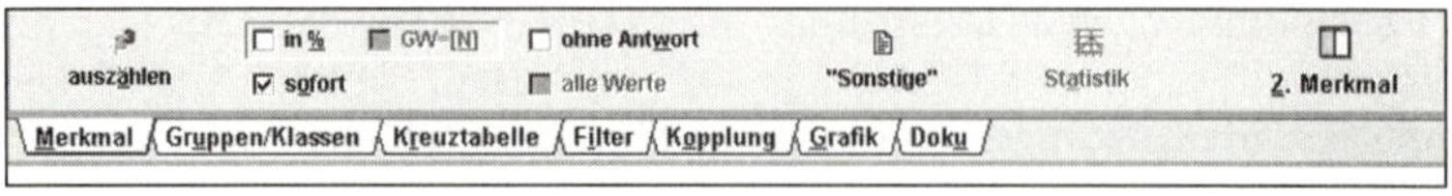

Datenaufbereitung und Präsentation

Um die Daten zu interpretieren und zu präsentieren, sind grafische Darstellungen hilfreich. Das Programm bietet dazu ein breites Spektrum von Möglichkeiten:

Aus einer Kreuztabelle erstellen Sie z. B. eine Grafik, indem Sie per Mausklick einfach ein Diagrammtyp (Tabellen-, Kreis-, Liniendiagramm etc.) auswählen. Diese Grafik können Sie nach Ihren Vorstellungen formatieren (Skalierung, Farben, Darstellung, Schrifttypen und -größe, Textboxen einfügen etc.). Mit zusätzlichen Informationen, die für eine Dokumentation in Ihrer wissenschaftlichen Arbeit notwendig sind (Überschriften, Einleitungstexte, Interpretationshilfen, Autoren, Erstellungsdatum etc.) können Sie die Ergebnisse druckreif aufbereiten.

Die einzelnen Auswertungsergebnisse können mit allen Einstellungen gesichert und jederzeit wieder aufgerufen werden.

Diese Präsentation der Daten können Sie als HTML-Datei speichern und ohne weitere HTML-Kenntnisse im Internet veröffentlichen.

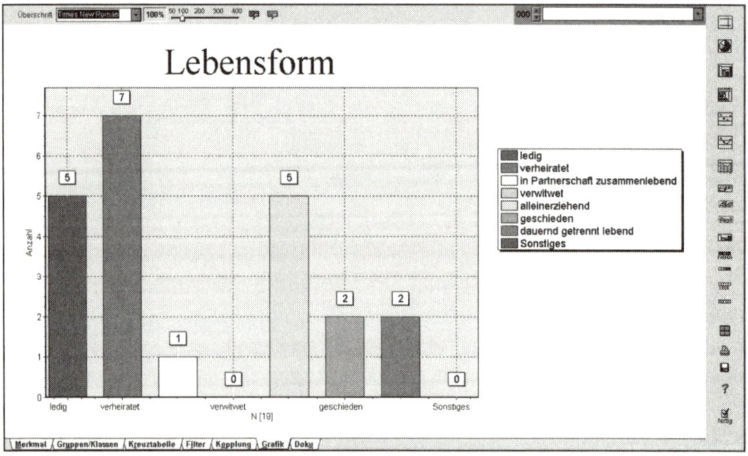

Zugänglichkeit

Für Angehörige einer öffentlichen Einrichtung, also auch für Studierende, ist sie kostenlos erhältlich über http://www.forschen-mit-grafstat.de oder über die Seite http://www.grafstat.de, hier finden Sie auch die Konditionen für eine kommerzielle Nutzung.

Das bringt Sie weiter

Nutzen Sie zur Auswertung auch Tabellenkalkulationsprogramme und professionelle Software wie SPSS (http://www.spss.com/de/), die an Hochschulen oft für Studierende zur Verfügung steht.

7.15 | Appetit auf Pivot-Tabellenkalkulation?

Profitieren Sie von der Pivot-Funktion Ihrer Excel-Tabelle.

Nutzen

Wenn Sie Excel auf Ihrem PC haben, haben Sie auch Pivot! Die Pivot-Funktion ermöglicht es, schnell Datenbestände auszuwerten. Die folgenden Ausführungen sollen Sie dazu anregen, sich mit dieser Funktion einmal näher zu beschäftigen und ihren Nutzen zu erkennen.

Grundlagen

Die Daten, die Sie statistisch auswerten möchten, müssen Sie natürlich in eine Excel-Tabelle eingetragen haben. Dabei ist es wichtig, dass jeder Datensatz eine Zeile bildet.

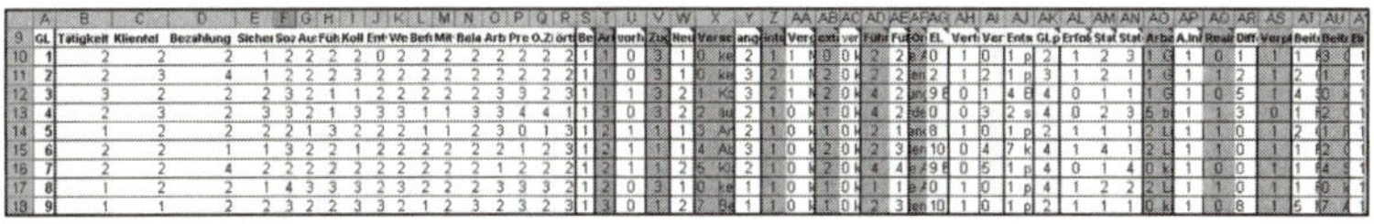

Aber: Keine Angst, das sieht komplizierter aus, als es ist!

Es ist ganz einfach

Die Punkte eines Fragebogens werden alle in eine Zeile geschrieben. Alle Antworten der Fragebögen zu Frage 1, Frage 2 etc. liegen untereinander und bilden die Spalten. Jede Spalte bekommt eine Überschrift, die nicht noch einmal genutzt werden darf.

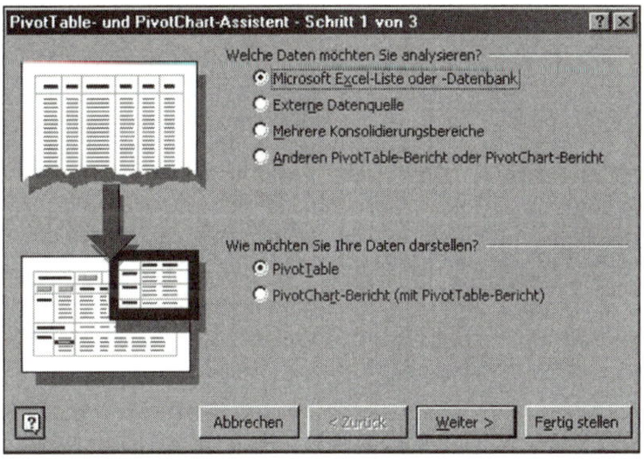

In der Menüleiste unter dem Menüpunkt Daten finden Sie nun die Funktion Pivot-Tabelle. (Anmerkung: Sollten Sie dort nicht fündig werden, müssen Sie diese Funktion noch aus Ihrem Office-Paket über Extras und Add-Ins hinzufügen.)

Öffnen Sie den Pivot Assistenten. Dort geben Sie den Bereich der Daten (Zeilen und Spalten) ein, den Sie berechnen möchten. Sie können den entsprechenden Datenbereich einfach mit der Maus markieren.

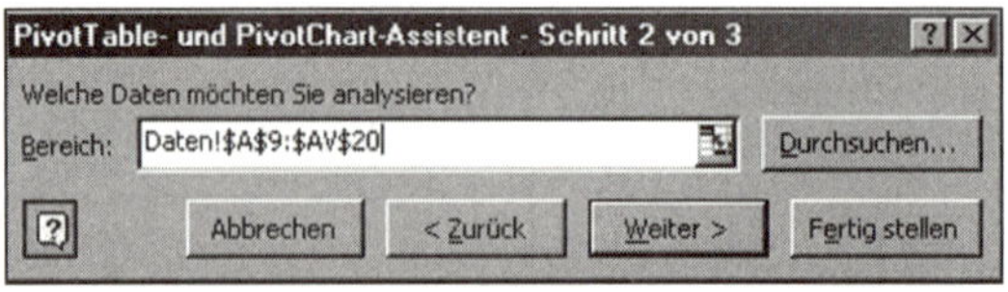

Legen Sie nun fest, welche Daten Sie verwenden. In das Seitenfeld ziehen Sie mit der Maus das jeweilige Sortierkriterium. In das Spaltenfeld und das Zeilenfeld ziehen Sie die Überschriften der Rubriken.

Anschließend bestimmen Sie noch, in welcher Form (Summe, Anzahl, Mittelwert) die Daten im Datenfeld zusammengefasst werden sollen.

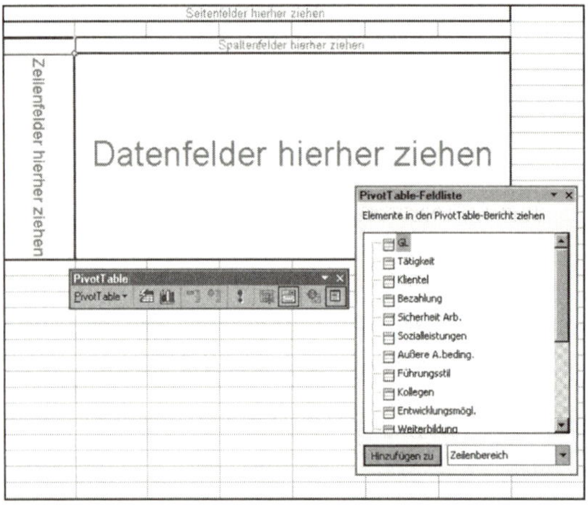

Ergebnisse

Die Ergebnisse sehen beispielsweise folgendermaßen aus:

GLposition auf Karriereleiter	(Alle)		
Daten	vorher GL	Bewerbungmotivation	Summe
Summe - Erzieher	0	1 Erfahrungen aus bisheriger Mitarbeit/ Tätigkeit	3
		2 Text/ Aufmachung der Anzeige	0
		3 Informationsgehalt der Anzeige	0
		4 bisherige Arbeitslosigkeit	0
		5 keine, da nicht eigene Entscheidung	1
	0 Summe		4
	1	1 Erfahrungen aus bisheriger Mitarbeit/ Tätigkeit	0
		2 Text/ Aufmachung der Anzeige	0
		4 bisherige Arbeitslosigkeit	0
		5 keine, da nicht eigene Entscheidung	1
		6 örtl.Bezugsraum	0
		7 beschriebenesKlientel	0
	1 Summe		1

Das bringt Sie weiter

- Natürlich können Sie auch mit der Pivot-Tabellenfunktion Kreuztabellen etc. erstellen.
- In den einschlägigen Excel-Nachschlagewerken werden Sie einiges über Pivot-Tabellen finden.
- Eine kurze, aber wirklich praktische Einführung mit Links zu weiteren Anleitungen finden Sie im Internet unter: http://www.office-loesung.de/users/modteam/excel_forum/Pivot_Tipps-und-Tricks.pdf (27.4.2007).

7.16 | Alles klar? Die Forschungscheckliste

Der Nutzen liegt eigentlich auf der Hand, oder?

Nutzen

Theorie	Ist das eigene Vorwissen ausreichend dokumentiert?	☑
	Sind die theoretischen Grundlagen der Thematik und der Forschungsmethoden gründlich recherchiert?	
	Ist der Stand der bisherigen Forschung erfasst?	
	Sind die Theorie, der Stand der Forschung und der theoretische Hintergrund der Methoden nachvollziehbar dokumentiert?	
Forschungsfrage	Gibt es eine konkrete Forschungsfrage?	
	Werden in der Forschungsfrage das Problem und der Gegenstand benannt?	
	Ist die Relevanz der Forschungsfrage für die Praxis begründet?	
	Ist die Operationalisierbarkeit der Forschungsfrage geprüft? Ist das Phänomen der Forschungsfrage auch erforschbar, d. h. in Erhebungs- und Auswertungsmethoden umsetzbar? Sind die eigenen Ressourcen zur Umsetzung (Geld, Zeit, Kontakte) geklärt?	
	Sind die Merkmale und die möglichen Variablen definiert und begründet?	
	Sind die Hypothesen abgleitet und überprüfbar formuliert?	
Probanden, Teilnehmer	Ist die Grundgesamtheit definiert? Ist eine notwendige Stichprobenwahl methodengerecht geplant und begründet?	
	Ist die Angemessenheit der Stichprobengröße bezüglich der Intention der Forschungsfrage geprüft? Gilt sie ggf. als repräsentativ?	
	Ist der Kontakt zu Teilnehmern gewährleistet?	
	Ist die notwendige Information der Teilnehmer gesichert?	
Datenerhebung	Sind die eigenen Methodenkenntnisse überprüft und angepasst worden?	
	Ist die Instrumentenwahl hinterfragt und begründet worden?	
	Sind die Instrumente praktikabel vorbereitet worden?	

	Ist ein Pre-Test organisiert und durchgeführt worden zur Prüfung der Verständlichkeit des Instrumentes und der korrekten, unverfälschten Ergebnisse? Sind die Ergebnisse dem Forschungsziel angemessen? Sind die Ergebnisse des Pre-Tests dokumentiert? Sind die Instrumente entsprechend der Pre-Test-Ergebnisse modifiziert worden?	
	Ist die methodengerechte Durchführung der Erhebung gesichert?	
	Sind alle rechtlichen Grundlagen wie z. B. Datenschutz und Mitarbeitermitbestimmung geklärt?	
Durchführung	Ist ggf. die Organisationsleitung oder Unternehmensleitung über die Durchführung informiert?	
	Gibt es einen konkreten Zeitplan?	
	Gibt es eine Aktivitätenliste, in der die einzelnen Arbeitsschritte wie Durchführender, Zeit, Ort, Aktivität und Proband festgelegt sind?	
	Sind die Interviewtermine bestätigt?	
	Ist die Funktion der Technik z. B. für Online-Befragungen erprobt und gesichert?	
	Ist die Sicherung des Rücklaufs z. B. ein Rücklaufappell geplant und vorbereitet?	
Auswertung	Ist die Methodenwahl für die Auswertung geprüft und begründet?	
	Ist die Anonymisierung der Daten gewährleistet?	
	Sind die Auswertungsergebnisse in einer deskriptiven Dokumentation festgehalten?	
	Ist die Rückmeldung an die Organisation, das Unternehmen und die Probanden geplant und organisiert?	
	Gibt es eine Interpretation der Ergebnisse?	
	Mündet die Interpretation in ein Fazit?	

Das bringt Sie weiter

- Ihr Forschungsvorhaben ist ein Projekt. Nutzen Sie diese Checkliste wie ein Projekt-Controlling.
- Überprüfen Sie diese Checkliste nicht erst am Ende, sondern setzen Sie sie schon bei der Planung ein.
- Prüfen Sie nach jedem erfolgten Projektabschnitt die Durchführung und notieren Sie sich direkt die notwendigen Korrekturen. So haben Sie einen guten Überblick über den Stand und die Qualität Ihres Forschungsprojektes.

8 Eigenständige Leistungen erbringen

Um eine (sehr) gute Note zu erreichen, sollten Sie eigenständige Leistungen in Ihre wissenschaftliche Arbeit integrieren. Profitieren Sie von den nachfolgenden Beispielen und Anregungen.

Es gilt folgende Erfolgsvermutung: Jede besondere, eigenständige Leistung in Ihrer wissenschaftlichen Arbeit steht »im Verdacht«, Ihnen Punkte bei der Bewertung einzubringen.

Aus diesem Grunde empfiehlt es sich, gleich mehrere eigenständige Leistungen in die Arbeit einzubauen.

Denken Sie immer daran: Eine Arbeit, die nur den Erwartungen entspricht, verdient die Note 3,0 = befriedigend.

Den »Erwartungen entsprechen« heißt:

- Thema getroffen.
- Standard der Literatur in knappem Umfang ausgewertet.
- Stand der wissenschaftlichen Forschung mehr oder weniger angemessen dargestellt.
- Keine besonderen, hervorstechenden eigenständigen Leistungen.
- Formal, sprachlich, orthografisch etc. korrekt.
- Ihre Leistung entspricht dem Schnitt aller eingereichten Arbeiten.

Möchten Sie jedoch eine bessere Note als 3,0 erreichen, dann muss die Arbeit **Leistungen** enthalten, die **über den Erwartungen** liegen oder sogar **weit über den Erwartungen** anzusiedeln sind. Das können Modelle, also »Abbilder der Wirklichkeit«, aber auch andere gedankliche Entwürfe, Übersichten, Vergleiche etc. sein.

Pragmatisch

Auf den nachfolgenden Seiten stehen wissenschaftliche Methoden und Modelle im Vordergrund, und zwar unter einem sehr pragmatischen Blickwinkel. Es sollen nämlich solche Methoden und Modelle vorgestellt werden, die von Studierenden im Rahmen wissenschaftlicher Arbeiten selbst ausgedacht, entwickelt und aufgeschrieben werden können. Im Folgenden werden wir verallgemeinernd von »Diagrammen« sprechen.

Seien Sie kreativ

Wenden Sie Kreativitätstechniken an, um sich geeignete eigenständige Leistungen auszudenken und beraten Sie sich mit Ihren Helfern.

Sie kennen den Spruch: »Eine Schwalbe macht noch keinen Sommer!« Also, Vorsicht: Bitte verfallen Sie keinesfalls dem Irrtum, dass eine (kleine) eigenständige Leistung Sie bereits der 1,0 ganz nahe gebracht hat. Nein, hinter einer Bestnote stehen Bestleistungen – und das bedeutet viel, viel Arbeit! Aber es lohnt sich und zahlt sich aus.

Der Kölner sagt dazu: »Von nix, küt nix!«

8.1 | Ihre Chance 1: Diagramm (allgemein)

Nutzen **Weisen Sie mit selbst erstellten Diagrammen Ihre eigenständigen Leistungen überzeugend nach.**

Das Meyersche Online-Lexikon schreibt unter dem Stichwort Diagramm: »Grafische Darstellung zur Veranschaulichung von Zahlen, (statistischen) Daten, Größen und logischen Größenbeziehungen, oft als Ergänzung von Tabellen. Meist werden mathematisch regelmäßige Formen (Quadrate, Rechtecke, Kreise) zur Visualisierung verwendet, v. a. als Stab-, Säulen-, Kreis- oder Tortendiagramm, oder auch (in speziellen Gebieten) als Kurven-, Zeiger-, Baum- und Kartodiagramm dargestellt. – In der Botanik stellen Blütendiagramme schematische, in eine Ebene projizierte Grundrisse einer Blüte dar.« (http://lexikon.meyers.de/meyers/Diagramm, 15.4.2007) Wir wollen hier den Begriff weiter fassen und darunter jede Form der grafischen Darstellung verstehen.

Im Folgenden steht der Nutzen von Diagrammen im Vordergrund und weniger die Darstellung verschiedener Diagrammtypen.

Beispiel Diagramme werden genutzt, um eine **Übersicht** zu geben, z. B. eine Übersicht über die am Gesundheitsmarkt agierenden Parteien. Hierzu eignet sich etwa eine Mind Map:

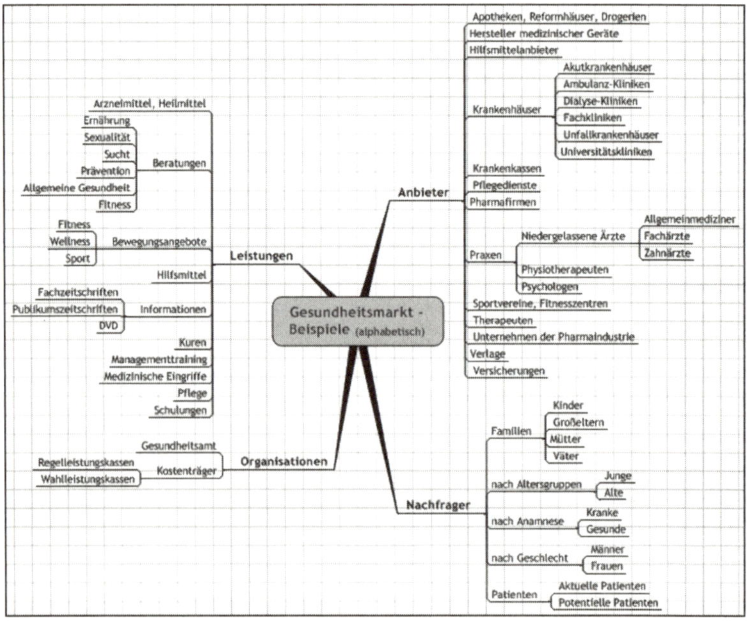

Weitere Einsatzfelder

Mittels eines Diagramms können dargestellt werden:

- die Instrumente im Kundenbindungsmanagement,
- die Ansätze zur Messung des Kundenwertes,
- die Ziele der Prozessoptimierung,
- die großen Versicherungskonzerne,
- die wichtigsten Exportgüter eines Landes,
- die aktuellen Ansätze im Handelsmarketing,
- die Reklamationsgründe auf dem PKW-Markt,
- die wichtigsten Handelssprachen der Welt,
- die Erfolgsfaktoren einer bestimmten Sache,
- die Misserfolgsfaktoren.

Diagramme dienen auch dazu, Aspekte zu **strukturieren**. Ein typisches Beispiel sind Organigramme.

Beispiel

Sie kennen das aus der Allgemeinen Betriebswirtschaftslehre: Sie müssen hier beispielsweise die Begriffe Betrieb, Haushalt und Unternehmen voneinander abgrenzen. Eine Visualisierung bringt Ihnen die Unterschiede blitzschnell nahe:

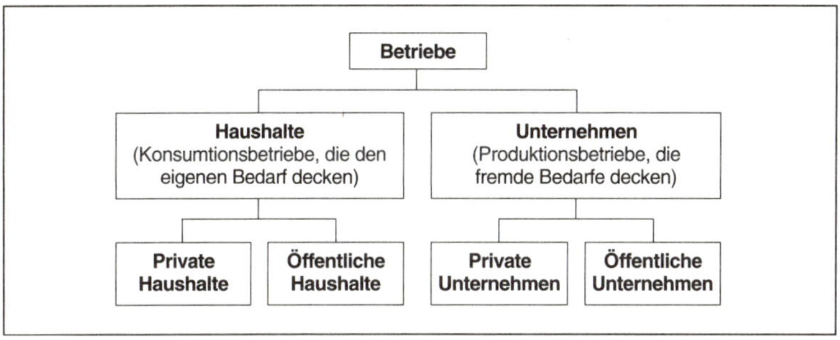

Vahs/Schäfer-Kunz 2005, S. 7

Modelle

Beachten Sie, dass hinter Diagrammen auch **konkrete Modelle** (also Abbildungen der Wirklichkeit) stehen, die zunächst zu entwickeln sind, bevor sie in Diagrammen dargestellt werden können.

Das bringt Sie weiter

- Zeigen Sie, dass Sie den Überblick über das Thema erlangt haben und es Ihnen gelingt, dies den Lesern in einer sehr guten und verständlichen Form nahe zu bringen. Je pfiffiger, umso besser!
- Übertragen Sie bewährte Diagrammtypen auf Ihr Thema.
- Achten Sie unbedingt darauf, dass alle Grafiken, Übersichten, Schaubilder in Ihrer Arbeit wie aus einem Guss wirken. Passen Sie bereits bestehende Abbildungen ggf. entsprechend an.

8.2 | Ihre Chance 2: Darstellung wichtiger Hierarchien

Nutzen

Verdeutlichen Sie sehr einprägsam und anschaulich, welche Hierarchien in Ihrem Thema wichtig sind.

Beispiele

Die **Zielhierarchie** nach Meffert:

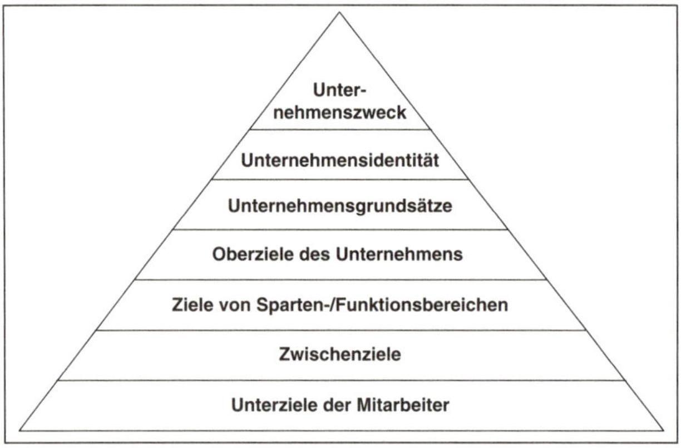

Eines der bekanntesten Hierarchiemodelle ist die **Bedürfnispyramide** nach Maslow:

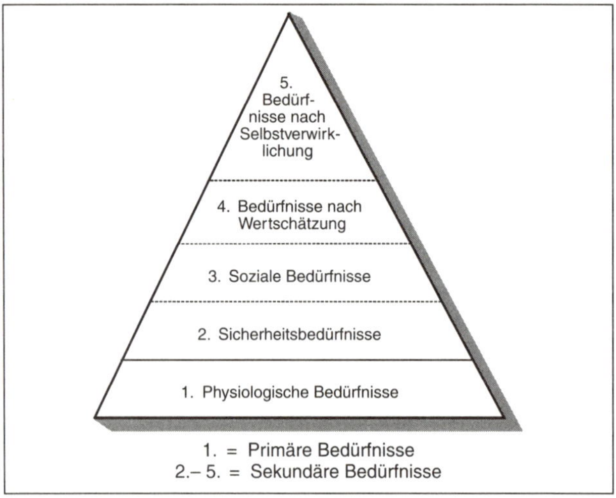

Das bringt Sie weiter

Konzipieren Sie für Ihr Thema ein neues Hierarchiemodell und versuchen Sie, damit zu punkten.

8.3 | Ihre Chance 3: Vorgehensmodell

Erbringen Sie eine eigenständige Leistung, indem Sie ein Vorgehensmodell konzipieren und darstellen.

Nutzen

Ein Vorgehensmodell unterteilt den Prozess des Organisierens in geeignete Schritte. Ziel ist eine strukturierte Organisation.

Viele Vorgehensmodelle orientieren sich beispielsweise an folgender Struktur:

- Vorstudie (grobe Untersuchung),
- Analyse der Ist-Situation,
- Bewertung,
- Entwicklung denkbarer Soll-Situationen,
- Bewertung und Entscheidung,
- Umsetzung,
- Auditierung (Bewertung, Ableitung von Änderungen).

Nachfolgend finden Sie das Beispiel eines generellen Vorgehensmodells für das **Projektmanagement:**

Beispiele

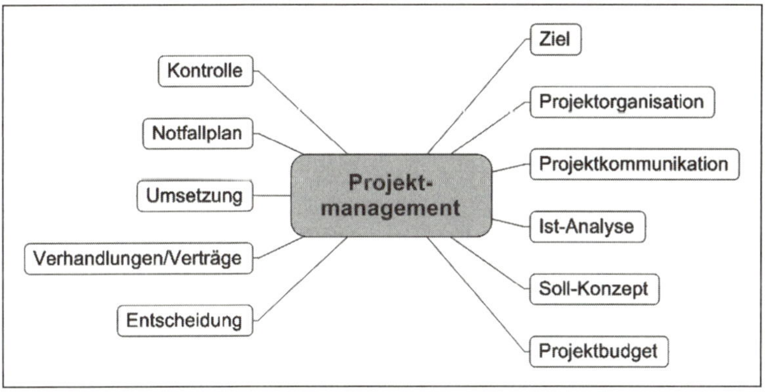

Besonders bekannt sind auch die Vorgehensmodelle bei der **Softwareentwicklung**, die etwa folgendem Schema folgen:

- Festlegung der Anforderungen,
- Festlegung der Systemspezifikationen,
- Programmierung,
- Test der Software,
- Einsatz der Software.

Vorgehensmodelle sind sehr gut anwend- und darstellbar. Nutzen Sie diese Chance!

Das bringt Sie weiter

8.4 | Ihre Chance 4: Stufen-/Leiter- bzw. Treppenmodell

Nutzen

Ein Stufenmodell bringt auch Sie dem persönlichen Erfolg, einer sehr guten Note in Ihrer Abschlussarbeit, ein Stück näher.

Ein Stufen-/Leiter- bzw. Treppenmodell veranschaulicht hintereinander liegende Schritte.

Beispiele

Ein gutes Beispiel zum Thema **Kundengewinnung** ist die »**Loyalitätsleiter** auf dem Weg zum Stammkunden« (Holland, zitiert nach Becker 2001, Abb. 381, S. 584):

→ Keine Kenntnisse,
→ Kenntnisse,
→ Produktinteresse,
→ Kaufinteresse,
→ Erstkauf,
→ Folgekauf,
→ Mehrfachkauf,
→ Stammkunde.

Foto: Kunstwerk aus Ramsau in Österreich, eigene Aufnahme.

Was man ebenfalls häufig anwenden kann, sind Modelle, die mögliche Realisierungsstufen beinhalten bzw. **Einführungsmodelle**. Hier ein Beispiel aus dem Bereich **E-Commerce:**
»Mögliche Realisierungsstufen des Electronic Commerce«

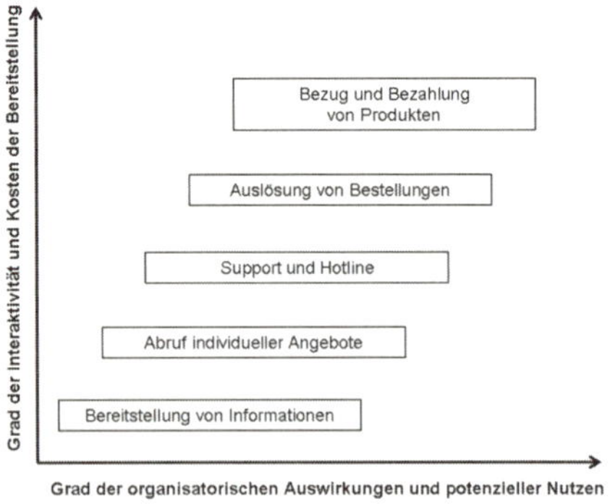

Schinzer/Thome, zitiert nach Becker 2001, S. 636

Das bringt Sie weiter

Ergänzen Sie die theoretischen Inhalte durch eine visuelle Darstellung. Auch selbst erstellte Fotografien sind möglich. Im digitalen Zeitalter bietet sich das ja förmlich an. Wichtig ist aber: Die Darstellung muss perfekt sein!

8.5 | Ihre Chance 5: Darstellung wesentlicher Aspekte

Nutzen

Man kann es nicht häufig genug wiederholen: Ein Bild sagt mehr als tausend Worte.

Ein Modell der wesentlichen Aspekte soll die **wichtigsten Gesichtspunkte hervorheben**. Vielfach handelt es sich um eine verdeutlichende Grafik. Aber nicht nur: Zunächst muss erst einmal herausgearbeitet werden, welches die wesentlichen Aspekte sind.

Beispiel

Nehmen wir einmal Coenenbergs Diagramm »Systematisierung des betriebswirtschaftlichen Rechnungswesens«:

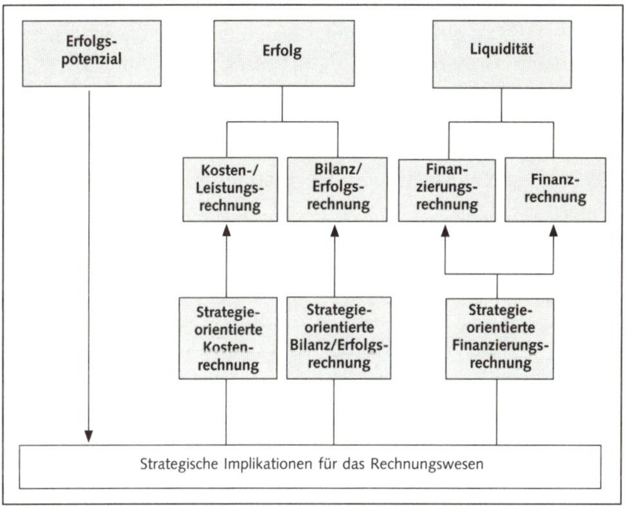

Coenenberg 2003, S. 9

Dieses Diagramm systematisiert nicht nur das betriebswirtschaftliche Rechnungswesen, sondern es werden vielmehr bereits wesentliche strategische Steuerungsgrößen deutlich.
Ein guter Manager steuert nämlich sowohl über

- Erfolgspotenziale,
- Erfolg (GuV und Betriebsergebnisrechnung) und
- Liquidität.

Aber: Die Steuerung über die Erfolgspotenziale stellt spezifische Anforderungen an die Teilsysteme des Rechnungswesens. Somit beinhaltet die Grafik relevante Punkte, die in einer wissenschaftlichen Arbeit natürlich näher erlautert werden müssen.

Das bringt Sie weiter

Recherchieren Sie in Fachbüchern, welche Darstellungen wesentlicher Aspekte dort verwendet werden.

8.6 | Ihre Chance 6: Portfolios

Nutzen

Das Portfolio ist ein einfaches und weit verbreitetes Instrument. Nutzen Sie den hohen Bekanntheitsgrad, damit Ihre eigenständige Leistung entsprechend gewürdigt wird.

Portfolios sind im wirtschaftswissenschaftlichen Bereich sehr beliebt. Entzaubert man Portfolios, so bleiben im Wesentlichen drei Aspekte: die Variable der X-Achse, die Variable der Y-Achse und eine weitere Variable, die sich z. B. in der Größe der gewählten Darstellungsform, etwa einem Kreis, im Portfolio ausdrückt. Hinter den drei Merkmalen steht idealerweise eine Theorie und für das Portfolio lassen sich im Idealfall Strategien ableiten. Alle Studierenden der Wirtschaftswissenschaften kennen sicherlich die Portfolios der Boston Consulting Group (BCG) und McKinsey.

Manchmal gelingt es, zu einem Thema oder einem Bereich ein eigenes Portfolio zu entwickeln. Gute Beispiele bietet häufig der Nonprofit-Sektor.

Beitrag²-Portfolio

Im Folgenden wird das »Beitrag²-Portfolio« nach Heister vorgestellt. (Hinweis: E = Engagement. Die Nummerierung steht für die Geschäftsfelder 1 bis 6.) Die Portfolio-Analyse mittels des Beitrag²-Portfolios stellt sich dann wie folgt dar:

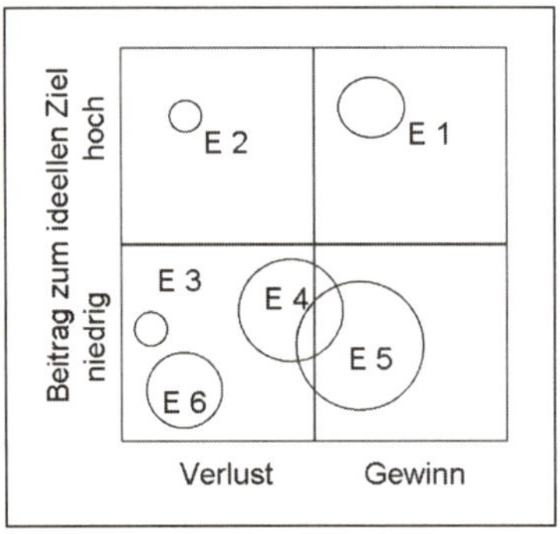

Betrachtet wird also:

- Das Ergebnis des Geschäftsfeldes (Gewinn/Verlust, niedrig/hoch) und der Beitrag zu den ideellen Zielen der Organisation (Zielbeitrag niedrig/hoch).
- Der Beitrag zum ideellen Ziel: Dieser leitet sich aus der Einschätzung von Experten ab und kann beispielsweise auf einer Intervallskala gemessen werden (1 = sehr geringer Beitrag zum ideellen Ziel, 2 = geringer Beitrag zum ideellen Ziel, 3 = mittlerer Beitrag zum ideellen Ziel, 4 = hoher Beitrag zum ideellen Ziel, 5 = sehr hoher Beitrag zum ideellen Ziel).
- Die gesamtwirtschaftliche Bedeutung für das Unternehmen: Die Größe der Kreise verdeutlicht die Bedeutung des Geschäfts im Sinne des Geschäftsumfangs (z. B. Umsatz mit Entgeltzahlern).

Folgende Normstrategien lassen sich ableiten:

Normstrategien

Normstrategien im Beitrag²-Portfolio nach Heister

Ergebnis / Zielbeitrag	Verlust	Gewinn
hoch	Durch andere Felder finanzieren und möglichst beibehalten	»Pushen«! = Schlüsselaufgaben
niedrig	»Abstoßen«/ Engagement beenden	»Melken« und zur Finanzierung anderer Felder nutzen

← Ansteigender Verlust | Ansteigender Gewinn →

Zur Erläuterung:

- Ist der Zielbeitrag eines verlustträchtigen Geschäftsfeldes niedrig, so empfiehlt sich als Normstrategie der Ausstieg aus diesem Engagement: »Abstoßen/Engagement beenden«.
- Ist der Zielbeitrag eines gewinnträchtigen Geschäftsfeldes niedrig, so empfiehlt es sich, die Gewinne abzuschöpfen (zu »melken«) und zur Finanzierung anderer Geschäftsfelder zu nutzen.
- Ist der Zielbeitrag eines verlustträchtigen Geschäftsfeldes hoch, so sollte dieses Geschäftsfeld beibehalten und möglichst durch andere Geschäftsfelder finanziert werden.
- Ist der Zielbeitrag eines gewinnträchtigen Geschäftsfeldes hoch, so handelt es sich um eine Schlüsselaufgabe, die forciert werden sollte. Es gilt sie zu »pushen«.

Hinweis: »Beitrag hoch 2« meint den doppelten Beitrag zum Erfolg des Unternehmens. Einerseits den Beitrag zum finanziellen Erfolg und damit zur Finanzierung von Geschäftsfeldern, aber andererseits auch den Beitrag zum ideellen Erfolg.

Das bringt Sie weiter

Seien Sie mutig! Entwickeln Sie selbst Ideen, Modelle, Portfolios. Viele haben bereits ihre »Ehrfurcht« davor überwunden und Tolles zu Papier gebracht.

8.7 | Ihre Chance 7: Semantische Differenziale

Nutzen

Das semantische Differenzial ist ein nützliches Instrument der Einstellungsforschung.

Das semantische Differenzial (Polaritätenprofil) hilft dabei, **Einstellungen** zu erfragen. Man kann damit bestimmte Eigenschaften eines Begriffes oder einer Sache und die Einstellung der befragten Personen dazu messen.

Beispiel

Hier ein Beispiel zum Produkt-Benchmarking:

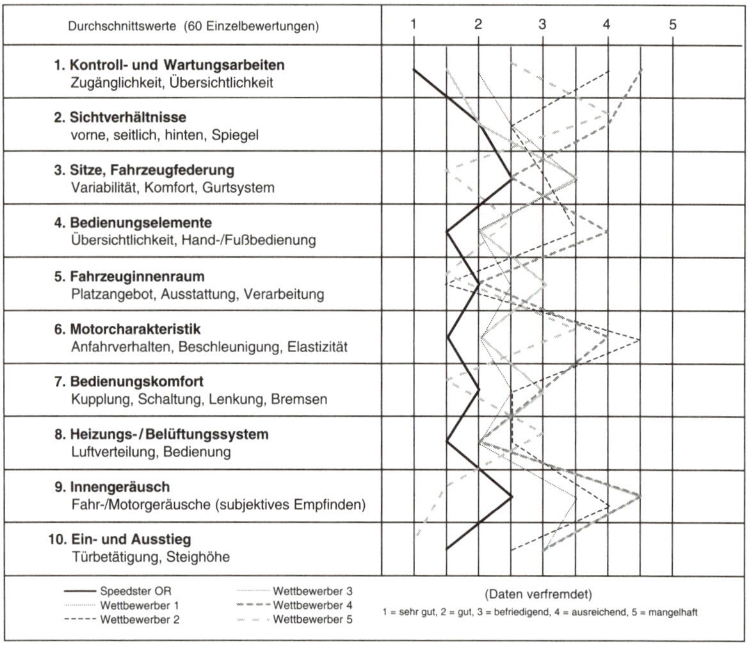

Vahs 2005, S. 447

Das bringt Sie weiter

Nutzen Sie ein semantisches Differenzial z. B. bei folgenden Themen:

- Einstellung von Konsumenten,
- Darstellung von Images,
- Verdeutlichung von Servicelevels,
- Visualisierung von Meinungen.

8.8 | Ihre Chance 8: Kreislaufmodelle

Nutzen

Wiederkehrende Prozesse oder Aktivitäten können Sie in einem Kreislaufmodell (Zyklusmodell) darstellen. Damit beschreiben Sie dann komplexe Sachverhalte von Anfang an sehr anschaulich.

Beispiele

Im folgenden Beispiel eines Kreislaufmodells zum **Prozess der Zielbildung** werden sechs aufeinanderfolgende Phasen dargestellt, die dann wieder von vorne beginnen:

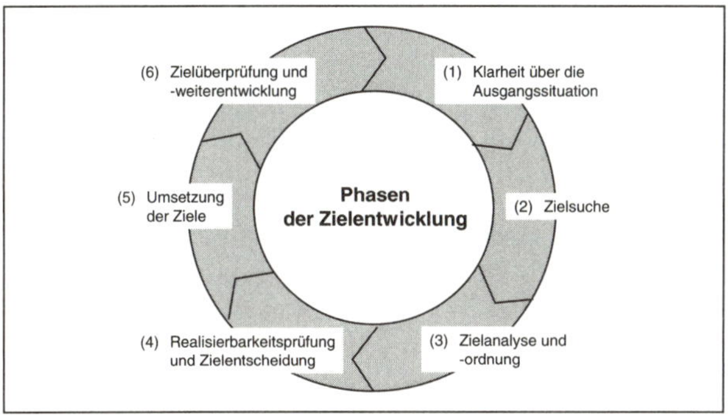

Vahs/Schäfer-Kunz 2005, S. 37

Eine klassische Darstellung ist der einfache **Wirtschaftskreislauf:**

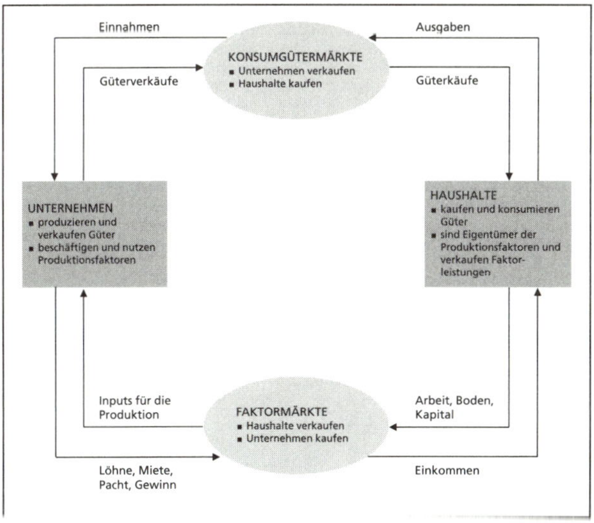

Sperber 2007, S. 21

Das bringt Sie weiter

Analysieren Sie, was in Ihrer wissenschaftlichen Arbeit ggf. als Kreislauf dargestellt werden kann. Bestimmen Sie die einzelnen Elemente und setzen Sie das entsprechende Modell grafisch um.

8.9 | Ihre Chance 9: Theorien und Ansätze vergleichen

Nutzen **Eine Tabelle kann Unterschiede sehr schnell, strukturiert und übersichtlich auf den Punkt bringen.**

Ein langer Text kann schnell ermüden. Der Eindruck einer Bleiwüste entsteht. Hier können Tabellen eine willkommene Abwechslung sein und das Wesentliche kurz und knapp zusammenfassen. Nutzen Sie dieses bewährte Instrument.

Beispiel **Organisatorischer Wandel** kann revolutionär oder evolutionär vonstattengehen. Sehen Sie selbst die Unterschiede:

Merkmale	Revolutionärer Wandel	Evolutionärer Wandel
Grundidee	Nur bei einem hohen Problemdruck können grundlegende Veränderungen durchgesetzt werden	Nur schrittweise Veränderungen werden von den handelnden Personen nachhaltig akzeptiert
Ziele	Erhebliche und anhaltende Erhöhung der Wirtschaftlichkeit (ökonomische Effizienz)	Erhöhung der Wirtschaftlichkeit (ökonomische Effizienz) und der Humanität (soziale Effizienz)
Charakteristik des Wandels	Fundamentales Überdenken und radikale Neugestaltung durch ein diskontinuierliches und zeitlich begrenztes Vorgehen in einem Prozess der kreativen Zerstörung	Behutsame Weiterentwicklung über einen längeren Zeitraum hinweg in Lernschritten; Wandel als kontinuierlicher Prozess
Transformationsphilosophie	Synoptisches und rational geplantes Vorgehen, das häufig als Reaktion auf die Veränderungen des internen und externen Umfelds erfolgt	Inkrementales und selbstgelenktes Vorgehen zur proaktiven Ausschöpfung der aktuellen und der zukünftigen Erfolgspotenziale
Selbstverständnis der Führung	Rationaler Planer, Autoritärer Macher	Prozessmoderator, Coach
Rolle der Mitarbeiter	»Manövriermasse«	»Mitgestalter«

Vahs 2005, S. 342

Das bringt Sie weiter

- Machen Sie sich die darzustellenden Inhalte klar. Finden Sie geeignete Strukturierungsmerkmale, um die Unterschiede herauszuarbeiten.
- Und dann legen Sie los! Stellen Sie die verschiedenen Theorien, Ansätze, Begriffe, Aspekte etc. in Tabellenform einander gegenüber.

8.10 | Ihre Chance 10 bis ...: Weitere Anregungen

Lassen Sie sich von den Beispielen inspirieren, wie Sie das Wesentliche übersichtlich darstellen können.

Nutzen

Hier sehen Sie das Beispiel einer Szenarioanalyse:

Szenarien

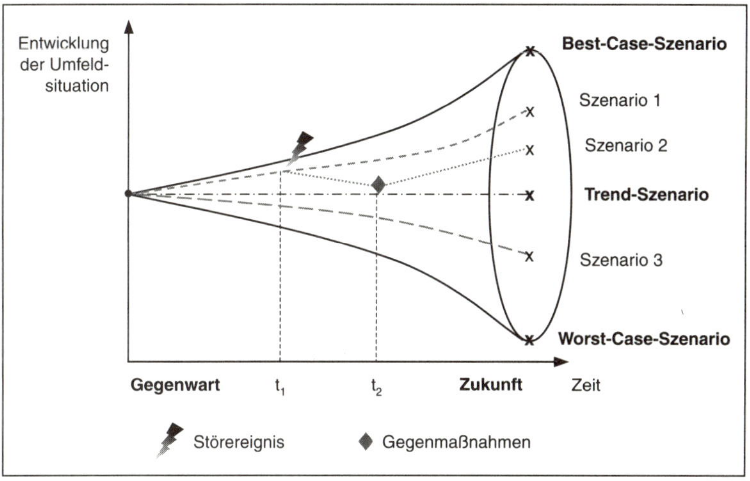

Vahs 2005, S. 443

Ein Beispiel für eine gemischte Übersicht:

Gemischte Übersichten

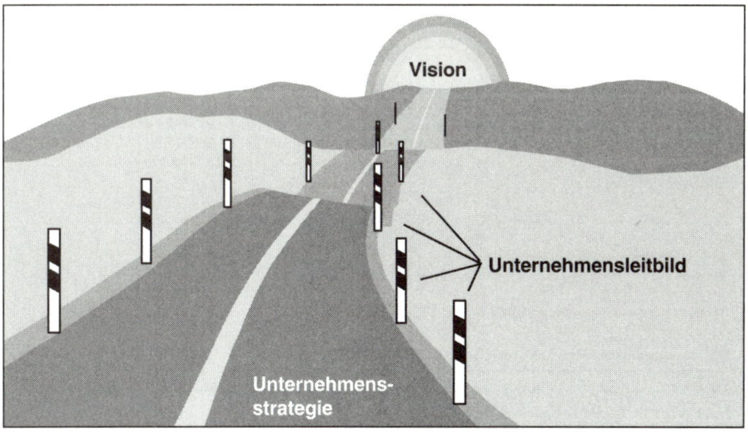

Vahs/Schäfer-Kunz 2005, S. 192

Gantt-Modelle

Ein Gantt-Modell für die Planung:

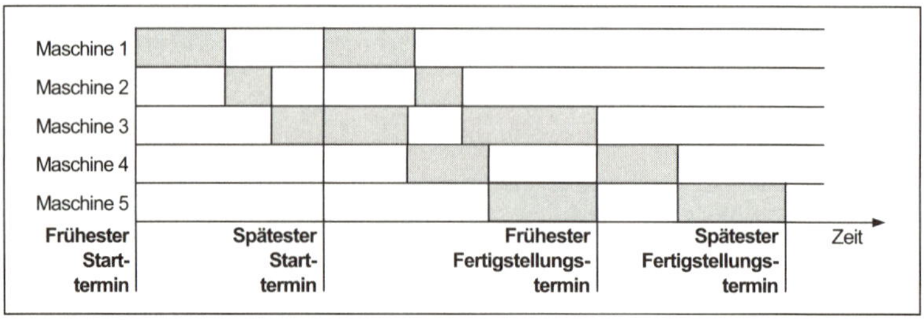

Vahs/Schäfer-Kunz 2005, S. 416

Polarkoordinaten

Sie können auch eine Darstellung mittels Polarkoordinaten wählen:

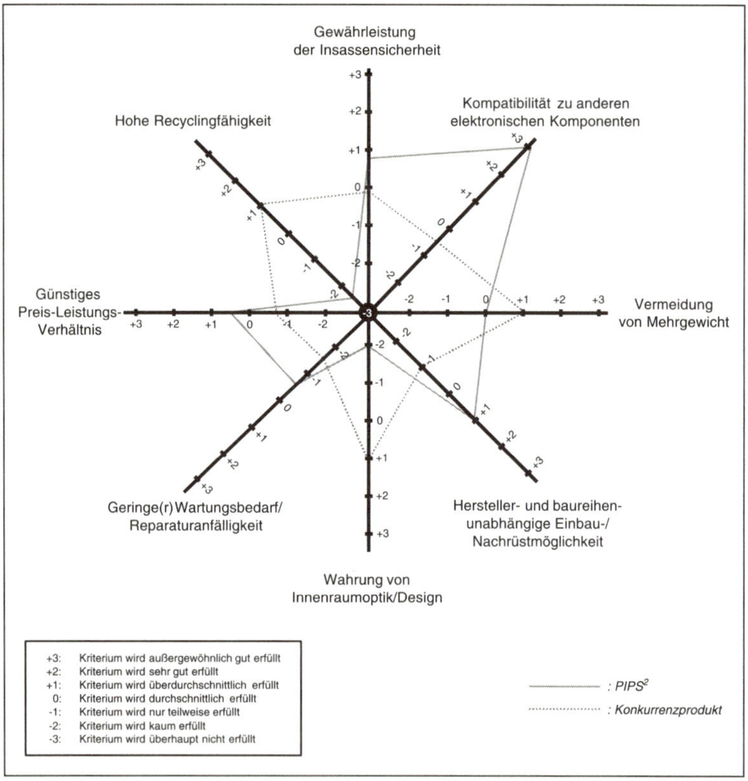

Vahs/Schäfer-Kunz 2005, S. 346

Das bringt Sie weiter

- Achten Sie darauf, dass Ihre Übersicht nicht banal wird oder wirkt.
- Wir haben hier tendenziell bekannte und einfache Beispiele angeführt, um Ihren Denkprozess in Gang zu bringen.
- Hieran können Sie anknüpfen und sich zu eigenen Gedanken, Ideen und Assoziationen inspirieren lassen.

8.11 | Noch eine Chance: Unternehmen kommen zu Wort

Wenden Sie auch folgendes Beispiel für eine eigenständige Leistung an, mit dem Sie sicher punkten können. Nutzen

Stellen Sie die Unternehmen doch einmal auf die Probe (Servicetest). Nehmen Sie die Unternehmen beim Wort und testen Sie ihren Service. Untersuchen Sie einfach einmal ihre Reaktion auf konkrete Anfragen. Senden Sie z. B. eine E-Mail mit einem Anliegen an Unternehmen und messen Sie, wie schnell, in welcher Form und in welchem Umfang diese beantwortet wird. Test it!

Ihr Anliegen könnte folgendermaßen aussehen:

- Bitten Sie um Unterstützung: »Ich habe das Problem xy, bitte helfen Sie mir.«
- Fragen Sie, wo Sie in der Nähe Ihres Wohnortes die Produkte des Unternehmens erwerben können.
- Bitten Sie um Zusendung der aktuellen Werbematerialien.
- Fordern Sie eine Produktprobe an.
- Fordern Sie allgemeine Informationen zum Unternehmen an: »Ich möchte mich bei Ihnen bewerben, bitte senden Sie mir ....«

Bei solchen Tests kann man so manches erleben: Eine Herstellerfirma z. B., die gebeten wurde, ein paar Brillenputztücher mit Werbeaufdruck zu senden, lieferte Folgendes: ein Paket, etwa DIN A5 groß, mit 5 % Inhalt und 95 % Verpackungsmaterial. Zudem lag ein schrecklicher Begleitbrief bei und das Paket war in einem katastrophalen Zustand …

Der Vorteil solcher Servicetests von Unternehmen ist, dass man ein Set an einfachen Auswertungsmöglichkeiten bilden kann, z. B.:

- Tragen Sie die Unternehmen in ein Portfolio ein: auf der X-Achse die Reaktionsgeschwindigkeit, auf der Y-Achse die Qualität der Reaktion. Leiten Sie dann die Empfehlungen für die vier Quadranten ab.

Qualität der Reaktion	Hoch		
	Niedrig		
		Langsam	Schnell
		Reaktionsgeschwindigkeit	

- Differenzieren Sie die Reaktion nach standardisierten Kriterien in einem Profil (vgl. semantisches Differenzial, Abschnitt 8.7).
- Erstellen Sie mithilfe der Nutzwertanalyse eine Renner- bzw. Penner-Liste (Punktbewertungsmodell, Scoringmodell).

Das bringt Sie weiter

Diese Art von Servicetest reicht möglicherweise nicht für die wissenschaftliche Arbeit insgesamt aus, weil der Umfang der Aktivität, Information etc. zu gering ist. Aber sie ist ein guter und überzeugender Puzzlestein zum Erfolg.

9 Treffend formulieren

»Wer's nicht einfach und klar sagen kann, der soll schweigen und weiterarbeiten, bis er's klar sagen kann.« (Popper 1984, S. 103)

Dieses Zitat des Physikers, Sozialwissenschaftlers und Philosophen Karl Raimund Popper fasst in aller Kürze die wesentlichen Ziele des Formulierens in wissenschaftlichen Arbeiten zusammen. Einfach und klar können Sie einem Leser nur etwas vermitteln, das Sie selbst verstanden haben. Probleme bei der Formulierung können also darauf hindeuten, dass Sie selbst Verständnisprobleme haben.

Anforderungen

In wissenschaftlichen Texten werden Sachthemen dargestellt, erörtert und kritisch hinterfragt. Gute wissenschaftliche Texte müssen folgende Anforderungen erfüllen:

- Klare Gedanken sind erkennbar,
- die Gedankenfolge ist logisch und nachvollziehbar,
- die Aussage ist verständlich,
- die Thematik ist interessant und anschaulich dargestellt.

Schreiben ist Kommunikation

Schreiben ist Kommunikation. **Verfasser und Leser** tauschen wie in einem Gespräch **Informationen aus**. Beim Schreiben und Lesen ist die Kommunikation jedoch unvollständig: Es fehlt das Interagieren, das Aufeinander-Reagieren der Beteiligten. Auf die gesendete Botschaft (das Geschriebene) erfolgt keine unmittelbare Reaktion des Empfängers, an der zu erkennen ist, wie er diese Botschaft aufnimmt. In einem Gespräch würden diese Reaktionen dazu führen, dass die Aussage ergänzt, umformuliert oder korrigiert wird.

Zwei Perspektiven

Der Schreibende muss also gleichzeitig die Perspektive des Senders und des Empfängers von Information einnehmen, um so mögliche Verständnisschwierigkeiten, Missverständnisse oder Fehlinterpretationen auszuschließen. Er muss sich möglichst **klar** und **verständlich ausdrücken**.

Tipps

- Lesen Sie andere wissenschaftliche Arbeiten (z. B. auch Doktorarbeiten) bevor Sie mit Ihrer Arbeit beginnen.
- Ordnen Sie diese Arbeiten in Texte, die Ihnen gut gefallen, die Sie flüssig lesen können und gut verstehen, und in Texte, die genau die entgegengesetzten Eigenschaften haben.
- Anhand der Gemeinsamkeiten der »guten« und »schlechten« Texte können Sie dann möglicherweise Kategorien bilden.
- Notieren Sie diese stichpunktartig in einer »Formulierungsliste« unter den Punkten »gut« und »schlecht«.

9.1 | Systematisieren Sie den Schreibprozess

Nutzen

Wie das planvolle Lesen und Exzerpieren sollten Sie auch das Schreiben als Prozess verstehen und gestalten. Das hilft Ihnen bestimmt weiter!

Der Prozess des Schreibens besteht aus zwei Schritten, die mehrfach durchlaufen werden:

- den Text entwerfen und
- am Text feilen (verwerfen und verbessern).

Text entwerfen

Bei dem ersten Textentwurf geht es im Wesentlichen darum, **mit dem Schreibfluss Ihrem Gedankenfluss zu folgen**. Schreiben Sie zügig und unterbrechen Sie Ihre Gedanken nicht, um über möglichst perfekte Formulierungen nachzudenken.

Am Text feilen

Die Reihenfolge Ihrer aufgeschriebenen Gedanken bilden die Textbausteine, die Sie später weiter bearbeiten, verfeinern und anders verteilen können.

Hilfe bei Schreibblockaden

Dem Schreibfluss zu folgen, ist manchmal leichter gesagt als getan. Es fällt Ihnen einfach nichts ein oder Sie können die Gedanken nicht in eine Struktur bringen. Die berühmt-berüchtigte Schreibblockade hat Sie erwischt.

Keine Sorge, es gibt verschiedene Möglichkeiten, wie Sie aus einer solchen Situation wieder herauskommen können. Wählen Sie die für Sie geeignete Methode:

- Stellen Sie den aktuellen Text zurück und widmen Sie sich dem nächsten Abschnitt. Durch die Beschäftigung mit der Thematik, die auf dem vorherigen Kapitel aufbaut, erkennen Sie die wesentlichen Aspekte des vorherigen Abschnitts. Sie schreiben quasi rückwärts und finden so heraus, was sie in dem jeweils vorher stehenden Kapitel schreiben müssen. Übrigens ist das auch ein Verfahren mancher Krimiautoren, um den logischen Ablauf ihrer Handlung sicherzustellen.
- Erstellen Sie eine Grafik oder ein Mind Map, in der Sie komplexe Zusammenhänge strukturieren. Ordnen Sie dieser Struktur Ihre bisherigen Textfragmente zu. Dabei erkennen Sie Lücken, Redundanzen oder falsche Zusammenhänge in Ihrem Text.
- Gewinnen Sie Abstand zu Ihrem Text und trennen Sie die beiden Vorgänge Denken und Schreiben. Gehen Sie spazieren, in die Badewanne oder an einen anderen Ort, wo Sie entspannen können, und lassen Sie Ihren Gedanken freien Lauf. Da Sie nichts aufschreiben müssen, können Sie mutiger und kreativer denken und kleben nicht an bestimmten Begriffen, Satzteilen oder Sätzen. Wenn Sie sich dann wieder an Ihren Text setzen, haben Sie allein durch das Nachdenken schon eine Struktur oder Reihenfolge gefunden, die Sie nun aufschreiben können.

- Sprechen Sie Ihre Gedanken laut aus. Am besten ist es, wenn Sie jemandem erzählen, was Sie schreiben wollen. Im Gespräch mit anderen können wir häufig viel flüssiger formulieren als beim Schreiben. Wenn Sie es gerade niemandem erzählen können, kann es auch schon hilfreich sein, kurze Passagen in ein Diktiergerät zu sprechen.

Verwerfen und verbessern

Lesen Sie nun Ihren ersten Textentwurf erneut. **Betrachtet Sie ihn kritisch aus der Perspektive des Lesers.** Dazu brauchen Sie eine ausreichende Distanz zu Ihrem Text. Sinnvoll ist es daher, zwischen Entwurf und Überarbeitung genügend Zeit einzuplanen.

Planung

Folgende Planung hat sich bewährt:
- Entwurf Kapitel 1,
- Entwurf Kapitel 2,
- Textüberarbeitung Kapitel 1,
- Textüberarbeitung Kapitel 2,
- Entwurf Kapitel 3,
- Entwurf Kapitel 4,
- Korrektur Kapitel 1 und 2,
- Textüberarbeitung Kapitel 3 und 4 etc.

So gewinnen Sie genügend zeitlichen Abstand und werfen gleichzeitig noch einmal einen Blick auf das vorherige Kapitel, bevor Sie mit dem nächsten beginnen.

Einleitung, Hauptteil und Schluss sollten dann jeweils noch einmal im Zusammenhang bearbeitet werden, um insbesondere die Übergänge und Zusammenhänge zu prüfen.

Für die Zeitplanung einer wissenschaftlichen Arbeit hat sich die Strukturierung des Schreibprozesses nach Kapiteln übrigens besser bewährt als eine angestrebte Seitenzahl pro Tag. Es geht ja nicht darum, möglichst viele Seiten zu füllen, sondern ein relevanter Inhalt soll formuliert werden. Setzen Sie sich also zum Ziel, bestimmte Teilaspekte Ihres Themas in einer bestimmten Zeit formuliert zu haben. Und prüfen Sie dann auch, ob Sie diese Ziele erreicht haben.

Vergessen Sie die **Pausen** nicht und lassen Sie auch mal die **Seele baumeln**! (Foto: Achensee in Österreich, eigene Aufnahme).

Kontrollfragen

Die folgenden Fragen helfen Ihnen dabei, den Verbesserungsbedarf Ihres Textes zu erkennen und zu klären, was Sie konkret verbessern müssen:

- Verstehen Sie Ihren Text?
- Sind Ihre Aussagen klar erkennbar?
- Erkennen Sie den roten Faden Ihrer Gedanken wieder?
- Passt der Sprachstil? Sind die gewählten Worte und Begriffe treffend?
- Unterstützt die visuelle Gestaltung des Textes die Informationsaufnahme?

Vom PC aufs Papier

In der Regel werden wissenschaftliche Arbeiten heute am Computer geschrieben. Die technischen Möglichkeiten sind dabei Fluch und Segen zugleich. Es ist wirklich einfach geworden, Texte umzustrukturieren. Ganze Passagen können ausgeschnitten, eingefügt oder umgestellt werden, ohne dass alles noch einmal neu geschrieben werden muss. Gleichzeitig aber verführt diese Möglichkeit dazu, oberflächlicher zu arbeiten. Die Textbausteine werden dann mal eben schnell verschoben, aber nicht mehr auf Ihre Stimmigkeit in dem neuen Kontext geprüft. Am Bildschirm wird der Text häufig nur überflogen, anstatt gründlich gelesen.

Diese Falle umgehen Sie, wenn Sie **für Textkontrollen Teile Ihres Textes ausdrucken**. Sehr hilfreich ist es, wenn Sie für jeden Ausdruck ein anderes Textformat (eine andere Schrift, Schriftgröße oder ein anderes Absatzformat) wählen. Sie gewinnen dadurch einen neuen Eindruck von Ihrem Text, er wirkt auf einmal nicht mehr so vertraut, was Sie aufmerksamer werden lässt.

Das bringt Sie weiter

Lesen Sie sich Ihren Text nach der Verbesserung laut vor oder lassen Sie ihn sich vorlesen. Dadurch verlassen Sie die Perspektive des Informationssenders (Schreibenden) und nehmen die Perspektive des Informationsempfängers (Lesers) ein. Und Sie gewinnen eine bessere Vorstellung, wie Ihr Text wirkt und gewinnen Anhaltspunkte für die allerletzten Korrekturen.

9.2 | Ihr persönlicher Stil: »I did it my way«

Nutzen

Mit einem gekonnten Schreibstil stellen Sie Ihre intellektuellen Fähigkeiten unter Beweis.

Der Schreibstil ist Ausdruck Ihrer Persönlichkeit. Mit Ihrem Sprach- und Schreibstil zeigen Sie dem Leser, dass Sie Ihre eigenen Gedanken formulieren und der Verfasser des Textes sind. Ihr Schreibstil ist bei einer wissenschaftlichen Arbeit jedoch auch ein Ausdruck Ihrer intellektuellen Fähigkeiten und beeinflusst damit auch maßgeblich Ihren Prüfungserfolg.

Der Erfolg einer wissenschaftlichen Arbeit hängt davon ab, wie gut es Ihnen gelingt, Ihren Schreibstil am Leser zu orientieren.

Leserorientierung

Um eine Balance zwischen eigenem Schreibstil und Leserorientierung zu erreichen, hilft es, folgende Fragen zu klären:

Was will ich aussagen?	Inhalt
Wem will ich etwas sagen?	Wer ist der Adressat: Was weiß er schon? Welches Sprachniveau hat er? Welche Lesegewohnheiten kenne ich von ihm?
Wozu will ich etwas sagen?	Welches Ziel will ich beim Leser erreichen: Will ich Interesse wecken? Will ich etwas beweisen, untermauern? Will ich eigene Gedanken vorstellen?

Aus der **Beantwortung der Fragen** ergibt sich das Wie – **die Art und Weise**, wie Sie einen Inhalt darstellen.

Der Kunde ist König

Das trifft nicht nur auf Marketing-Konzepte, sondern auch auf die Leserorientierung zu. König ist der Leser! Sie müssen die Erwartungen des Lesers (Gutachters, Professors, Prüfers etc.) treffen und erfüllen, um eine gute Note zu bekommen. Wie bekommen Sie die Erwartungen heraus?

- Lesen Sie Veröffentlichung Ihres Lesers. Dadurch bekommen Sie einen Eindruck von seinem Sprachstil und seiner bevorzugten Textstruktur. Das heißt aber nicht, dass Sie diesen Stil nun kopieren sollen. Prüfen Sie, ob Ihr Leser gerne stark strukturierte Texte mit vielen Illustrationen einsetzt (z. B. viele Tabellen, Auflistungen und Gegenüberstellungen) oder ob er eher einen reinen Fließtext bevorzugt. Versuchen Sie herauszubekommen, wie er mit Fremdwörtern umgeht.
- Fragen Sie konkret nach und klären Sie besondere Erwartungen. Werden Grafiken und Tabellen erwartet? Welche Form der geschlechtsneutralen Formulierung wird bevorzugt? Welche Rechtschreibung wird erwartet?

Das bringt Sie weiter

Bedenken Sie stets: Sie als Verfasser des Textes müssen sich plagen, nicht Ihr Leser!

9.3 | Drücken Sie sich klar aus

Nutzen

Durch eine sachliche, logische und präzise Formulierung wird Ihr Text für den Leser gut und einfach verständlich.

»Immer öfter muss man leider feststellen, dass selbst Personen mit anspruchsvoller akademischer Ausbildung die einfachsten Regeln der sachlichen und logischen Gliederung eines Textes nicht beherrschen. Sie scheinen nicht in der Lage zu sein, Struktur in einen Text zu bringen; und unvermeidlich drängt sich die Frage nach der Struktur in ihrem Denken auf.« (Malik 2001, S. 300)

Kompliziert = wissenschaftlich?

Angesichts der Obliegenheit, eine wissenschaftliche Arbeit verfassen zu müssen, sind immer noch immens viele Studierende dem Irrglauben verfallen, dass eine möglichst hohe Komplexität des Satzbaus und die gehäufte Implementierung von Fremdwörtern als Indikatoren für einen qualitativ hochwertigen, wissenschaftlichen Text gelten.

Alles klar? Es geht auch einfacher:

Viele Studierende, die einen wissenschaftlichen Text schreiben müssen, glauben, dass möglichst komplizierte Sätze und viele Fremdwörter Zeichen für eine besondere Wissenschaftlichkeit sind.

Verständlichkeit

Verständlichkeit wird durch den effektiven (zielwirksamen) Einsatz von Worten, Satzteilen, Sätzen und Satzfolgen erreicht. Folgende Anforderungen, Wirkungen und Fehler kommen bei der Formulierung häufig vor:

Anforderung	Wirkung	Fehler
eindeutig und präzise	klar und unmissverständlich	diffuse qualitative Aussagen und diffuse Mengenangaben.
sachlich und neutral	richtig und wertfrei	Pseudoargumente
prägnant	treffend und anschaulich	Floskeln, Übertreibungen, Verallgemeinerungen und falsche Fremdwörter
direkt und kurz	flüssig lesbar	Schachtelsätze und Füllwörter

Das bringt Sie weiter

- Lassen Sie Teile Ihrer Arbeit auch von »Fachfremden« lesen.
- Sie sollen dann sagen, was sie davon verstanden haben bzw. welche Fragen sie haben.
- Fragen zum Verständnis sind für Sie wiederum Anregungen zur Korrektur Ihres Textes.

9.4 | Bei Fremdwörtern gilt: So viel wie nötig, so wenig wie möglich

Nutzen

Nur weil ein Text von möglichst »exotischen« Fremdwörtern förmlich überquillt, ist er noch lange nicht wissenschaftlich!

Ihre Fachkenntnis lässt sich viel eher daran erkennen, dass Sie Fakten und Theorien verständlich und gut nachvollziehbar darstellen können. Wenn Sie in der Lage sind, Zusammenhänge mit eigenen, treffenden Worten darzustellen, beweisen Sie, dass Sie die Thematik wirklich verstanden haben.

Überflüssige Fremdwörter

Wenn Sie häufig und unbegründet Fremdwörter einsetzen, kann im Gegenteil sogar der Eindruck entstehen, dass Sie dahinter Ihre Unkenntnis verstecken wollen.

Gezielter Einsatz

Wann bietet es sich an, ein Fremdwort zu nutzen?	Beispiel
Wenn es verständlich und treffend ist.	Floskel
Wenn es bekannter als ein deutsches Wort ist.	Adresse
Wenn die deutsche Entsprechung es umständlicher macht.	Phase, Flexibilität
Wenn es, obwohl es nicht allgemein verständlich ist, keine deutsche Entsprechung gibt.	Controlling

Vgl. Schneider 2001, S. 68

Vertraute Fremdwörter

Manche Fremdwörter haben sich im allgemeinen Sprachgebrauch und in fach- und branchenspezifischen Sprachen durchgesetzt. Das heißt jedoch nicht, dass sie auch immer richtig eingesetzt werden.

Zum Beispiel haben sich die beiden Begriffe Effektivität und Effizienz in unseren Sprachgebrauch so durchgesetzt, dass sie uns gar nicht mehr als Fremdwörter erscheinen. Häufig werden sie als Synonyme verwandt, obwohl sie verschiedene Bedeutungen haben und nur in unterschiedlichen Kontexten richtig sind.

Der Begriff Effektivität bezieht sich auf die Wirksamkeit von Methoden im Hinblick auf das Ergebnis und wird zielorientiert eingesetzt (»Die richtigen Dinge tun«). Effizienz dagegen bezieht sich auf die Wirksamkeit des richtigen Einsatzes der Methoden (»Die Dinge richtig tun«).

Machen Sie sich die Mühe und schlagen Sie auch die **Bedeutung vertrauter Fremdwörter** nach. Sie werden dann auf viele dieser Begriffe verzichten können und stattdessen das schreiben, was Sie wirklich sagen wollen.

Anglizismen

Tools, Clients, Controller etc. Der englische Fachjargon hält Einzug in die deutsche Sprache und verbreitet sich auch in sämtlichen wissenschaftlichen Disziplinen.

Gehen Sie dennoch mit diesen Begriffen vorsichtig und sparsam um. Sie schaffen mehr Klarheit, wenn Sie die passende deutsche Übersetzung benutzen. Die Übernahme von englischen Begriffen birgt die Gefahr, dass sie in einem falschen Zusammenhang eingesetzt werden. So bezeichnet z. B. das amerikanische Wort »administration« die Regierung, während Administration im Deutschen die Verwaltung meint.

Originalform

Nutzen Sie **englische** und **anderssprachige Begriffe** absolut korrekt und möglichst in ihrer **Originalform**. Eine Vermischung von englischen und deutschen Begriffen ist häufig schwer zu lesen. Hier ein paar Beispiele:

- gecleant,
- gechipt,
- einchecken.

Es gibt jedoch auch gängige Zusammensetzungen aus Fremdwörtern und deutschen Wörtern. Diese werden zusammengeschrieben, z. B. Computerfachmann, Familiensplitting.

An mehrgliedrige fremdsprachige Ausdrücke wird das deutsche Wort mit einem Bindestrich angefügt, z. B. Multiple-Choice-Verfahren.

Überprüfen Sie die exakte Bedeutung der Begriffe, sonst ergeben sich schnell Doppelaussagen, wie bei
FTP-Protokoll für FTP = File Transfer Protocol,
GIF-Format für GIF = Graphics Interchange Format.

Erklären

Unbekannte englische Begriffe erklären Sie am besten bei ihrem ersten Gebrauch. Zur Erklärung gehören:

- der Ursprung des Begriffes,
- in welchem Kontext er entstanden ist,
- seine heutige konkrete Bedeutung.

Englische Begriffe, die sich in den Wissenschaften als fest definierte Termini durchgesetzt haben, sollten Sie nicht übersetzen. Diese Begriffe haben in der Regel eine weitaus umfassendere Bedeutung entwickelt als ihr Wortursprung. Daher wäre eine wörtliche Übertragung ins Deutsche mit einer Sinnverfremdung verbunden.
Beispiele:

- Employability (Arbeitsmarktfähigkeit/Beschäftigungsfähigkeit),
- Bedside Teaching (Unterricht am Krankenbett).

Das bringt Sie weiter

Eine gute Übersetzungshilfe für Anglizismen bietet der Verein Deutsche Sprache auf seiner Internetseite unter http://www.vds-ev.de/anglizismenindex/suche2.php.

9.5 | Bringen Sie es auf den Punkt

Nutzen Sie die Ergebnisse jahrelanger Lesbarkeitsforschung und verbessern Sie den Lesefluss Ihres Textes.

Nutzen

Die Lesbarkeit eines Textes wird maßgeblich beeinflusst durch die durchschnittliche Satzlänge in Worten, die durchschnittliche Wortlänge in Silben, die Anzahl der Verben sowie den Anteil von bekannten und unbekannten Wörtern (vgl. Bamberger/Vanecek 1984. S. 127 f.).

Direkt und kurz

Vermeiden Sie »Silbenschleppzüge« (Schneider 2001, S. 65). Die Lesbarkeitsforschung stellt eindeutig fest: Je weniger Silben ein Wort hat, desto verständlicher und treffender ist es.

Beispiele

Auf|ga|ben|stel|lung	Auf|ga|be
vor|ran|gi|ge| Er|for|der|nis|se	das Dring|end|ste
an|son|sten	sonst
Ge|fähr|dungs|po|ten|zial	Ri|si|ko

Manche künstlich verlängerten Wörter werden sogar zu Tautologien oder einfach zu einer sinnlosen Aussage:

- Rückantwort Antworten sind immer zurückgerichtet
- abändern ab- bedeutet »weg«: »wegändern«
- Unkosten un- bedeutet »nicht«: »Nichtkosten«

Also: Lassen Sie die überflüssigen Silben einfach weg und schreiben Sie die korrekte Form: »Antwort«, »ändern« und »Kosten«.

Abkürzungen

Jeder, der eine wissenschaftliche Arbeit verfasst, kennt das Problem, Platz sparen zu müssen, um die vorgegebene Seitenzahl einhalten zu können. Beliebt ist dabei der Einsatz von Abkürzungen.

Bei den üblichen und bekannten Abkürzungen wie etc. (et cetera = und so weiter), d. h. (das heißt) oder bzw. (beziehungsweise) ist das unproblematisch. Sie fördern sogar den Lesefluss, da Sie uns mittlerweile häufig vertrauter sind, als wenn sie ausgeschrieben werden.

Anders verhält es sich jedoch mit unbekannten und ungewöhnlichen Abkürzungen. Sie hemmen den Lesefluss, da der Leser diese Abkürzungen erst in Gedanken übersetzen muss, ehe er den Zusammenhang versteht.

Abkürzungen sollten Sie nur einsetzen, wenn Sie einen langen Eigennamen sehr häufig verwenden müssen. Erklären Sie die Abkürzung beim ersten Gebrauch und wenden Sie diese dann durchgehend in der gleichen Form an.

Schlagen Sie auch sehr vertraute Abkürzungen nach, um unsinnige Verwendungen zu vermeiden.

Überprüfen Ein ganz grober Fehler wäre es, wenn Sie Abkürzungen innerhalb des Textes ändern. Eine gute Hilfestellung bietet hier die Funktion »Suchen und Ersetzen« in Word. Falls Sie verschiedene Abkürzungen verwendet haben, können Sie diese hiermit vereinheitlichen (vgl. Abschnitt 11.5).

Treffend Das treffende Wort benennt den Sachverhalt direkt, ohne ihn zu verfälschen oder zu verschleiern. Viele Worte die wir tagtäglich benutzen, erfüllen diese Anforderung jedoch nicht.

Machen Sie sich z. B. nochmals die Bedeutung folgender Wörter klar:
scheinbar = in Wirklichkeit anders, es scheint nur so zu sein.
anscheinend = allem Anschein nach ist es so, wie es wirkt.

Weg damit Georg Orwell hat es auf den Punkt gebracht: »Wenn es möglich ist, ein Wort zu streichen – streiche es.« (George Orwell, zitiert nach Schneider 1994, S. 30).
Also, streichen Sie:

Floskeln	Ein Ding der Unmöglichkeit	Besser: unmöglich
	Zu einem späteren Zeitpunkt	Besser: später, danach
Füllwörter	Nun, jetzt, dann	Einfach weglassen
Nichtssagende Einleitungen	Allgemein bekannt, Es ist offensichtlich, natürlich, selbstverständlich.	Wenn es so offensichtlich oder bekannt ist, müssen Sie es doch gar nicht mehr erwähnen. Oder brauchen Sie »Füllmaterial«?
Unsinnige Adjektive	Interpersonale Kommunikation	Kommunikation findet immer zwischen Personen, also interpersonal statt.

Beispiel »Infolge der weltweiten Globalisierung ergibt sich die Problematik, dass die Umsatzzahlen vieler Konzerne, aber auch kleiner und mittelständischer Unternehmen – insbesondere aus Bereichen wie der Automobilindustrie, des Baugewerbes oder der Textilindustrie – zukünftig noch weiter absinken werden.« (Reiter/Sommer 2006, S. 27–28).
So geht es kürzer und viel verständlicher:
»Infolge der Globalisierung werden die Umsätze vieler Unternehmen weiter sinken; besonders betroffen: die Automobil-, Textil- und Baubranche.« (ebd.)

Vorsicht Aufpassen müssen Sie bei:

- diffusen Aussagen
  Begriffe wie »wohl«, »gewissermaßen«, »enorm«, »relativ hoch« sind für einen wissenschaftlichen Text nicht konkret genug. Der Leser fragt sich dann, ob Sie nicht konkret werden wollten oder konnten.

- unklaren Mengenangaben
  Mengenangaben wie fast, kaum, viel oder wenig sind ohne die Angabe eines Maßstabes nicht eindeutig. Ein Angestellter, der viel Geld verdient, hat auf seinem Konto viel weniger Geld als ein Millionär.
- Bewertungen
  Begriffe wie vernünftig, geschickt oder sozial werden von jedem Leser anders interpretiert und müssen daher vom Verfasser definiert werden, z. B. »vernünftig bedeutet in diesem Fall…«.
- Verneinungen
  »Verneinungen interessieren uns nicht, solange wir uns nicht damit beschäftigen müssen.« Das zweite **nicht** hat keine Bedeutung für die Aussage, es erschwert aber das Leseverständnis. Unser Gehirn braucht ungefähr doppelt so lange, um eine verneinende Aussage zu verstehen, als es für eine bejahende Aussage braucht. Nutzen Sie daher bei der Verneinung Wörter wie »falsch« anstatt »nicht richtig«, »lassen« anstatt »nicht tun«, »zweifeln« anstatt »nicht glauben«. Den Beispielsatz sollte man also besser so formulieren: »Verneinungen interessieren uns nicht, bis wir uns damit beschäftigen müssen.«
- Bejahung und Verneinung in einem Satz
  »Der Geschäftsführer wird sich also für den Ausschluss eines Risikos entscheiden.« Aha, er entscheidet sich also dafür, dagegen zu sein. Besser wäre: »Der Geschäftsführer wird das Risiko ausschließen.«
- Steigerungen
  Auch wenn Sie es noch so hartnäckig probieren, es gibt Adjektive, die sich nicht steigern lassen, wie z. B. optimal, einzig, maximal. Da können Sie sich noch so anstrengen, optimaler als optimal geht nicht, die einzigste Form von einzig gibt es nicht und maximaler geht auch nicht.

Das bringt Sie weiter

»Ich gehe nicht davon aus, dass Sie unfähig sind, die oben genannten Erkenntnisse nicht zu verstehen und umzusetzen.« Vermeiden Sie unbedingt die doppelte Verneinung, denn sie wird zur Bejahung! Geben Sie einmal in Google den Begriff »Redensarten-Index« ein.

9.6 | Optimieren Sie den Satzbau

Nutzen

Lernen Sie einfach, aber dennoch abwechslungsreich und flüssig lesbar zu schreiben.

So wie Sie beim Exzerpieren verschachtelte Sätze entwirrt haben, um sie zu verstehen, können Sie von vornherein durch einfache Regeln zu einem besseren Textverständnis beitragen: Kurze Sätze sind gut verständlich! Komplexe Gedanken lassen sich jedoch nicht immer in einen kurzen Satz fassen und die Aneinanderreihung von mehreren kurzen Hauptsätzen klingt monoton und wirkt auf die Dauer ermüdend. Optimieren Sie also den Satzbau.

Verständlichkeit

Die **Zeitspanne**, die beim Lesen als Einheit erfasst und überbrückt werden kann, beträgt ca. 3 Sekunden. Das sind im Text ca. 6 Wörter oder 12 Silben. Daher sollten die Satzteile, die logisch und lesetechnisch zusammengehören, nicht weiter als 6 Wörter auseinanderstehen. Diese Regel betrifft besonders die Zusammengehörigkeit von:

- Subjekt und Prädikat,
- Artikel und Substantiv,
- Teilen eines Verbs.

Subjekt, Verb, Objekt

Diese **Satzregel** haben Sie schon in der Grundschule gelernt und sie behält auch in der wissenschaftlichen Arbeit ihre Bedeutung. Durch das Subjekt am Anfang und das darauf folgende Verb entsteht ein Satz, in dem sich die Bedeutung linear und logisch erschließt. Vorgriffe oder Rückbezüge, die dadurch gebildet werden, dass das Objekt an den Anfang gestellt wird, führen den Leser in einen gedanklichen Irrgarten oder werden gar zu einem logischen Knoten.

Ausnahme

Das Objekt dürfen Sie dann nach vorne stellen, wenn Sie verdeutlichen wollen, dass ein Autor, auf den sie vorher schon Bezug genommen haben, zu einem weiteren Thema etwas sagt bzw. das Thema wechselt.

Beispiel: »Zum Einsatz von standardisierten Fragebögen nimmt Müller kritisch Stellung.«

Schachtelsätze

Mit der Regel »Hauptaussagen in Hauptsätze und Ergänzungen in Nebensätze« lassen sich auch längere Sätze gut lesbar gestalten. Vorsichtig sollten Sie jedoch mit eingefügten Nebensätzen umgehen: Sogenannte Schachtelsätze stören den Lesefluss, da die Gedankenfolge einmal oder sogar mehrmals durch die Zwischensätze unterbrochen wird. Je mehr Zwischensätze (»Schachteln«) ein Satz hat, desto unverständlicher wird er.

Sehr empfehlenswert sind die amüsant zu lesenden und dennoch fundierten, gut verständlichen Ausführungen von Wolf Schneider zum Thema »Die Sätze« (vgl. Schneider, 2001, S. 97 ff.).

Drei **Methoden zur Vermeidung von Schachtelsätzen:**

Angehängter Nebensatz

- Bilden sie aus einem Zwischensatz einen angehängten Nebensatz.
  Statt: »Die weitreichende Bedeutung eines gut gestalteten Satzbaus für die Lesbarkeit eines Textes, die sich auch auf das Prüfungsergebnis auswirkt, ist noch nicht von allen Studenten ausreichend erkannt worden.«
  Besser: »Noch nicht alle Studenten haben ausreichend die weitreichende Bedeutung eines gut gestalteten Satzbaus für die Lesbarkeit eines Textes erkannt, die sich auch auf das Prüfungsergebnis auswirkt.«
- Tragen Sie längere Umstandsangaben als Nebensatz nach und verbinden Sie diesen Nachtrag durch ein Bindeglied.
  Statt: »Der Konzern strebt in den USA, insbesondere in den großen Städten der nördlichen Staaten, die Erschließung neuer Absatzmärkte an.«
  Besser: »Der Konzern strebt in den USA die Erschließung neuer Absatzmärkte an, insbesondere in den großen Städten der nördlichen Staaten.«
- Benutzen Sie Doppelpunkte.

Übergänge

Die **Textgestaltung folgt dem Gedankenfluss**. Der jeweils folgende Satz, das jeweils folgende Kapitel bezieht sich auf den bzw. das vorherige. Besondere Textelemente helfen, den Lesefluss und das Verstehen der Gedankenfolge zu erleichtern. Achten Sie darauf, dass Sie bei ihrem Einsatz den richtigen Bezug herstellen:

- Daraus folgt: Ergebnis, Resultat, Konsequenz des Vorherigen.
- Deshalb: Begründung des Vorherigen.
- Ebenso: Gleichsetzung mit dem Vorherigen.
- Außerdem: Ergänzung zum Vorherigen.

Besondere Aufmerksamkeit sollten Sie den Relativpronomen in einem Satz widmen. Dem Verständnis dienen sie nur, wenn sie sich eindeutig auf ein vorangehendes Hauptwort beziehen. Sonst kann es schnell zu Lacherfolgen kommen, aber weniger zum korrekten Verständnis:

»Die Einführung von Vordrucken für Schreibkräfte, die schnell auszufüllen sind, hat sich bewährt.«

Das bringt Sie weiter

Wenn Sie Zweifel haben, ob ein Abschnitt verständlich formuliert ist, so lesen Sie ihn nochmals durch, aber diesmal am Ende beginnend. Also den letzten Satz zuerst, dann den vorletzten etc. Erkennen Sie dabei in den Sätzen Ihre Gedanken wieder, die sie eigentlich aufschreiben wollten? Wenn nicht, müssen Sie die Formulierung überarbeiten.

9.7 | Ein Bild sagt mehr als tausend Worte

Nutzen

Mit Bildern, Grafiken, Tabellen und Aufzählungen soll der Inhalt von Texten so visualisiert werden, dass er schneller und einfacher erfasst werden kann.

Grafiken

Grafiken sollen die inhaltliche Wiedergabe eines Textes unterstützen oder kurz zusammenfassen. Sie sind daher gezielt auszuwählen und einzusetzen. Mit dem Rat »Ein Bild sagt mehr als tausend Worte« im Kopf kann man aber schnell auch zu viel des Guten tun. Grafiken und Bilder, die keine konkrete Aussage haben, sind überflüssig. Zu viele Pfeile, Kästchen, Kreuzchen etc. lassen das Layout einer Seite unruhig erscheinen. Sie stören die konzentrierte Aufnahme des Inhalts, anstatt sie zu unterstützen.

Ganz wichtig ist es, sämtliche visuellen Darstellungen mit einem Titel zu versehen, aus dem die dargestellte Thematik hervorgeht.

Eignung

Ein Bild oder eine Grafik sind dann für Ihren Text geeignet,
- wenn sie einen hohen Informationsgehalt aufweisen,
- Zusammenhänge darstellen,
- Information mühelos vermitteln, die sonst in längeren Texten ausformuliert werden müssten.

Gestaltung

Setzen Sie **Farben und Formen** in der **Grafik** bewusst ein, denn Sie sind **Bedeutungsträger**. Bei verschiedenen Grafiken zu einer Thematik ist es daher wichtig, für zusammengehörende Sachverhalte die gleichen Farben und Formen zu benutzen. Weitere nützliche Hinweise für die Gestaltung von Grafiken finden Sie in: Seifert 2001, S. 39–44.

Diagramme

Die verschiedenen Arten von Diagrammen eigenen sich für die Darstellung von:

Kurvendiagramm	Entwicklungen, Abläufe, Prozesse
Säulendiagramm	Gegenüberstellungen, Größenvergleiche
Tortendiagramm	einem Gesamtüberblick über Anteile
Organigramm	Strukturen, Zusammensetzungen, Aufbau

Tabellen und Listen

Zuordnungen und Aufzählungen lassen sich anschaulich in Tabellen und Listen darstellen. Achten Sie besonders darauf, dass die Spaltenüberschriften in Tabellen treffend sind und sich optisch abheben.

Listen sollten Sie nur dann durchnummerieren, wenn es eine Rangfolge innerhalb der aufgezählten Inhalte gibt. Sonst verwenden Sie lieber Aufzählungszeichen.

Das bringt Sie weiter

Bevor Sie sich auf die Suche nach passenden Grafiken machen, entwickeln Sie eigene Ideen für die Darstellung Ihrer Inhalte. So bekommen Sie eine konkrete Vorstellung davon, wonach Sie suchen müssen.

9.8 | Argumentieren Sie stichhaltig

Lernen Sie, Ihre Auffassung zu begründen. Argumentieren Sie gekonnt.

Nutzen

In Ihrer wissenschaftlichen Arbeit fassen Sie Beobachtungen, Informationen oder Daten über einen bestimmten Sachverhalt oder eine Problematik zusammen. In vielen Bereichen der Wissenschaft gibt es zu einzelnen Sachverhalten kontroverse Diskussionen, Meinungen und Thesen. Auch Ihre Auffassung wird nicht automatisch vom Leser geteilt, sondern kann durchaus strittig sein. In diesem Moment geht die Information in die Argumentation über. Hier müssen Sie die Gültigkeit von Aussagen begründen oder beweisen und dies auch in der Art der Formulierung erkennen lassen.

Sprachliche Wendungen

Häufig werden bestimmte Wendungen benutzt, um eine Argumentation einzuleiten. Häufig ist sich der Schreibende dessen gar nicht bewusst. Solche Wendungen sind z. B.:

- Der Grund dafür …
- Dies wird untermauert durch …
- Damit wird verdeutlicht …
- Daraus kann geschlossen werden …
- Daraus folgt …

Wenn Sie einen Satz so einleiten, müssen Ihre folgenden Darstellungen auch den Anforderungen einer Argumentation genügen!

Anforderungen

Die Voraussetzung für eine **stichhaltige Argumentation** ist das **fundierte Wissen** um einen Sachverhalt.

Ihre Argumente, mit denen Sie eine Aussage oder eine These begründen, müssen:

- für den Sachverhalt relevant sein,
- den Sachverhalt mit Fakten belegen,
- verschiedenen Einwänden gegenüber Stand halten können.

Argumentationsfallen

Folgende rhetorische Argumentationsfallen sollten Sie möglichst vermeiden:

Beeindrucken	Meinung als Fakten ausgeben, verallgemeinern.	»Meine Erfahrungen haben gezeigt…«
Manipulieren	Andeuten, rhetorische Fragen stellen, emotionalisieren.	»…kann man davon ausgehen«, »…muss man eingestehen.«
Verteidigen	Relativieren, Einwände vorwegnehmen.	»Das muss nicht immer so sein, aber…«
»Abwürgen«	Übertreiben, »ausbremsen«.	»Die Fakten liegen auf der Hand.« »Das ist hinreichend bekannt.«

Ich, man, wir

Die Qual der Wahl haben Sie, wenn Sie argumentieren, Hypothesen aufstellen oder Ihre eigene Meinung kundtun wollen. Einerseits soll deutlich werden, dass das Geschriebene auf Ihren eigenen Gedanken beruht, und andererseits müssen Sie eine neutrale Formulierung finden.

Ganz abzuraten ist von der »Man-Form«. Sie stellt nicht nur einen sprachlich schlechten Stil dar, sondern wirkt auch sehr unverbindlich.

Wir wissen nicht, was Ihnen Ihr Prüfer oder Betreuer empfiehlt, aber wir möchten Ihnen vom »wir« abraten. Dieser »Wir-Form« fehlt nicht nur oft der reale Hintergrund (Sie sind in der Regel nur einer), sondern es klingt auch sehr gönnerhaft.

Die häufigste **Formulierungsart** ist die ganz **neutrale Form**, in der Sie Ihre Gedanken unpersönlich darstellen.

Beispiel

Achten Sie einmal auf die unterschiedliche Wirkung der Aussagen:
Das Marketingkonzept ist die Operationalisierung des Leitbildes,

- daher muss man den engen Zusammenhang zwischen der konkreten Formulierung des Leitbildes und der Qualität eines Marketingkonzeptes beachten,
- daher finde ich es wichtig, den engen Zusammenhang zwischen der konkreten Formulierung des Leitbildes und der Qualität eines Marketingkonzeptes zu beachten,
- daher ist es wichtig, den engen Zusammenhang zwischen der konkreten Formulierung des Leitbildes und der Qualität des Marketingkonzeptes zu beachten.

Männliche oder weibliche Form

In vielen Texten wird auf eine gleichberechtigte, auf beide Geschlechter bezogene Formulierung besonderen Wert gelegt. Das ist auch grundsätzlich richtig. Die Frage ist nur, ob eine Umsetzung wie im folgenden Beispiel noch sinnvoll ist:

»Der Autor/die Autorin vergleicht in seinem/ihrem Text seine/ihre persönliche Meinung zu der Förderung von jungen Literaturstudenten und -studentinnen mit der Meinung von Literaturprofessoren und -professorinnen.«

Von flüssigem Lesen kann hier keine Rede mehr sein. Störend im Textbild wirken sich auch Formen wie »MitarbeiterInnen« oder »Arbeitnehmer/innen« aus. Wenn Sie eine dieser Formen wählen, müssen Sie durchgängig dabei bleiben und diese konsequent einsetzen. Sie können sich auch entscheiden, grundsätzlich in der männlichen Form oder grundsätzlich in der weiblichen Form zu schreiben. Dann sollten Sie dem Text eine Erklärung beifügen, dass die gewählte Form stellvertretend für die weiblichen und männlichen Vertreter steht.

Das bringt Sie weiter

Stöbern Sie doch einmal unter: http://www.teachsam.de/index.htm im Bereich Deutsch bei Rhetorik.

10 Korrekt zitieren

Eigene Gedanken sind zu einem großen Teil Reflexionen auf der Basis fremder Gedanken. Ziel ist es, Ihre persönlichen Erkenntnisse als eigene Weiterentwicklung der reflektierten Gedanken deutlich zu machen. Betrachten Sie das richtige Zitieren nicht nur als lästige Pflicht in der wissenschaftlichen Arbeit, sondern als eine ausgezeichnete Chance, Ihre eigene Fachlichkeit zu untermauern und Ihre gedankliche Kreativität hervorzuheben!

Zitierpflicht

Die Herkunft der Gedanken und Formulierungen in Ihrer Arbeit muss eindeutig kenntlich gemacht sein. Fremde Gedanken sind ausdrücklich als solche zu kennzeichnen. Dazu gehört auch eine einzelne besonders prägnante oder besonders originelle Wortkombination! Wenn Sie nicht jeden fremden Gedanken als »übernommen« kenntlich machen, so begehen Sie eine Form des Diebstahls – nämlich ein Plagiat. Und glauben Sie nicht, dass ein Plagiat nicht erkannt wird:

- Stilbrüche in Ihrem Schreibstil fallen dem Leser/Gutachter auf!
- Die Betreuer/Gutachter haben sich ja auch mit der entsprechenden Literatur befasst und erkennen z. B. eine Passage wieder!

Zitieren müssen Sie:
Fremde Gedanken, Gedankenfolgen, Erklärungen, Grafiken, Statistiken, Gesetzestexte, Richtlinien, Verordnungen etc., also alles, was Sie nicht selbst entwickelt haben.

Zitierwürdigkeit

Aber nicht alles, was Sie irgendwo lesen oder sehen, ist zitierwürdig! Soll nun alles oder doch nicht alles belegt werden? Es ist ganz einfach: **Sie müssen alles angeben, aber Sie dürfen nichts nutzen, was nicht wissenschaftlich und seriös ist!** »Wissenschaftliche Qualität« zu erkennen, ist ein Teil der Leistung Ihrer Arbeit (Schauen Sie doch noch mal in das Kapitel 6 zum Thema Exzerpieren).

Folgende Veröffentlichungen sind auf keinen Fall zitierwürdig:

- Informationen und Definitionen, die so allgemein bekannt und verbreitet sind, dass sie jeder Angehörige einer Fachdisziplin »blind aufsagen« kann.
- Veröffentlichungen der sogenannten Trivialliteratur oder Belletristik.
- In den Augen vieler Gutachter auch www.wikipedia.de. Hier können Sie nicht zu 100 % sicher sein, dass die Aussagen wissenschaftlich korrekt sind. Jedoch: Schauen Sie zu Informationszwecken dort nach, suchen Sie nach den Quellen, aber verwenden Sie dann nur die dort angegebene Fachliteratur.

Beachten Sie

Egal für welche Zitierform Sie sich entscheiden – halten Sie diese über die ganze Arbeit hinweg und immer in der gleichen Form durch! Das ist ein absolutes MUSS!

10.1 | Beachten Sie die inhaltlichen Regeln

Nutzen

Verwenden Sie nur sinnvolle Zitate und Quellen.

Häufig werden Zitate genutzt, um die Zahl der Literaturangaben zu erhöhen, da Sie ja nur die Literatur im Verzeichnis angeben dürfen, auf die Sie sich in Ihrer Arbeit bezogen haben. Bedenken Sie aber: Zitate können eine Arbeit zwar qualitativ bereichern, aber auch mindern, wenn sie zu viel oder falsch eingesetzt oder formal nicht korrekt sind.

Originalquellen

Nur Zitate, die Sie wirklich selbst im Originaltext gelesen haben, können Sie im richtigen, ursprünglichen Zusammenhang verstehen und nutzen.

Aus diesem Grund ist es wichtig:

- stets Originalquellen zu nutzen, da nur diese wissenschaftlich abgesichert sind,
- keine (oder nur im besonderen Ausnahmefall) Zitation aus Sekundärliteratur vorzunehmen (also z.B. Müller, zitiert nach Heister 2007). Durch die Übertragung eines Zitates in verschiedene andere Texte kann es nämlich sein, dass der ursprüngliche gedankliche Zusammenhang, in dem das Zitat entstanden ist, verändert oder gar verfälscht wiedergegeben wird. Das ist so ein bisschen wie bei der »stillen Post.« Vgl. hierzu auch Brink 2005, S. 217 und Theisen 2005, S. 154 und Ebster/Stalzer 2003, S. 138.

Eine Ausnahme ist, wenn Sie an ein Original nicht herankommen, um dort das Zitat zu überprüfen. Verweisen Sie dann auf die in der Sekundärliteratur angegebene Quelle und auf die Sekundärquelle selbst, mit dem Zusatz »zit. n.« (= zitiert nach), also z.B. Müller 2000, zit. n. Heister 2007.

Da Sie in Ihrer Hausarbeit, Abschlussarbeit etc. stets den aktuellen wissenschaftlichen Stand berücksichtigen müssen, sollten Sie, falls Neuauflagen vorhanden sind, keine Zitate aus älteren Auflagen anführen, sondern stets die aktuelle Auflage nutzen.

100 %ig genau

Sorgen Sie dafür, dass der Leser aus Ihren Quellenangaben einfach erkennen kann, wo er Ihr Zitat im Original nachlesen kann:

- Der **Zitierbeleg** (die eigentliche Quelle), mit dem direkte und indirekte Zitate im laufenden Text oder in einer Fußnote der Originalquelle zugeordnet werden (vgl. dazu die deutsche oder amerikanische Zitierweise und Abschnitt 10.2).
- Der **Belegverweis** für Fußnoten durch eine im laufenden Text hochgestellte durchlaufende Nummerierung (Hinweis: In Word unter dem Menüpunkt »Einfügen«, »Referenz«, »Fußnote«). Um Anfang/Ende eines Zitates deutlich zu machen, wird die Fußnotennummerierung an das Ende des zitierten Satzes oder Textabschnittes gestellt. Dies gilt auch bei der Nennung des Autors eines Zitates im Satz.

- Die Angabe von **Seitenzahlen** ist notwendig, damit der Leser die Originaltextstellen leichter findet. Bei wörtlichen Zitaten und sinngemäßen Zitaten ist es Pflicht.
  Wenn auf zwei Seiten verwiesen wird, wird die Seite mit »f.« (= folgende) ergänzt. Wenn auf mehr als zwei Seiten verwiesen wird, wird die Seite mit »ff.« (= fortfolgende) ergänzt.

Einleitende Bemerkung

Ein Zitat fällt nicht einfach vom Himmel, sondern Sie führen es zu einem bestimmten Zweck an. Aus diesem Grund heraus wählen Sie ein **wörtliches** oder ein **sinngemäßes** Zitat. Diese Wahl machen Sie schon mit der einleitenden Formulierung deutlich:

- wörtliches Zitat: »Vomberg argumentiert: ...« oder »Vomberg schreibt: ...« oder »Vomberg führt dazu folgende Thesen an: ...«,
- sinngemäßes Zitat: »...sei hier die Auffassung von Vomberg dargestellt.« »Vomberg bezieht in ihre Theorie ...« oder »Vomberg weist darauf hin, dass ...«.

Vorsicht: Weisen Sie nicht durch Ihre Formulierung auf ein indirektes Zitat hin, wenn Sie es gar nicht belegen wollen.

Mehrfachbeleg

Etwa die Formulierung: »...wird in der Literatur übereinstimmend dargestellt«, muss mit einem sogenannten Mehrfachbeleg untermauert werden. Sie müssen nun mehrere Belege, d. h. verschiedene Literaturquellen mehrerer Autoren anführen, die Ihre Behauptung bestätigen. Dies kennzeichnen Sie mit »vgl. hierzu etwa« und trennen die jeweiligen Quellenangaben z. B. durch ein Semikolon.

Wörtliches Zitat

Das wörtliche Zitat (auch direktes Zitat genannt) ist quasi die Liveübertragung der Gedanken eines anderen. Die Wiedergabe ist zwar nicht in Farbe, aber absolut originalgetreu.

Wann und wozu setzen Sie ein wörtliches Zitat ein?

Die erste Antwort lautet ganz klar – so selten und so gezielt wie möglich! Wörtliche Zitate sind die Kleinode (Kostbarkeiten) ihrer Arbeit, mit der Sie bestimmte Gedanken pointieren:

- Wenn der Leser, um Ihre Einstellung verstehen zu können, den Originaltext kennen muss.
- Wenn der Originaltext eine Sachlage so treffend darstellt, dass Sie es in eigenen Worten nicht in der gleichen Qualität wiedergeben können.

Korrekt zitiert

Folgendes müssen Sie beim Zitieren beachten:

- Absolut buchstaben- und zeichengetreu. Jede kleinste Text- oder Zeichen-Änderung muss für den Leser kenntlich gemacht werden.
- Wörtliche Zitate werden in Anführungszeichen gesetzt.
- Sinnvoll ist es, wörtliche Zitate zusätzlich durch Kursivschrift oder bei längeren Zitaten durch eine entsprechend andere Absatzformatierung hervorzuheben (vgl. Abschnitt 11.7).
- Die Quellenangabe muss komplett sein und wird mit der genauen Seitenangabe versehen.

Besonderheiten

- Fehler im Original müssen Sie in einem wörtlichen Zitat grundsätzlich übernehmen. Möchten Sie diese Fehler als Eigenheit der Quelle kennzeichnen, können Sie dazu die Kennzeichnung [sic!] (= so lautet die Quelle) nutzen.
- Auslassungen innerhalb des Zitats kennzeichnen Sie durch drei Punkte in eckigen Klammern. Handelt es sich nur um ein Wort, setzen Sie zwei Punkte. (Übrigens die eckigen Klammern finden Sie auf der Tastatur mit der Taste »Alt Gr« und den Zifferntasten 8 bzw.9.)
- Eigene Ergänzungen und Anmerkungen stellen Sie ebenfalls in eckige Klammern. Kennzeichnen Sie diese zusätzlich mit der Abkürzung [Anm. des Verf.] (= Anmerkung des Verfassers).
- Im Satzzusammenhang eingegliederte Zitate erlauben die Veränderung der Großschreibung am Anfang des Zitats und des Satzzeichens am Schluss. Eingegliederte Zitate werden auch in Anführungszeichen gesetzt. Die notwendigen grammatikalischen Veränderungen im Zitat werden durch eckige Klammern gekennzeichnet.
- Bei einem Zitat im Zitat, d.h. wenn Sie einen Satz zitieren wollen, in dem seinerseits schon ein Zitat vorhanden ist, so kennzeichnen Sie dieses Zitat im Zitat durch einfache Anführungszeichen.

Gute Hinweise zu Zitationen von Gesetzen und Verwaltungsverordnungen finden Sie in: Brink 2005, S. 220.

Sinngemäßes Zitat

Im sinngemäßen Zitat beschreiben Sie mit **eigenen Worten die Gedanken eines Autors**. Die sinngemäße Wiedergabe erfordert eine hohe Formulierungsleistung von Ihnen. Es geht hier nicht einfach um eine Umgestaltung des Satzbaus mit dem gleichen Inhalt! Mit der Formulierung fremder Gedanken in eigenen Worten lassen Sie Ihr Verständnis erkennen. Nutzen Sie das sinngemäße Zitat, um zu verdeutlichen, dass die fremden Argumente eine besondere Bedeutung für Ihren Gedankengang haben.

Korrekt zitiert

- Sinngemäßen Zitaten (Anlehnungen) wird ein »vgl.« vorangestellt.
- Auf Anführungszeichen wird verzichtet.
- Falls Sie ein sinngemäßes Zitat als Zusammenfassung gestalten, bietet sich der Konjunktiv für die Formulierung an.

Vorsicht

Ein untrügliches Zeichen: Wenn Sie über mehrere Seiten immer nur die gleiche Quelle angeben, können Sie in den Verdacht des bloßen Wiedergebens und »Abschreibens« kommen. Für so etwas muss es schon einen sehr guten Grund geben. Suchen Sie eine größere Vielfältigkeit bei den Quellen. Damit stellen Sie Ihre eigene gedankliche Leistung stärker unter Beweis.

Das bringt Sie weiter

- Nutzen Sie die im Kapitel 6 vorgestellte Literaturliste und tragen Sie dort die laufende Nummerierung der Fußnoten und die Seitenzahlen ein.
- Für die abschließende Kontrolle verfügen Sie so über einen Überblick über alle genutzten Zitate.
- Das erleichtert Ihnen auch die Vorbereitung auf das Kolloquium.

10.2 | Gestalten Sie die Quellenangaben einheitlich

Wählen Sie die geeignete Zitierweise.

Nutzen

Die Quellenangaben müssen absolut korrekt und einheitlich sein, aber auch ohne zu viel Aufwand eingefügt werden können. Entscheiden Sie sich daher bewusst für ein leichtes und wenig fehleranfälliges System.

Zwei Zitierweisen

Sie wollen das Buch »Werner Heister, Studieren mit Erfolg, ISBN: 978-3-7910-2643-5« korrekt als Quelle angeben. Grundsätzlich werden zwei Systeme unterschieden:

Die **amerikanischen Zitierweise** (Kurzbeleg):
Hier werden Literatur- und Quellennachweise in Kurzform direkt in den Fließtext oder in die Fuß- bzw. Endnoten geschrieben, z. B. Heister 2007. Der vollständige Titel wird in einem alphabetischen Literaturverzeichnis am Ende der Arbeit notiert, z. B.

Heister, W.: Studieren mit Erfolg. Effizientes Lernen und Selbstmanagement in Bachelor-, Master- und Diplomstudiengängen, Stuttgart: Schäffer-Poeschel 2007.

Die **deutsche Zitierweise** (Vollbeleg):
Hier wird die vollständige Quellenangabe als Fußnote oder Endnote geschrieben, also:

Heister, W.: Studieren mit Erfolg. Effizientes Lernen und Selbstmanagement in Bachelor-, Master- und Diplomstudiengängen, Stuttgart: Schäffer-Poeschel 2007.

Der vollständige Titel wird zusätzlich noch in einem Literaturverzeichnis aufgeführt. Für die Wiederholung von Quellenangaben in den Fuß- bzw. Endnoten werden dann Kurzformen genutzt:

- a. a. O. = am angegebenen Ort,
- ebd. = ebenda.

»Ebenda« bezieht sich, wie der Name schon sagt, wirklich nur auf die unmittelbar vorausgehende Quellenangabe. »Am angegebenen Ort« wird ab der zweiten Nennung des gleichen Quellenverweises eingesetzt.

Inzwischen verwenden die meisten Autoren die amerikanische Zitierweise.

Das bringt Sie weiter

- Welche der beiden Formen Sie nutzen wollen, entscheiden Sie selbst.
- Die deutsche Zitierweise ist aufgrund der längeren Eingaben fehleranfälliger.
- Die amerikanische Zitierweise wird daher häufiger verwendet, erfordert aber mehr Disziplin bei der direkten Eingabe in eine Literaturliste.
- Auch hier gilt die Regel: »Fragen Sie nicht Ihren Arzt oder Apotheker, sondern Ihren Professor und Zweitkorrektor, welche Form er bevorzugt!«

10.3 | Zitieren Sie stets korrekt

Nutzen

Behalten Sie die gewählte Zitierweise unbedingt in der gesamten Arbeit bei.

Für die Quellenangaben gibt es eine Vielzahl korrekter Möglichkeiten. Besonders wichtig ist es, eine einmal gewählte Form in jedem Fall akribisch durchzuhalten.

Gehen Sie daher, bevor Sie sich endgültig für eine Zitierweise entscheiden, Ihre Hauptliteraturquellen nach den notwendigen Angaben durch. Es ist sehr zeitaufwendig, die gesamten Quellenangaben ändern zu müssen, weil Sie z. B. damit begonnen haben, immer den Vor- und Nachnamen anzugeben und dann bei der 40. Literaturangabe in der amerikanischen Literatur den Vornamen nicht herausfinden können.

Beispiele

Die in {} angeführten Inhalte werden nur bei Bedarf eingesetzt: Wenn z. B. im Text die genaue Zitatstelle angegeben wird, sie aber im Literaturverzeichnis (z. B. bei Monographien) nicht benötigt wird.

Monographien

Vollbeleg	Kurzbeleg
Grundmuster: Name, Vorname (abgekürzt): Titel, Verlagsort: Verlag Jahr, {Zitatstelle}.	**Grundmuster:** Name Jahr, {Zitatstelle}.
Ein Autor: Heister, W.: Studieren mit Erfolg: Effizientes Lernen und Selbstmanagement in Bachelor-, Master- und Diplomstudiengängen, Stuttgart: Schäffer-Poeschel 2007, S. 123. Werden mehrere Beiträge eines Autors aus einem identischen Jahr angegeben, unterscheidet man z. B. 2007a und 2007b.	Heister 2007, {S. 5 ff.}.
Mehrere Autoren: Heister, W./Weßler-Poßberg, D.: Studieren mit Erfolg: Wissenschaftliches Arbeiten für Wirtschaftswissenschaftler, Stuttgart: Schäffer-Poeschel 2007.	Heister/Weßler-Poßberg 2007 {S. 2 f.}. Bei mehr als drei Autoren ist auch möglich: Heister u. a. 2007.
Ohne Verfasser: O. V.: Das große Buch der LERNTECHNIKEN, München: Compact Verlag 2006.	O. V. 2006 {S. 2 f.}.

Sammelwerke, Herausgeberwerke

Vollbeleg	Kurzbeleg
Beiträge in Sammelwerken: Sabel, H.: Bankmarketing. Unsinn, Wirklichkeit oder Notwendigkeit, in: Rudolph, B./Wilhelm, J.; Bankpolitik, finanzielle Unternehmensführung und die Theorie der Finanzmärkte, Berlin: Dunker & Humblot 1988, S. 197–243.	Sabel 1988, S. 197–243.
Herausgeberwerke: Heister, W. (Hrsg.): Management und Soziale Arbeit – IX. Europäisches Symposium zur Sozialen Arbeit Mönchengladbach 2. 11. 2003–4. 11. 2003, Mönchengladbach: Fachbereich Sozialwesen 2004.	Heister (Hrsg.) 2004, {S. 5 f.}.

Zeitschriften und Zeitungen

Vollbeleg	Kurzbeleg
Zeitschriftenaufsätze: Sabel, H.: Wie Marketing antworten sollte, in: Absatzwirtschaft, 39. Jg., 1996, Heft 7, S. 38–44.	Sabel 1996, S. 38–44.
Tageszeitungen: Malik, F.: Der Schlüssel zum Erfolg, in: Die Welt, 30.12.2006, S. B 2. Bei Tageszeitungen wird häufig eine Nr. angegeben.	Malik 2006.

Amtliche Publikationen, Normen

Vollbeleg	Kurzbeleg
Bundesanstalt für Arbeit (2003): Haushaltsplan 2003. Nürnberg. Bundesdrucksache 15/25 {Titel, wenn vorhanden} vom 5.11.2002. Europäische Kommission: Vertretung in der BRD (1997): EU-Nachrichten. Dokumentation Nr. 3. Der Vertrag von Amsterdam. Bonn.	Bundesanstalt für Arbeit 2003. Bundesdrucksache 15/25 2002. Europäische Kommission; Vertretung in der BRD 1997.
DIN EN ISO 9000:2000–12: Qualitätsmanagementsysteme. Leitfaden zur Leistungsverbesserung. Hrsg. vom Deutschen Institut für Normung e.V. Berlin.	DIN EN ISO 9000:2000–12.

Online-Quellen

Eine Besonderheit der Online-Quellen ist, dass Veröffentlichungen durch viele verschiedene Dienste angeboten werden und die Quellen im Netz unterschiedlich lange archiviert werden. Manche Quellen sind daher über einen langen Zeitraum zugänglich und andere nur ganz kurz.

Online-Quellen sind durch die Internet-Adresse (der URL = Uniform Resource Locator, was soviel heißt wie »einheitlicher Ortsangeber für

Ressourcen«) eindeutig bestimmt. Hierin sind die enthaltenen Punkte und Bindestriche ebenso wie die Groß- und Kleinschreibung in der Quellenangabe genau einzuhalten. Fügen Sie hinter Punkten keine Leerzeichen in Internet-Quellenangaben ein, dann können die Angaben vom Leser als Link herauskopiert werden.

Da Websites schnell geändert werden, sollten die Originalquellen im Anhang (als Abdruck) oder einer beiliegenden CD dokumentiert werden.

Grundform:
Adresse (URL), Datum des Abrufs

Reine Internetquelle:
O.V.: Der Partial Least Squares (PLS)-Ansatz zur Analyse von Strukturgleichungsmodellen mit latenten Variablen, http://www.pls-ansatz.de, 4.1.2007.

In gedruckter Form und im Internet:
Voß, G.: Die Entgrenzung von Arbeit und Arbeitskraft. Eine subjektorientierte Interpretation des Wandels der Arbeit, in: IAB (Hrsg); Mitteilungen aus der Arbeitsmarkt- und Berufsforschung, 3/1998.
Auch online: http://doku.iab.de/mittab/1998/1998_3_MittAB_Voss.pdf, 12.8.2006

Für eine leichtere Recherche des Lesers ggf. beide Veröffentlichungen benennen und die gedruckte Variante zuerst anführen.

Das bringt Sie weiter

Eine umfassende Linksammlung zu Zitierregeln für konventionelle und elektronische Medien finden Sie auf der Seite der Universitätsbibliothek der Freien Universität Berlin unter: http://www.ub.fu-berlin.de/service/einfuehrungen/bookmarks/zitieren.html.

10.4 | So (umfangreich) sollte Ihr Literaturverzeichnis sein

Nutzen

Mit einem perfekten Literaturverzeichnis stellen Sie die Qualität Ihrer Arbeit unter Beweis.

Im Literaturverzeichnis werden **sämtliche Veröffentlichungen** aufgelistet, auf die Sie sich in Ihrer Arbeit bezogen haben. Dieses Verzeichnis bildet eine Übersicht, welche Literatur Sie bearbeitet haben, wie vielseitig oder auch einseitig Ihre Recherche war und wie wissenschaftlich fundiert Sie Ihre Literatur ausgewählt haben.

Beachten Sie

- Sie dürfen nur Literatur anführen, die Sie auch wirklich in Ihrer Arbeit wörtlich oder sinngemäß zitiert haben.
- Das Literaturverzeichnis wird meistens alphabetisch sortiert. Ausschlaggebend für die Reihenfolge ist der Anfangsbuchstaben des Nachnamens des ersten Autors. Sinnvoll ist es, Werke, die ein Autor alleine erstellt hat, vor die Werke mit anderen Autoren und Veröffentlichungen in Sammelwerken zu stellen.
- Die Sortierung nach Art der Quelle (z. B. Monographien getrennt von Fachartikeln) wird allgemein nicht empfohlen, da es die Suche nach Autoren erschwert.
- Mehrere Werke eines Autors werden nach dem Jahr geordnet.
- Mehrere Werke desselben Autors aus einem Erscheinungsjahr werden zusätzlich zur Jahresangabe mit kleinen Buchstaben gekennzeichnet, z. B. Heister 2007a, Heister 2007b, Heister 2007c.
- Veröffentlichungen ohne Angabe des Verfassers werden in der alphabetischen Reihenfolge unter O eingeordnet.
- Nummerieren Sie nicht die einzelnen Angaben im Verzeichnis durch!

Wie viele Quellen?

Wie viele **Quellen** sind notwendig, um eine gute Note zu erhalten? Wie schön wäre es, wenn man das so beantworten könnte. Aber andersherum wird ein Schuh daraus:

- Wenn Sie gar keine Literatur verwenden, besteht die Gefahr, dass die Arbeit als »unwissenschaftlich« betrachtet und mit »nicht bestanden« bewertet wird. Benutzen Sie keinerlei Quellen, so müssen Sie das gut begründen. Es wäre vielleicht in Ordnung, wenn Sie beispielsweise eine ganz neue Theorie entwickelt haben und anhand von Formeln herleiten.
- Wenn Sie drei, fünf oder zehn Quellen angeben, ist das ebenfalls eher ungewöhnlich. 30, 40, 50 und mehr Quellen sind angemessen.
- Denken Sie daran: »Von nix kütt nix!«
- Aber: Letztendlich zählt nicht die Quantität, sondern die Qualität!

Das bringt Sie weiter

Nach vollständigen Angaben von Veröffentlichungen können Sie im Archivalienkatalog der Deutschen Nationalbibliothek recherchieren, auch online unter: http://dispatch.opac.d-nb.de/DB=4.1/SET=1/TTL=91/START_WELCOME.

11 Professionell formatieren

Mittels EDV geht alles einfacher, wenn Sie die EDV beherrschen! Sonst beherrscht nämlich – und das geht ganz schnell – die EDV Sie. Das möchten wir Ihnen aber nicht wünschen.

Vorsicht: Das nachfolgende Kapitel kann kein professionelles Buch ersetzen. Es soll nur Appetit machen.

Hinweis: Die folgenden Ausführungen und Beispiele beziehen sich auf Microsoft Word 2003.

Bitte informieren Sie sich ausführlicher über:
- Formatierungsalternativen für Zeichen- und Absatzformate etc.,
- Benutzung von Formatvorlagen etc.

Informieren Sie sich

Weitere Informationen finden Sie u. a. unter:
- http://office.microsoft.com/de-de/default.aspx
- Backer, R.: Menü-Funktionen von Microsoft. Alle praxisrelevanten und zeitsparenden Menü-Befehle von MS Windows, Internet Explorer, Word und Outlook, Bonn: Verl. für die Deutsche Wirtschaft 2005.
- Becker, A./Maisenbacher, K.: Tastaturschulung und Textgestaltung. Textverarbeitung mit dem PC, Haan-Gruiten: Europa-Lehrmittel 4. Auflage 2003.
- Bildner, C.: Word XP – Basiswissen für Einsteiger, Passau: Readersplanet 2005.
- Born, G.: OpenOffice.org 2. Fürs Büro, für zu Hause, für die Schule, fürs Studium, München: Markt und Technik 2006.
- Fränkl, G.: Wissenschaftliche Arbeiten – Schritt für Schritt zu Diplomarbeit und Dissertation mit OpenOffice.org 2 Writer. So gelingen wissenschaftliche Arbeit schnell und professionell, München: pg-Verlag 2005.
- Immler, C.: Windows XP Professional, Poing: Franzis 2005.
- Kolberg, M.: Openoffice.org 2.0. Die Office Alternative, München: Markt und Technik 2006.
- Rinne-Funteh, K.: OpenOffice 2.0.3, Poing: Franzis 2006.
- Surendorf, K.: Wissenschaftliche Arbeiten mit OpenOffice.org 2.0. Nie mehr Ärger mit Fußnoten, Formaten, Druckproblemen, Bonn: Galileo Press 2006.

11.1 | Arbeiten Sie mit Formatvorlagen

Nutzen

Arbeiten Sie mit Formatvorlagen! Die Formatierungen werden dann einheitlich und sind leicht zu verändern.

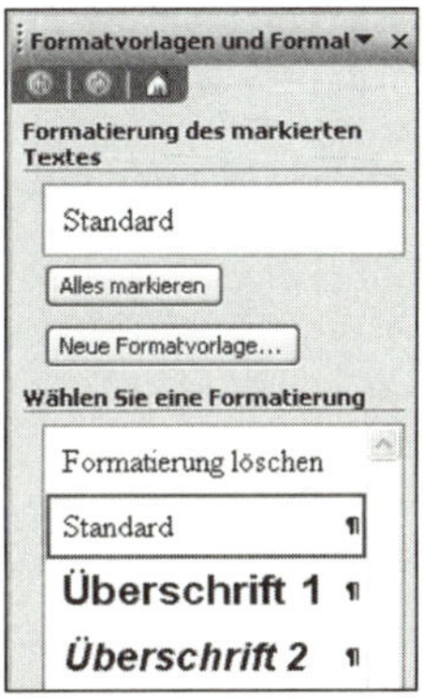

In allen gängigen Textverarbeitungsprogrammen werden Formatvorlagen eingesetzt. Sie ermöglichen in Ihrem Dokument die automatisierte Zuordnung von Formaten auf bestimmte Bereiche, Absätze, Zeichen etc. Formatvorlagen bestehen aus einzelnen Formatierungen für z. B. Standardabsatz, Aufzählung und Überschrift.
In der Formatvorlage können Sie z. B. festlegen:

- welches Ihre Standardschriftart im Text ist,
- wie ein Standardabsatz formatiert sein soll (welche Schriftgröße, welchen Zeilenabstand etc.),
- wie Aufzählungen formatiert sein sollen,
- wie Überschriften formatiert sein werden (etwa bezüglich der Schriftgröße oder der Hervorhebung, z. B. fett oder kursiv),
- dass Fußnoten mit Schriftgröße 10 formatiert sind.

Neue Bereiche, Absätze, Sätze, Wörter etc. können dann per Mausklick (z. B. in der Menüleiste) einem festgelegten Format zugewiesen werden.

Standardvorlagen

Standardvorlagen für wissenschaftliche Arbeiten können Sie sich u. a. für die Textverarbeitungsprogramme Microsoft Word und OpenOffice im Internet downloaden, anschauen und nutzen.

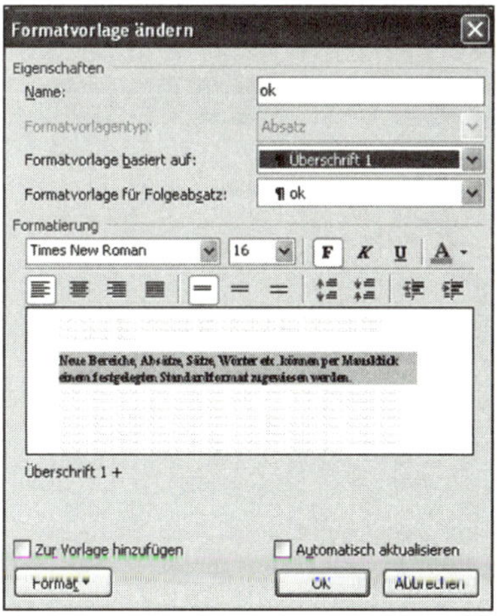

Das bringt Sie weiter

- Weitere Informationen zum Thema finden Sie im Internet, wenn Sie nach dem Stichwort »Formatvorlage« suchen.
- Recherchieren Sie außerdem nach Stichwörtern wie »Formatvorlage Diplomarbeit«, »Formatvorlage Thesis«, »Formatvorlage wissenschaftliche Arbeit«, »Formatvorlage Dissertation«, »Formatvorlage Dissertationen«.
- Legen Sie sich persönliche Formatvorlagen an, nutzen und entwickeln Sie diese konsequent weiter.

11.2 | Verwalten Sie die Fußnoten elektronisch

Nutzen

Verwalten Sie Ihre Fußnoten mithilfe des Textverarbeitungsprogramms einfach und korrekt.

Fuß- oder Endnoten

Zunächst müssen Sie eine grundsätzliche Entscheidung treffen:

- Benötigen Sie überhaupt Fuß- oder Endnoten oder haben Sie alle Anmerkungen, Quellenangaben etc. bereits im Text integriert?
- Wenn Sie derartige Angaben benötigen, sollen es dann Fußnoten oder Endnoten sein?

Wo liegt der Unterschied?

- Fußnoten stehen unten auf der Seite, zu der sie gehören.
- Endnoten stehen alle am Ende der Arbeit.

Textverarbeitung

In der Textverarbeitung Microsoft Word geht das über »Einfügen«, »Referenz«, »Fußnote«.

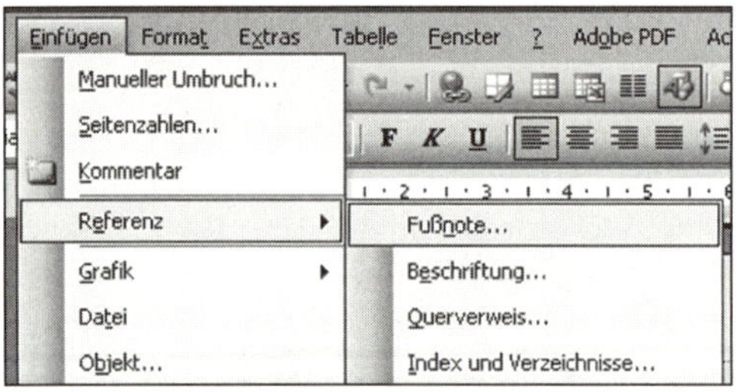

Alles Weitere wird dann im folgenden Dialogfenster abgefragt:

Das bringt Sie weiter

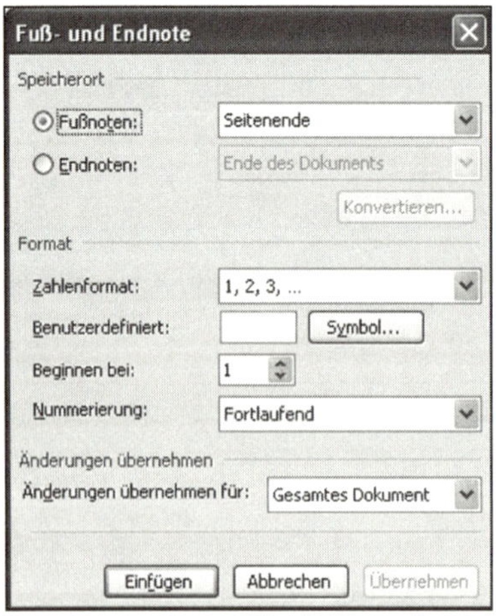

- Ich stelle immer wieder fest, dass wir uns die Dialogfelder (das sind die Felder in den Programmen, wo Eingaben erwartet werden) in den Programmen zu wenig anschauen. Meistens nehmen wir nur zum Teil wahr, welche Optionen es gibt.
- Machen Sie mal eine Ausnahme! Schauen Sie sich die Dialogfelder zu »Fuß- und Endnote« einmal ganz genau an.
- Vgl. hierzu auch http://office.microsoft.com/de-de/default.aspx. Geben Sie dort bei »Suche« den Begriff »Fußnote« ein.

11.3 | Gliedern Sie automatisch

Nutzen

Erstellen und aktualisieren Sie Ihre Gliederung automatisch.

Wenn Sie Standardfunktionalitäten wie Formatvorlagen bzw. die Gliederungssystematik in Dokumenten nutzen, so erkennen die meisten Textverarbeitungsprogramme automatisch die Überschriften im Dokument. Die Textverarbeitungsprogramme können daraus dann automatisch eine Gliederung bzw. ein Inhaltsverzeichnis erstellen.

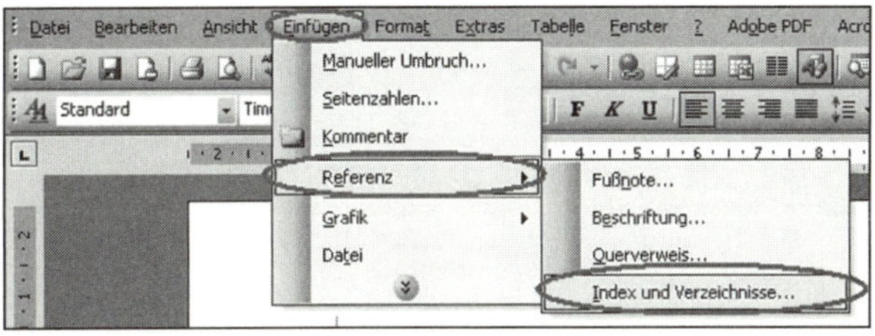

Inhaltsverzeichnis erstellen

Um ein automatisches Inhaltsverzeichnis zu erstellen, müssen alle Überschriften den von Ihnen gewählten Überschriftenebenen 1, 2 etc. und den entsprechenden Formatvorlagen (Überschrift 1 etc.) zugeordnet sein. Über »Einfügen«, »Referenz«, »Index und Verzeichnisse« gelangen Sie zu nachfolgendem Fenster und können z. B. Formate, Füllzeichen, Ebenen auswählen:

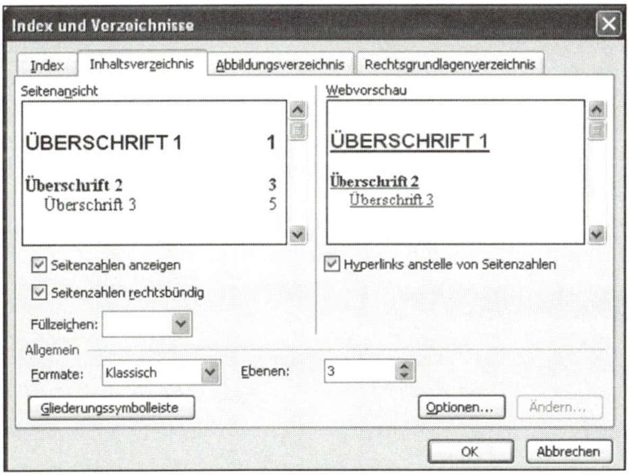

Das bringt Sie weiter

- Erstellen Sie sich eine Datei mit einem automatischen Inhaltsverzeichnis als Muster, die Sie stets nutzen.
- Recherchieren Sie im Internet unter den Stichwörtern »Index und Verzeichnisse«.

11.4 | Abbildungsverzeichnis und Index automatisch erstellen

Nutzen

Generieren Sie Ihr Abbildungsverzeichnis und Ihren Index stets präzise und aktuell.

Abbildungseintrag

Einen Abbildungseintrag erstellen Sie mit der Menüfolge »Einfügen«, »Referenz«, »Beschriftung«.

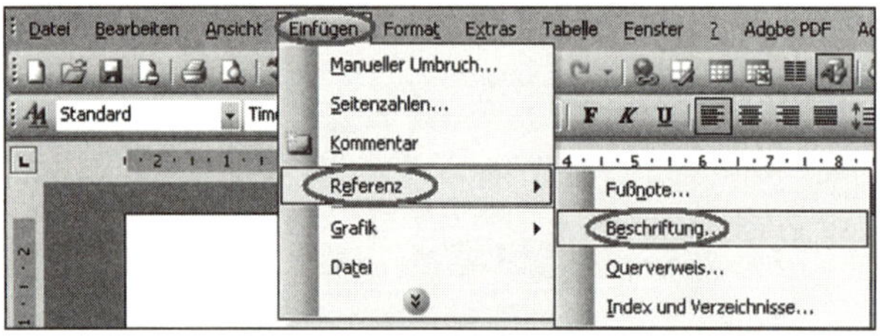

In folgendes Dialogfenster geben Sie dann den Titel der Abbildung ein:

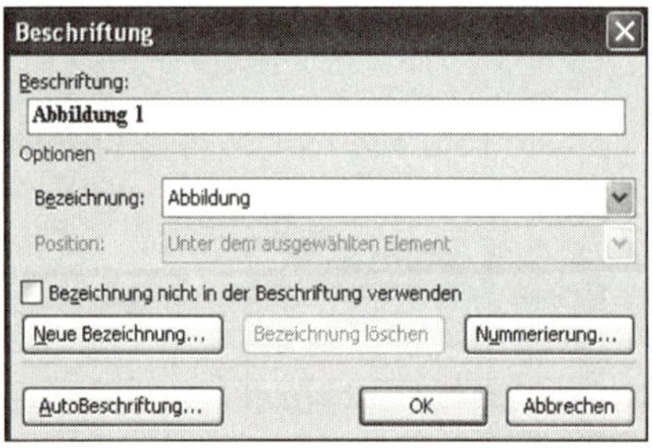

Indexeintrag

Einen Indexeintrag erstellen Sie mit der Menüfolge »Einfügen«, »Referenz«, »Index und Verzeichnisse«.
Alternativ: Nutzen Sie den Shortcut »Alt + Umschalten + X«.

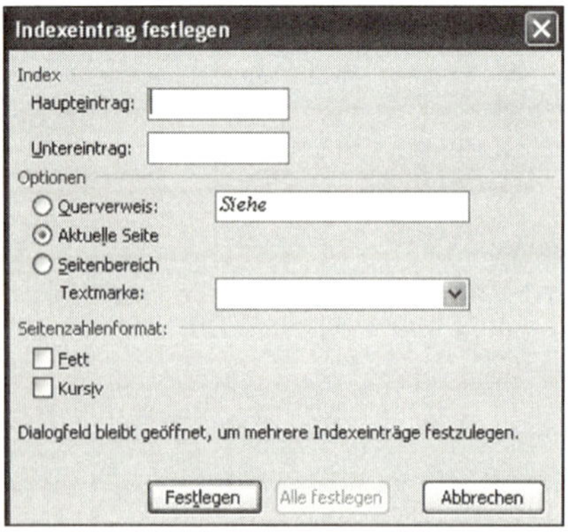

Zur automatischen Erstellung des Verzeichnisses gehen Sie über »Einfügen«, »Referenz«, »Index und Verzeichnisse«, aktivieren Sie das entsprechende Verzeichnis und klicken auf »OK«.

Verzeichnis erstellen

Üben Sie bereits frühzeitig in Ihrem Studium, Abbildungsverzeichnisse und Indizes zu erstellen.

Das bringt Sie weiter

11.5 | Verwenden Sie die Funktion »Suchen und Ersetzen«

Nutzen

Mit der Funktion »Suchen und Ersetzen« können Sie Wörter in Windeseile finden und durch andere ersetzen.

Bereits in der Grundfunktionalität bietet Ihnen der Befehl »STRG + F« (auch über den Menüpunkt »Bearbeiten« und »Suchen« erreichbar) die Möglichkeit, bestimmte Wörter in Windeseile zu finden.

Erweiterte Funktion

Geben Sie einfach den Suchbegriff ein und klicken Sie auf »Weitersuchen«. Wenn Sie auf »Erweitern« klicken, eröffnen sich weitere Optionen:

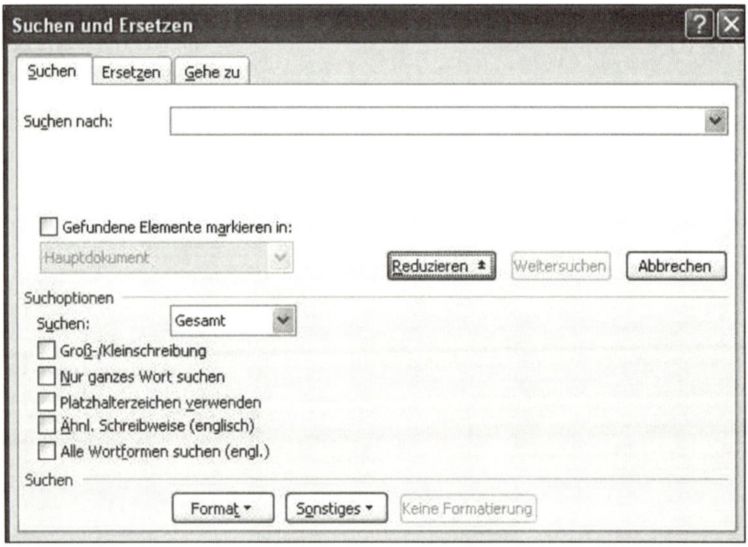

Sie können wählen, ob

- Groß- und Kleinschreibung berücksichtigt werden soll, wodurch Sie ggf. die jeweils andere Schreibweise finden können,
- nur ganze Wörter gesucht werden sollen (also nur komplette Wörter und nicht Wörter, die den Begriff enthalten),
- Platzhalterzeichen verwendet werden sollen etc.

Die **Platzhalterzeichen** bieten insbesondere vielfältige Suchmöglichkeiten. Wenn Sie bei der Suche z. B. ein Sternchen (*) als Platzhalter für die Zeichenfolge »w*n« verwenden, finden Sie »werben« und »wenden«.

Die besondere Stärke dieser Funktionalitäten ist, dass Sie die gefundenen Wörter oder Textstellen damit automatisch durch andere ersetzen können. Klicken Sie dazu in dem oben abgebildeten erweiterten Suchfenster auf den mittleren Reiter »Ersetzen«.

Für Fortgeschrittene gibt es die Möglichkeit durch Anklicken des letzten Kontrollkästchens, die Funktion »Suchen und Ersetzen von Substantiv- oder Adjektivformen sowie Zeitformen von Verben« zu aktivieren.

Sehr nützlich ist das Ersetzen von Sonderzeichen und von Formatierungen, wie der nachfolgende Screenshot zeigt. Häufig ist es notwendig, z. B. Absatzmarken im ganzen Text durch Zeilenumbrüche, Tabstoppzeichen durch Leerzeichen, Leerzeichen durch Tabstoppzeichen etc. zu ersetzen.

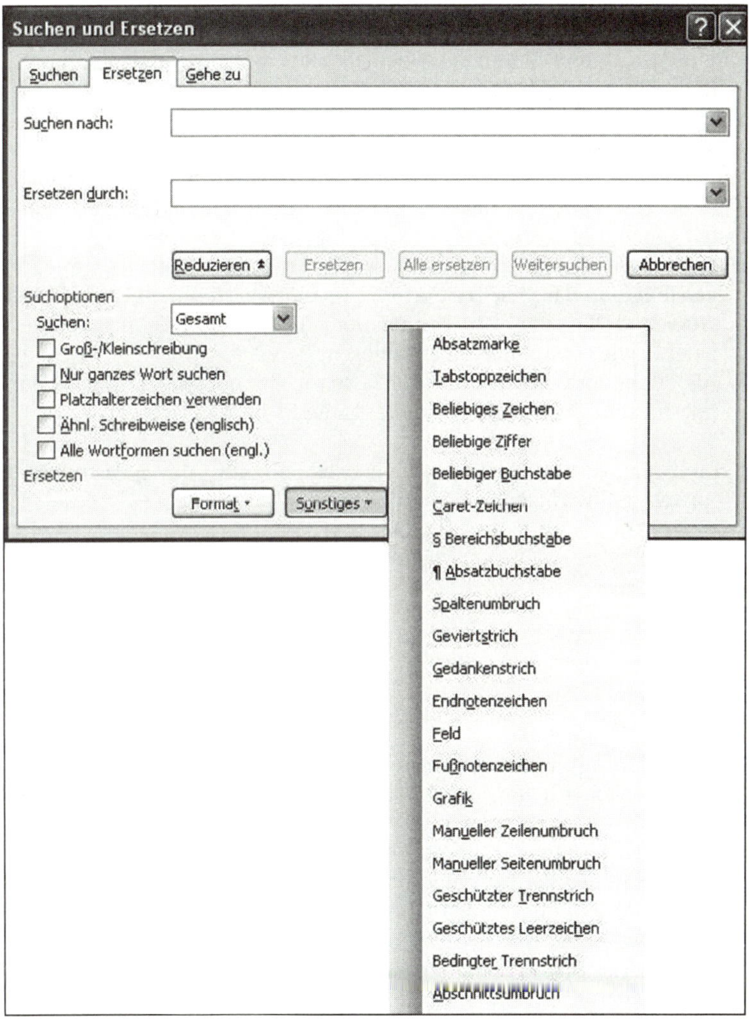

Das bringt Sie weiter

- Folgendes Buch ist sehr empfehlenswert: Bildner 2005.
- Recherchieren Sie im Internet nach »Suchen Word« und »Suchen Ersetzen Word«.

11.6 | Nutzen Sie die F4-Taste und Shortcuts

Nutzen

Lernen Sie, wie Sie in der Textverarbeitung und bei anderer Software schneller arbeiten können.

F4-Taste

So erging es dem Verfasser: »Am Anfang war es vor allem die F4-Taste, die ich in Word genutzt habe. Ich hatte einen langen Text zu formatieren und wollte einige Hervorhebungen mit Fettdruck markieren. Also habe ich das erste Wort formatiert (fett). Dann bin ich zum nächsten Wort gegangen und konnte den Befehl »fett« mit der F4-Taste wiederholen. Das ging im gesamten Dokument so viel einfacher von der Hand.

Shortcuts und Funktionstasten

Eine sehr nützliche Sache: Mittels Tastaturkombinationen und Funktionstasten können Sie Befehle einfacher aufrufen. Das geht erheblich schneller, als einen Befehl über einen Menüpunkt auszuwählen. Auch die Hilfefunktion F1 war mir bekannt und wurde häufiger von mir genutzt. Aber dann schaute mir auch die weiteren Tastaturkürzel und Funktionstasten genauer an.

- Unter dem Begriff Tastaturkombinationen/Tastaturkürzel (Shortcuts) versteht man das gleichzeitige oder (in einer bestimmten Reihenfolge) aufeinanderfolgende Drücken mehrerer Tasten, um bestimmte Steuerbefehle wie etwa Kopieren auszulösen.
- Als Funktionstasten werden die Tasten in der oberen Reihe der Computertastatur bezeichnet, also die Tasten F1 bis F12.

Copy & Paste

Bei mir ging es mit den klassischen Befehlen zum Copy & Paste weiter (Kopieren und Einfügen).«

Befehlsname	Kürzel	Taste
Alles Markieren	Strg+	A
Kopieren	Strg+	C
Einfügen	Strg+	V
Ausschneiden	Strg+	X

Es gibt keine verbindlichen Vorgaben für Steuerbefehle, aber die meisten Softwarehersteller halten sich an die Vorgaben von Apple, damit es Übereinstimmungen zwischen den verschiedenen Programmen gibt. Die hier aufgelisteten Shortcuts sind ein Beispiel dafür. Nutzen Sie die Möglichkeiten und lernen Sie nach und nach immer neue Steuerbefehle. In den folgenden Abschnitten finden Sie weitere wichtige Steuerbefehle für die Textverarbeitung in Word.

Das bringt Sie weiter

- Recherchieren Sie im Internet nach den Begriffen »Shortcuts« und »Funktionstasten«.
- Nehmen Sie sich vor, jede Woche ein bis drei neue Kurzbefehle zu erlernen – und auch anzuwenden. Denn: Übung macht den Meister!

11.7 | Heben Sie Beispiele und Zitate hervor

Ihre wissenschaftliche Arbeit gewinnt durch Hervorhebungen und wird erheblich übersichtlicher.

Nutzen

Lange Zitate (sofern wirklich gewissenhaft geprüft wurde, ob diese angebracht sind und nicht nur die leeren Seiten füllen sollen) werden häufig besonders hervorgehoben und formatiert.

Hervorhebungen

Wenn Sie in den Text Ihrer wissenschaftlichen Arbeit ein Beispiel oder ein längeres Zitat einfügen möchten, so kann das wie folgt aussehen:

Beispiel

> *»Wenn ich auf meine Berufsjahre als Professor an Fachhochschulen zurückschaue und mir überlege, an welche Studierenden ich mich besonders gut erinnern kann, so sind es genau diese, die stetig gute Qualität geliefert haben. Darüber hinaus ist es meine Erfahrung, dass sich eine solche Haltung auch im Berufsleben auszahlt und auch dort zum Erfolg führt. Gemeint ist aber umfassende Qualität, die in der Literatur gerne in Strukturqualität, Prozessqualität und Ergebnisqualität differenziert wird.*
> *Beziehen wir diese einmal auf die Hochschule/Studierende:*
> - *Strukturqualität zielt auf die Gesamtheit der vorausgesetzten Strukturen für die Produktion der Dienstleistungen: Sie bezieht sich auf die persönliche Qualifikation der Dozenten und der Studierenden etc. sowie die Ausstattung der Hochschule.*
> - *Prozessqualität meint die Qualität des Prozesses der Dienstleistungserstellung: Sie umfasst alle Handlungsprozesse innerhalb der Hochschule, also etwa die Qualität der Vorlesung eines Dozenten und die Qualität des Mitschreibens eines Studierenden …*
>
> (Heister 2007a, S. 97)

Dieses Zitat wurde folgendermaßen formatiert:
- Linker Absatzeinzug 1 cm,
- rechter Absatzeinzug 1 cm,
- Schriftgrad 9 pt,
- Schriftschnitt kursiv,
- Hintergrund grau 10 %.

Das bringt Sie weiter

- Kopieren Sie einen Absatz mit bereits bestehenden Formatierungen und schreiben Sie einfach einen neuen Text hinein. So sparen Sie es sich, den Absatz jeweils neu zu formatieren.
- Noch besser: Legen Sie eine Formatvorlage für lange Zitate oder Beispiele an und nutzen Sie diese konsequent.

11.8 | Arbeiten Sie mit dem Formeleditor

Nutzen **Nutzen Sie auch für die Erstellung von Formeln die Funktionen Ihres Textverarbeitungsprogramms.**

Beispiel Hier ein Beispiel für den Einsatz des Formeleditors in Word:
Zur näheren Beschreibung des relevanten Marktes werden häufig die Schlüsselgrößen Marktpotenzial, Marktvolumen, Absatzvolumen und Marktanteil (MA) herangezogen.

$$\text{Absoluter Marktanteil in \%} = \frac{\mathit{Absatzvolumen} \times 100}{\mathit{Marktvolumen}}$$

$$\text{Relativer Marktanteil} = \frac{\mathit{Eigener\ MA}}{\mathit{MA\ des\ größten\ Konkurrenten}}$$

Vorgehen Gehen Sie über »Einfügen« und »Objekt« und wählen Sie dann im Dialogfeld den »Microsoft Formel-Editor«.

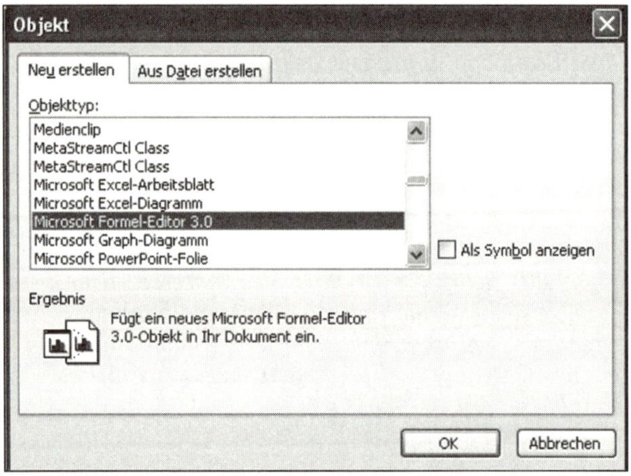

Wenn Sie dies mit »OK« bestätigen, folgt der Dialog:

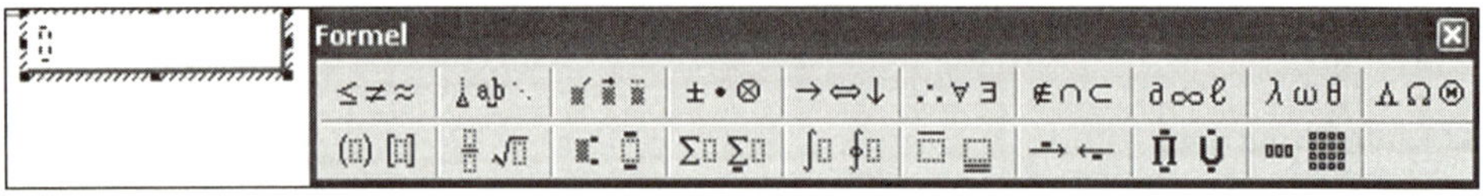

Links können Sie schreiben, rechts die Formelzeichen etc. auswählen.

Das bringt Sie weiter

- Trainieren Sie den Umgang mit dem Formeleditor.
- Besorgen Sie sich weitere Informationen, z. B. im Internet unter: http://office.microsoft.com/de-de/powerpoint/HA011327531031.aspx
- Oder geben Sie bei Google die Suchwörter »Microsoft Formeleditor« ein.

11.9 | Weitere Tipps und Tricks

Hier finden Sie Tipps und Tricks, die Ihnen das Leben und Arbeiten mit der EDV erleichtern. Nutzen

Nutzen Sie ggf. eine elektronische Dokumentenablage (z.B. http://www.afas-ablage.com), um Ordnung in Ihre Materialien zu bringen. Eine solche Software ist tatsächlich sehr nützlich und hilfreich! Dokumentenablage

Anstatt die Abbildungen etc. in Ihre wissenschaftliche Arbeit einzukleben, empfiehlt es sich, diese einzuscannen. Scannen

Es ist sinnvoll, die automatische Tabellenanpassung auszuschalten. Das geht so: »Tabelle«, »Tabelleneigenschaften«, »Optionen« und dann sollten Sie bei »Automatische Größenänderungen zulassen« das Häkchen entfernen. Tabellenanpassung abschalten

Wollen Sie, dass die Tabellenkopfzeile auf mehreren Seiten erscheint, so kopieren Sie die entsprechende Zeile und klicken unter »Tabelle« auf »Überschriftenzeilen wiederholen«. Tabellenkopfzeile

In Tabellen setzen Sie Tabulatoren, indem Sie gleichzeitig »STRG + TAB« drücken. Tabulatoren in Tabellen

Hinter http://www.citavi.com/de/index.html befindet sich ein komfortables Literaturverwaltungsprogramm und Programm für die Wissensorganisation. Literaturverwaltung

Geben Sie stets an geeigneter Stelle im Dokument, z.B. auf der ersten Seite, das aktuelle Bearbeitungsdatum an. Das ist sinnvoller, als nur das Speicherdatum zu nutzen. Wenn Sie nämlich eine Datei mit der alten Version neu abspeichern, so ist das aus dem Speicherdatum nicht mehr ersichtlich. Versionierung

Lernen Sie bewusst jeden Tag etwas Neues im EDV-Bereich hinzu. Aktivieren Sie dazu den in den meisten Programmen vorhandenen Assistenten und lassen Sie sich die Tipps anzeigen: Das bringt Sie weiter

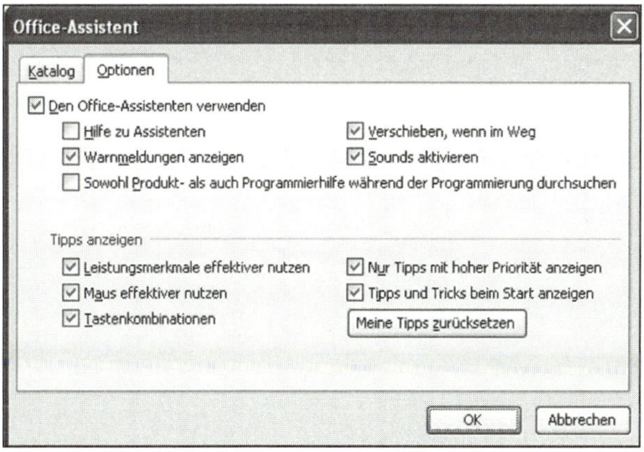

Den Office-Assistenten finden Sie häufig unter dem Menüpunkt »?« (Hilfe):

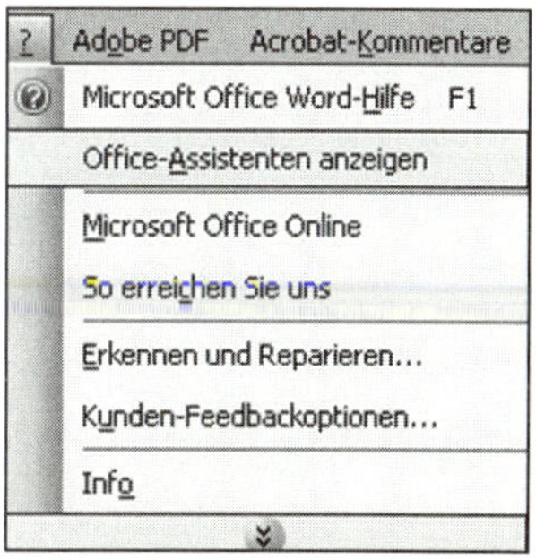

11.10 | Lösen Sie Probleme mit Formatierungen

Nutzen

Entfernen Sie alle Formatierungen und beginnen Sie »sauber« bei Null.

Formatierungsdschungel

Sie haben einen Absatz, Wörter oder Sätze formatiert. Wie und an welcher Stelle im Menü der Textverarbeitungssoftware, wissen Sie nicht. Sie finden die Stelle also nicht wieder. Aber: Die Formatierungen gehen auch nicht weg. Es ist zum Verzweifeln. Dieses oder etwas Ähnliches kann Ihnen passieren. Es ist zum »Mäusemelken«. Was tun?

Unformatiert einfügen

Die Formatierungen lassen sich mit einem ganz einfachen Trick entfernen. Schneiden Sie den entsprechenden Absatz etc. aus und fügen Sie ihn wie folgt beschrieben unformatiert wieder ein.

Wenn Sie beispielsweise in Word statt »Einfügen« den Menüpunkt »Inhalte einfügen« anklicken und dort »Unformatierter Text« wählen, so verschwinden alle Formatierungen und nur der reine Text wird eingefügt.

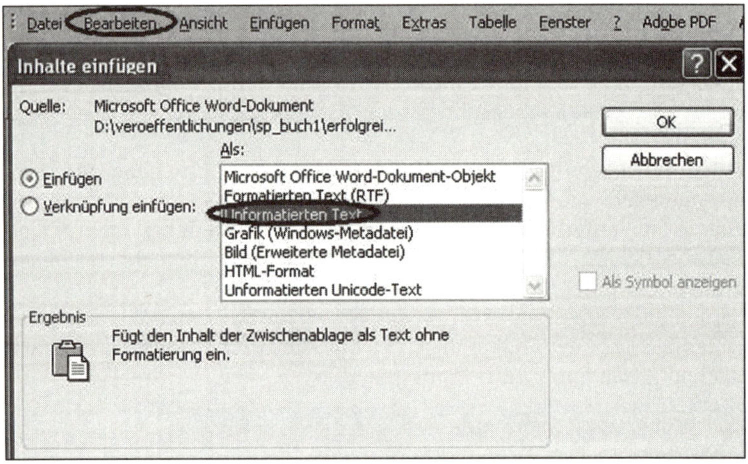

Das bringt Sie weiter

Testen Sie einmal die Funktion »Inhalte einfügen«, »Unformatierter Text«, damit Sie im Ernstfall wissen, wie Sie damit umgehen können und welchen Nutzen Sie davon haben.

12 Korrigieren

Buchstabensalat

»Ncah eneir Sutide der Cmabridge Uinervtistät, ist es eagl in wlehcer Riehenfloge die Bcuhstbaen in eneim Wort sethen, haptschae der estre und ltzete Bcuhstbae snid an der rhcitigien Setle. Der Rset knan ttoaels Drucheniandedr sein und man knan es torztedm onhe Porbelme lseen, weil das mneschilhce Gherin nhcit den Bcuhstabaen enizlen leist, snodren das Wort als Gnazes.« (gef. in: Der Valle-Bote, www.valle-bote.com, 8.6.2007)

Was einerseits interessant und amüsant ist, kann andererseits zu einer Falle werden. Je öfter Sie Ihren Text lesen, desto häufiger werden Sie Fehler übersehen, weil er Ihnen schon so vertraut ist. Die äußere Form der Arbeit entscheidet jedoch maßgeblich über den Eindruck, den der Gutachter von der Sorgfalt und Genauigkeit bekommt, mit der Sie gearbeitet haben.

Planen Sie daher **genügend Zeit für die Korrektur** Ihrer Arbeit ein, denn nicht jeder Prüfer hat Spaß an solchen Texten wie dem obigen Beispiel.

Korrekturbedarf

Korrekturbedarf besteht grundsätzlich bei:
- Ausdrucksweise,
- Rechtschreibung,
- Grammatik,
- Zeichensetzung,
- Zitierweise und Fußnoten,
- Abkürzungen.

Welche Rechtschreibung?

Die im August 1998 eingeführten neuen Rechtschreibregeln führen seither zu Irrungen und Verwirrungen. Nicht nur die langfristigen Übergangsregeln (damals bis August 2005), sondern auch die im August 2006 veröffentlichten neuerlichen Überarbeitungen (diesmal mit Übergangsregeln bis August 2007) erschweren die Orientierung bei der korrekten Rechtschreibung. Das Institut für Deutsche Sprache bietet auf seiner Homepage das aktuelle Regelwerk als PDF an und schreibt darin zu der Gültigkeit dieses Regelwerkes:

»*Das folgende amtliche Regelwerk, mit einem Regelteil und einem Wörterverzeichnis, regelt die Rechtschreibung innerhalb derjenigen Institutionen (Schule, Verwaltung), für die der Staat Regelungskompetenz hinsichtlich der Rechtschreibung hat.* [dazu gehören auch Hochschulen, Anmerk. des Verf.] *Darüber hinaus hat es zur Sicherung einer einheitlichen Rechtschreibung Vorbildcharakter für alle, die sich an einer allgemein gültigen Rechtschreibung orientieren möchten (das heißt Firmen, speziell Druckereien, Verlage, Redaktionen – aber auch Privatpersonen).*« (http://www.ids-mannheim.de/reform, PDF »Regeln«, S. 5)

In einigen Werken wird die Verbindlichkeit aller neuen Rechtschreibregeln mit Hinweisen auf den neuesten Duden (Duden 2006 und Software Dudenkorrektor 2006) bekräftigt (vgl. z. B. Theisen 2006, S. 136). Andere Autoren bezweifeln diese allgemeine Verbindlichkeit (vgl. Lück 2003, S. 95).

Fragen Sie nach Besonders bei Fremdwörtern ist es immer noch heftig umstritten, welche Form genutzt werden soll. Sie müssen sich also doch wieder selbst entscheiden und es mit Ihrem Prüfer oder Betreuer absprechen.

Einheitlichkeit Für eine korrekte Rechtschreibung ist es absolut wichtig, dass Sie sich vor dem Schreiben für einen Rechtschreibstandard entscheiden und durchgehend bei der gewählten Form bleiben.

Korrektur planen Korrekturen sind immer aufwendiger und zeitraubender, als man vorher denkt. Natürlich ist der Aufwand abhängig von Ihrer Rechtschreibkompetenz, Ihrem Tippvermögen, Ihren grammatikalischen Fähigkeiten usw. Und dennoch hilft es, bei der Korrektur systematisch vorzugehen:

- Nutzen Sie die Hilfen Ihres PC-Textverarbeitungsprogrammes.
- Drucken Sie die Texte zum Korrekturlesen aus, da Sie auf dem Bildschirm die Fehler leichter überlesen.
- Suchen Sie sich frühzeitig zwei Korrekturleser (einer springt immer ab) nur für Rechtschreibung, Grammatik und Zeichensetzung.
- Suchen Sie sich ebenfalls zwei inhaltliche Korrekturleser, die nur auf Verständlichkeit und den roten Faden achten.
- Planen Sie eine Woche für die letzten, abschließenden Korrekturarbeiten vor der Abgabe ein.

Kritische Distanz Während dem Schreiben haben Sie nur wenig Abstand zum Text und sind daher kaum für Kritik (besonders Selbstkritik) offen. Je mehr Distanz Sie auch zeitlich zu Ihrem Text gewinnen, desto kritischer werden Sie. Planen Sie daher für das Korrekturlesen genügend Zeit ein.

Endkorrektur Achtung: Bei der Endkorrektur sollten Sie sich nur noch auf die oben angeführten Formalien konzentrieren. Lassen Sie sich nicht verführen, ganze Abschnitte inhaltlich zu überarbeiten, neu zu formulieren, umzustellen oder zu ergänzen. Solche Korrekturen gehören zum Schreibprozess und sollten vor der Endkorrektur abgeschlossen sein. Es besteht sonst die Gefahr, dass Sie den roten Faden, den Sie während des Schreibens entwickelt haben, zerstören.

Tipps

- Stellen Sie sich Duden und Lexika griffbereit auf den Schreibtisch.
- Legen Sie in der Favoritenliste Ihres Internetprogramms die wichtigen Lesezeichen für Online-Hilfen an.
- Interessante Links finden Sie auf der Homepage des Instituts für Deutsche Sprache (http://www.ids-mannheim.de) unter dem Menüpunkt »Service«, »Online-Anwendungen«.
- Wenn Sie diese Hilfen schnell zur Hand haben, werden Sie viel häufiger sofort nachschauen. Viel eher, als wenn Sie erst aufstehen oder gar danach suchen müssen. Das spart wirklich eine Menge Zeit!

12.1 | Korrektur lesen will gut geplant sein

Erleichtern Sie sich die mühsame Arbeit des Korrekturlesens. Holen Sie sich gezielt Hilfe.

Nutzen

Studie

Bevor Sie mit der Korrektur loslegen, lesen Sie am besten die Ergebnisse einer Studie mit Abiturienten der Jahrgänge 2000–2002 (Pießnack/Schübel 2004, S. 8 ff.). Sie bietet interessante Hinweise. Hier die Tabelle »Absoluter und relativer Anteil der Fehlerkategorien an der Gesamtzahl der Fehlschreibungen«:

Fehlerkategorie	Absoluter Anteil	Relativer Anteil in %
1. Interpunktion	26863	25,58
2. Phonem-Graphem-Beziehung	23423	22,31
3. Groß- und Kleinschreibung	17255	16,43
4. Elementare Fehler/ "Flüchtigkeitsfehler"	12060	11,49
5. Affixe, Flexionsformen	10533	10,03
6. Getrennt- und Zusammenschreibung	5198	4,95
7. Fremdwörter	4486	4,27
8. das - daß	4382	4,17
9. Silbentrennung	800	0,76
Gesamt	**105000**	**100,00**

Pießnack/Schübel 2004, S. 8.

Auffällig ist der hohe Fehleranteil bei der Interpunktion. Im weiteren Verlauf der Studie wird auf diese besonderen Schwierigkeiten bei der Kommasetzung ausführlich eingegangen. Durchschnittlich werden bei den Teilnehmern dieser Studie 1,77 Fehler auf 100 Wörter ermittelt.

Die Ergebnisse sollen Ihnen als Hinweise für die am häufigsten vorkommenden Fehlerarten dienen und Ihre Aufmerksamkeit schärfen, um sie zu vermeiden – oder eben bei der Korrektur zu finden.

Fehlerteufel

Jeder kennt seinen kleinen Fehlerteufel nur zu gut. Die eigenen Schwächen in der Rechtschreibung, Zeichensetzung und Grammatik begleiten uns meist schon seit der Schulzeit. Weisen Sie auch Ihre Korrekturleser darauf hin, dass Sie z. B. immer unsicher sind, wann »dass« mit ss geschrieben wird oder dass Sie Kommata eher nach Ihrem Bauchgefühl als nach den Interpunktionsregeln setzen. Diese Hinweise sind nicht peinlich, sondern schärfen die eigene und die fremde Aufmerksamkeit und helfen dabei, Ihre Arbeit fehlerfrei zu machen.

Fremdkorrektur

Das Sie sich frühzeitig um einen Korrekturleser bemühen müssen, haben Sie sicherlich schon verinnerlicht. Es ist jedoch nicht damit getan, ihm oder ihr das Skript zu überreichen oder zu senden. Sie brauchen eindeutige Absprachen, um mit den Korrekturen anschließend auch etwas anfangen zu können. Klären Sie:

- Sollen die Korrekturen sofort in den Text eingearbeitet werden?
- Wollen Sie die Korrekturen erst selbst prüfen?

Daraus ergibt sich die Wahl der Korrekturmethode:

Am Bildschirm Bei einer Korrektur direkt am Bildschirm können Sie beides vereinen. Der Korrekturleser kann die Korrekturen in den Text eingeben und mit der Funktion »Änderungen verfolgen« dafür sorgen, dass Sie jedes Mal selbst entscheiden können, ob Sie die Korrektur annehmen oder nicht (vgl. Abschnitt 12.5).

Auf Papier Auf dem Papier sollte die Korrektur immer nur mit Unterstreichungen im Text und Zeichen am Rand vorgenommen werden. Der Nachteil ist, dass Sie selbst später alles in Ihr Dokument übertragen müssen. Der Vorteil ist, dass das sorgfältige Lesen auf Papier leichter fällt und Fehler daher eher gefunden werden.

PC und Papier Auch wenn Sie sich für die PC-Korrektur entscheiden, lassen Sie zwischendurch immer mal wieder einen kleinen Textabschnitt auf dem Papier korrigieren oder tun Sie das auch selbst. Die dabei gefundene Fehlerzahl bietet Ihnen einen Anhaltspunkt für die durchschnittliche Fehlerzahl im Text. Ist diese recht niedrig, werden Sie mit der PC-Korrekturmethode wenig Probleme haben. Ist die Fehlerzahl jedoch relativ hoch, sollten Sie auf jeden Fall Ihrem Korrekturleser einen Papierausdruck geben. Nehmen Sie dann lieber die Mühe auf sich, alles in den PC einzugeben, zumal dies die Wahrscheinlichkeit erhöht, auch wirklich alle Fehler zu finden.

Korrekturzeichen Sie müssen die Korrekturzeichen den Fehlern, also den Korrekturstellen, möglichst schnell und eindeutig zuordnen können. Daher ist es wichtig, verschiedene und gut verständliche Korrekturzeichen zu wählen.

Setzen Sie verschiedene Farben ein, um z. B. Rechtschreib- und Zeichensetzungsfehler von Formulierungsverbesserungen abgrenzen zu können.

DIN 16511 Keine Sorge, wir heben jetzt nicht völlig ab und wollen Sie auf eine Norm für Korrekturzeichen festlegen! Die DIN 16511 bietet jedoch gute und auch teilweise schon vertraute Beispiele für die Wahl Ihrer Korrekturzeichen, die Sie übernehmen können. So sparen Sie die Zeit, die Sie für die Suche nach sinnvollen Zeichen bräuchten.

> **Fälschlich aus anderen Schriften gesetzte Buchstaben (Zwiebelfische)** werden durchgestrichen und auf dem Rand zweimal unterstrichen. |R |m
>
> **Falsche Buchstaben** oder **Wörter** werden durchgestrichen und auf dem Rond durch die richtigen ersetzt. |a

http://e-write.de/mg/downloads/data/pdf/ewrite/korrekturzeichen.pdf, 2.4.2007

Hier können Sie sich einen Überblick der Korrekturzeichen als PDF herunterladen. Oder schauen Sie sich im Rechtschreibduden den Abschnitt »Textkorrektur« genauer an (vgl. Duden 2006, S. 131 ff.).

Das bringt Sie weiter Übernehmen Sie selbst ab und zu kleinere Korrekturarbeiten für andere. Das schärft den Blick für Fehler – und Sie gewinnen leichter Korrekturleser für Ihre eigene Arbeit.

12.2 | Beachten Sie die Rechtschreibregeln konsequent

Hier finden Sie einen Überblick über wichtige Rechtschreibregeln. Nutzen Sie das!

Nutzen

Wenn Sie die wichtigen Neuregelungen gut beherrschen (oder zumindest die Nachschlagewerke immer parat haben), ersparen Sie sich eine Menge Korrekturzeit und -arbeit. Diese Zeit können Sie besser darauf verwenden, sich die neuen Rechtschreibregeln klar zu machen und einzuprägen.

- **ss oder ß?**

ß	ss
nur nach langem Vokal (Maß) und nach Diphthong* (schließen) * aus zwei Vokalen gebildeter Laut	nach kurzem Vokal: messen, Riss, Schluss

- **doppelt und dreifach**

dreifach	Ausnahmen
keine Weglassung von Buchstaben bei Zusammensetzung: Kaffeeernte, Schifffahrt, schnelllebig	dennoch, Drittel, Hoheit, Mittag

- **getrennt oder zusammen?**

getrennt	zusammen
Verb + Verb: spazieren gehen	übertragene Bedeutung (freigestellt): stehenbleiben
Substantiv + Verb: Acht geben, Rad fahren, Schwimmen gehen.	verblasste Substantive: stattfinden, teilnehmen, einkaufen.
Adverb + Verb: allein erziehen, anders denken. Adverb + sein: zusammen sein	Partizip (freigestellt): alleinerziehend, andersdenkend.
Adverb + Adjektiv/Adverb: allgemein verständlich, wie viel	irgendetwas, irgendjemand, umso/desto, zurzeit/derzeit.

- **Groß- oder Kleinschreibung?**

kleinschreiben	großschreiben
feste Verbindung von Adjektiv und Substantiv: das neue Jahr	Eigennamen und feste Redewendungen: das Dritte Reich, der Goldene Schnitt.
von Personennamen abgeleitete Adjektive auf -(i)sch: die darwinsche Evolutionstheorie	zur Verdeutlichung der Grundform des Namens mit Apostroph: die Einstein'sche Relativitätstheorie
	Tageszeiten nach gestern, heute und morgen: heute Abend
Substantive bei Getrenntschreibung in Verbindung mit sein: schuld sein	Substantive bei Getrenntschreibung: in Bezug auf
nach Präpositionen (ohne Artikel) freigestellt: seit kurzem	Substantivierung nach Artikel: der Erste das Gleiche des Weiteren seit Kurzem

- **freiwillige Anpassung von Fremdwörtern**

freiwillige Anpassung	vorher
Wörter mit -tial und -tiell: Potenzial, essenziell.	Potential, essentiell.
Wörter mit -phon, -phot und -graph: Mikrofon, Geografie.	Mikrophon, Geographie.
Wörter mit gh, ph, th und rh: Spagetti, Jogurt, Telefon.	Spaghetti, Joghurt, Telephon.

Diese Regeln sind keineswegs vollständig, sondern es wurden nur die für wissenschaftliche Arbeiten relevanten Punkte herausgegriffen. Bei Unklarheiten bezüglich einzelner Wörter können Sie im Wörterverzeichnis des Rates für Deutsche Rechtschreibung nachschlagen, welches Sie sich als PDF herunterladen können (http://www.rechtschreibrat.com, Rubrik »Aktuelles«).

Das bringt Sie weiter

Lesen Sie statt des ganzen Satzes oder eines Wortes einmal bewusst jede einzelne Silbe.

12.3 | Prüfen Sie die Regeln zur Zeichensetzung

Nutzen

Mit der Zeichensetzung (Kommasetzung) gestalten (oder verunstalten) Sie die Lesbarkeit und Verständlichkeit Ihres Textes.

Kommapflicht

In folgenden Fällen müssen Sie immer ein Komma setzen:

- Bei einer Infinitivgruppe, die von einem Substantiv abhängt:
  »Jugendliche haben das Bedürfnis, Aufmerksamkeit zu bekommen.«
- Bei Infinitiv- und Partizipgruppen mit Hinweiswörtern:
  »Viele Controller bevorzugen es, Kostenrechnungen zu…«
- Bei einem Infinitiv mit »zu«, der eingeleitet wird durch: um, ohne, statt, anstatt, außer, als:
  »Er schrieb seine Arbeit, anstatt spazieren zu gehen.«
- Bei wörtlicher Rede vor dem Kommentarsatz und nach »?« und »!«:
  »War es wirklich so?«, fragte ich.

Kommawahl

In folgenden Fällen ist die Kommasetzung freigestellt:

- Vor »und«/«oder« bei vollständigen Sätzen:
  »Viele Akademiker sind arbeitslos(,) und viele von ihnen…«
- Bei Infinitivgruppen mit »zu«:
  »Die Geschäftsführung beschloss(,) neue Mitarbeiter einzustellen.«

Das Komma kann bei einer Reihung von selbstständigen Sätzen, die durch »und«, »oder«, »beziehungsweise« verbunden sind, die Gliederung eines Satzes verdeutlichen. Die Kommasetzung ist außerdem sinnvoll, wenn damit ein Zusatz oder Nachtrag (z. B. eine Apposition) abgeschlossen wird:

»Der Buchhalter, ein Erbsenzähler, und seine Journale werden ihm immer ein Rätsel bleiben.«

... und zwar

Wenn Sie die Wörter »und zwar« und »und das« kombinieren, muss ein Komma gesetzt werden, da Sie hier einen nachgestellten oder eingeschobenen Beisatz anfügen:

»Davor muss gewarnt werden, und zwar eindringlich.«

Trennstriche

»Trenne niemals s und t – denn das tut weh«, das gilt nicht mehr! Folgende Regeln sind wichtig:

- Trennen Sie zwischen s-t: Fens-ter.
- »ck« wird wie »ch« nicht getrennt: We-cker.
- Einzelne Vokale am Anfang und am Ende nicht abtrennen: a-ber bitte nicht!
- Achten Sie darauf, dass sie möglichst sinngemäß an der Wortfuge trennen: Sonn-abend.

Das bringt Sie weiter

- Achten Sie bei der Texteingabe am PC darauf, ob Sie die automatische Silbentrennung aktiviert haben. (Bei Word in Windows in der Menüleiste unter »Extras«, »Sprache«, »Silbentrennung«). Verlassen Sie sich jedoch nicht völlig auf diese Trennungen, sie sind nämlich abhängig von der Version Ihres Office-Pakets.

- Wenn Sie Trennzeichen mit der Hand eingeben (was Sie eigentlich nie tun sollten), dann nutzen Sie den »geschützten Trennstrich«, drücken Sie gleichzeitig »CTRL« (bzw. »STRG«) und »-«. Sollte das getrennte Wort durch Textänderungen später in die nächste Zeile rutschen, dann verschwindet dieser Trennstrich automatisch.

12.4 | Vermeiden Sie Grammatikfehler

Machen Sie sich häufige Grammatikfehler bewusst.

Nutzen

Im alltäglichen Sprachgebrauch haben wir uns einige Formulierungen angewöhnt, die in unseren Ohren richtig klingen, obwohl sie grammatikalisch falsch sind. Was beim Sprechen vielleicht kaum jemandem auffällt, wird in der wissenschaftlichen Arbeit jedoch strenger bewertet.

Die folgenden Hinweise sind dem Buch von Troni »Die dööfsten Deutschfehler« (Troni 2006) entnommen und geben einen kleinen Einblick in immer wieder auftauchende Fehler in wissenschaftlichen Arbeiten. Sie finden hier nicht das komplette Regelwerk, das können Sie an geeigneter Stelle nachschlagen. Die folgenden Hinweise sollen Ihre Aufmerksamkeit für mögliche Fehlerfallen wecken.

Präposition »bis«

»Die Leser dieses Buches sind zwischen 20 bis 60 Jahr alt.«

Um eine Distanz oder einen Abstand zu beschreiben, wird immer wieder die Wortkombination zwischen – bis gewählt. Das ist falsch!
Richtig ist:

- zwischen … und …
- von … bis …

Appositionen

»Für Sie als der versierteste Student sollte es leicht sein, den Fehler herauszufinden.«
Doch nicht so einfach, oder?

Die grammatischen Stolperfallen, die substantivische Attribute bergen, sind vielzählig. Üblicherweise steht es im gleichen Kasus wie das Substantiv oder Pronomen, zu dem es gehört (z. B. London, die Hauptstadt Englands). Schwierig wird es jedoch bei der Nutzung von Appositionen, die mit den Worten »wie« oder »als« angeschlossen werden.
Richtig ist:
»Für Sie als **den** versiertes**ten** Studen**ten** sollte es leicht sein, den Fehler herauszufinden.«

Pronominaladverbien

»Hier stehen Regeln für eine korrekte Grammatik, worauf man sich verlassen kann.«
Klingt gar nicht so falsch – ist es aber!

Die Nutzung der Bezugsworte damit, darauf, darüber, daran, davon, darin, ist mit einigen Tücken verbunden und sollte mit aller Vorsicht durchgeführt werden.
Richtig ist:

- »Hier stehen Regeln für eine korrekte Grammatik, **auf die** man sich verlassen kann.«
- »… das Buch, **in dem** …« (und nicht »darin«).
- »Dies sind die wichtigsten Regeln, **mit ihnen** kommen Sie ganz gut voran.« (und nicht … »damit« kommen Sie ganz gut voran).

Dasjenige

»Dasjenige, das dem Leser bei der wissenschaftlichen Arbeit am wenigsten Freude macht, ist die Korrektur. Wer zuerst die Nutzung von Demonstrativpronomen durchschaut hat, ist im Vorteil.«

Eigentlich ist der Einsatz von hinweisenden Fürwörtern doch ganz einfach: Folgt ein Relativsatz auf ein Pronomen ohne Zusatz, so beginnt der Relativsatz mit »was«. Schließt sich ein Substantiv an das Demonstrativpronomen an, so wird der Nebensatz mit »das« begonnen.
Richtig ist also:

- »Dasjenige, **was** dem Leser bei der wissenschaftlichen Arbeit …«
- »Derjenige Leser, **der** dies als Erster verstanden hat darf weiterlesen.«

Dieser, diese, dieses

»Anfang diesen Jahres haben Sie sich vielleicht entschlossen, sich nun an Ihre Abschlussarbeit zu machen.«

Dann sollten Sie jedoch noch mal die Regel für die Beugung von Demonstrativpronomen nachlesen. Diese werden immer stark gebeugt und enden im zweiten Fall (Genitiv) Einzahl auf »-es«. (Natürlich nur als maskulines und neutrales Pronomen, das weibliche bedarf keiner Erklärung.)
Richtig ist:
»Anfang dies**es** Jahres haben Sie sich vielleicht entschlossen … Wenn wir Sie hier nicht vergrault haben!«

Meines Erachtens

»Unseres Erachtens nach kann es kein Fehler sein, sich ein gutes Grammatikwerk anzulegen.«

Ja, das eigene Erachten spielt ihn Ihrer Arbeit eine große Rolle, daher sollten Sie es richtig anwenden.
Es gibt nur drei richtige Formen:

- nach meinem Erachten, nach unserem Erachten,
- meines Erachtens (und dann ohne »nach«), unseres Erachtens,
- meinem Erachten nach, unserem Erachten nach.

Korrekter Begriff?

»Der Verzicht auf die Nutzung eines Dudens oder Lexikons kann nicht als rationelle und effektive Verhaltensweise bezeichnet werden. Damit haben Sie keine reale Chance für eine fehlerfrei Arbeit.«

Das klingt aber doch nun wirklich richtig – denken Sie vielleicht. Aber: Rationell bedeutet wirtschaftlich oder zweckmäßig. Wir wollten jedoch Ihr vernunftmäßiges Verhalten ansprechen – nämlich das rationale Verhalten. Real bezeichnet das Wirkliche, Tatsächliche. Wir wollten jedoch aufzeigen, dass Sie ohne die Nutzung des Dudens keine Ihren Erwartungen entsprechende Chance haben.
Richtig ist:
»Der Verzicht auf … ist keine **rationale** Verhaltensweise, mit der Sie eine **reelle** Chance haben.«

Das bringt Sie weiter

Notieren Sie Fehler, die Sie häufig machen, und lernen Sie konsequent die richtige Form.

12.5 | Korrekturen am PC leicht gemacht

Nutzen

Erkennen Sie, welche Hilfestellungen Ihnen Ihr Textverarbeitungsprogramm bei der Korrektur Ihrer Arbeit bietet.

Wenn Sie Ihre Arbeit am PC schreiben, werden Sie ein Textverarbeitungsprogramm verwenden. Nutzen Sie die Arbeitshilfen eines solchen Programms nicht nur für die Texterstellung, sondern auch für die Korrektur.

Hier finden Sie einige Tipps für die Funktionen von Word. Auch in OpenOffice etc. gibt es entsprechende Hilfen.

Rechtschreib- und Grammatikprüfung

Schon während Sie schreiben, erkennt Word Rechtschreib- und Grammatikfehler. Beachten Sie jedoch, mit welcher Version von Word Sie arbeiten und wie aktuell die darin enthaltene Rechtschreibung ist. Es macht sicherlich Sinn, ggf. mit der neuesten Dudensoftware nachzurüsten, die sich dann automatisch in das Word-Programm einfügt.

Word unterstreicht Rechtschreibfehler rot und Grammatikfehler grün. Das kann im Formulier- und Schreibprozess störend sein. Sie können diese Funktion aber selbst ein- und ausschalten:

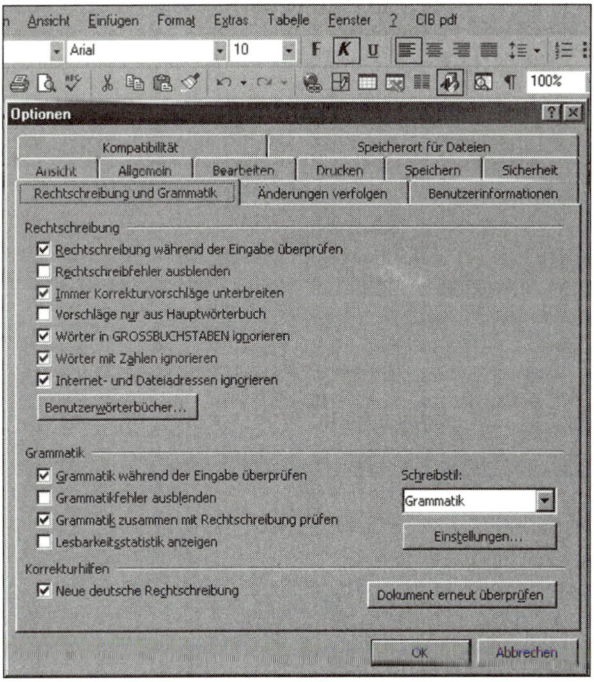

1. Menüleiste »Extras«,
2. »Optionen« anklicken,
3. Registerkarte »Rechtschreibung und Grammatik« öffnen,
4. das entsprechende Kästchen ☑ aktivieren oder deaktivieren.

Für die unterstrichenen Wörter bietet Ihnen das Programm Korrekturvorschläge: Klicken Sie dazu den Fehler mit der rechten Maustaste an. Es öffnet sich ein Fenster mit Korrekturvorschlägen, von denen Sie das entsprechende durch Anklicken auswählen können.

Fremde Begriffe (das sind oftmals Fachbegriffe oder Fremdwörter) hat Word nicht in seinem Wörterbuch und markiert sie daher als falsch. Diese können Sie, wenn Sie wie oben beschrieben die Registerkarte »Rechtschreibung und Grammatik öffnen, zum Wörterbuch hinzufügen.

Autokorrektur

Die **Autokorrektur korrigiert automatisch** während Sie schreiben, ohne dass Sie etwas dazu tun müssen. Allerdings kann das Programm nur ganz offensichtliche Tippfehler erkennen. Wenn Sie zum Beispiel »ud« statt »du« eintippen, wird es sofort in »du« korrigiert.

Word ist ein lernendes Programm – und Sie können die automatische Korrektur auf Ihre typischen Fehler hin ausrichten. Wenn Sie z. B. immer wieder bei dem Wort Management das erste e vergessen, also »Managment« schreiben (natürlich nur, weil Sie so schnell tippen!), dann können Sie die Autokorrektur entsprechend einstellen:

1. Tippen Sie das Wort einmal korrekt ein.
2. Markieren Sie das Wort (oder auch eine ganze Phrase).

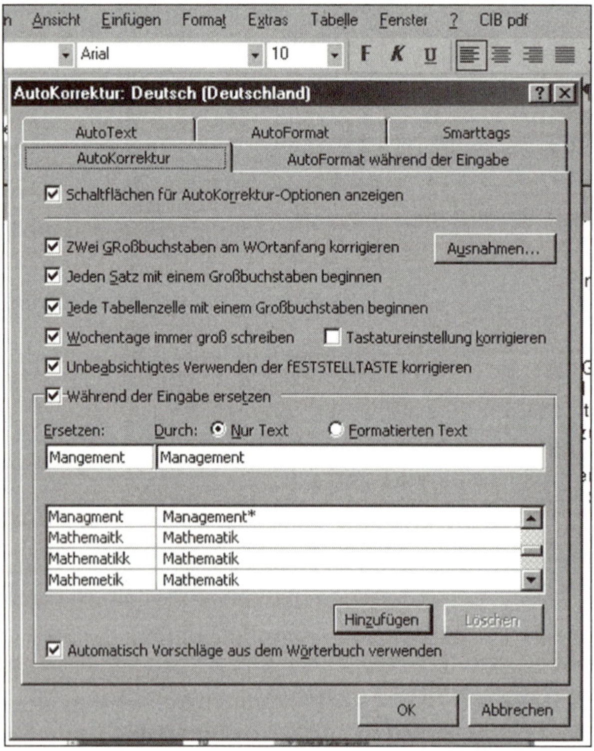

3. Klicken Sie in der Menüleiste auf »Extras«
4. und anschließend auf »Autokorrektur«.
5. Im Dialogfenster finden Sie das korrekte Wort eingegeben.
6. In dem Feld »Ersetzen« geben Sie dann das Wort ein, wie Sie es immer falsch tippen.
7. Klicken Sie dann auf »Hinzufügen«
8. und zum Schluss auf »OK«.

Mit der gleichen Funktion können Sie auch Kürzel ersetzen. Wenn Sie einen langen Namen oder Begriff haben, den Sie immer wieder in Ihrem Text schreiben müssen, können Sie diesen ebenfalls hier entsprechend eingeben:

Geben Sie dazu einfach das Kürzel in dem Feld »Ersetzen« ein und das Wort, welches Sie nicht immer mühselig ausschreiben möchten, in das Feld »Durch«. So können Sie z. B. für die Phrase »kleine und mittlere Unternehmen« das Kürzel KMU einsetzen und Word schreibt es Ihnen jedes Mal korrekt aus.

Immer derselbe Fehler

Was aber, wenn Sie bei der Korrektur merken, dass Sie im gesamten Text immer einen bestimmten Namen oder Begriff falsch geschrieben haben? Dann nutzen Sie einfach die **Funktion »Suchen und Ersetzen«**. Vgl. hierzu Abschnitt 11.5. Hier noch mal in aller Kürze:
1. In der Menüleiste »Bearbeiten« anklicken,
2. »Ersetzen« wählen,
3. im Dialogfeld »Suchen nach« den immer falsch geschriebenen Text eingeben,
4. die Tabulatortaste drücken,
5. den korrekten Text im Feld »Ersetzen durch« eingeben,
6. »Weitersuchen« anklicken,
7. Word sucht nun das erste falsche Wort und markiert es.
8. Sie klicken auf den entsprechenden Befehl »Alle ersetzen«. Oder Sie gehen die Fundstellen einzeln durch: Wenn eine Stelle nicht geändert werden soll, klicken Sie auf »Weitersuchen«.

Thesaurus

Zur Korrektur gehört es auch, unpassende Wörter oder ständige Wortwiederholungen umzuformulieren. Dazu bietet Ihnen die Thesaurus-Funktion Alternativvorschläge an:

1. Klicken Sie auf das Wort, das Sie ersetzen möchten.
2. Wählen Sie in der Menüleiste »Extras« aus und
3. klicken auf den Menüpunkt »Sprache« und dann
4. auf »Thesaurus«.
5. Im Dialogfeld finden Sie auf der linken Seite die Vorschläge mit derselben Wortbedeutung. Auf der rechten Seite finden Sie Wörter mit einer ähnlichen Bedeutung, aus denen Sie ebenfalls wählen können.
6. Klicken Sie das gewählte Wort an und dann
7. auf »Ersetzen« – fertig!

Oder nutzen Sie das **Kontextmenü**: Betätigen Sie die rechte Maustaste und gehen Sie auf »Synonyme«.

Kommentarfunktion

Wenn Sie beim Korrekturlesen auf knifflige Stellen stoßen (z. B. einen Bandwurmsatz teilen müssen) und dies aber erst später machen wollen, dann können Sie einen Kommentar einfügen, der Sie darauf aufmerksam macht. Kommentare sind auch nützlich, wenn Ihnen zu einer Textstelle Literatur einfällt, die Sie später noch einarbeiten oder ergänzen möchten. Auch Ihr Korrekturleser kann die Kommentare nutzen, um Ihnen z. B. Fragen zum Verständnis oder Anmerkungen mitzuteilen – ohne damit Ihren Text zu zerstören.

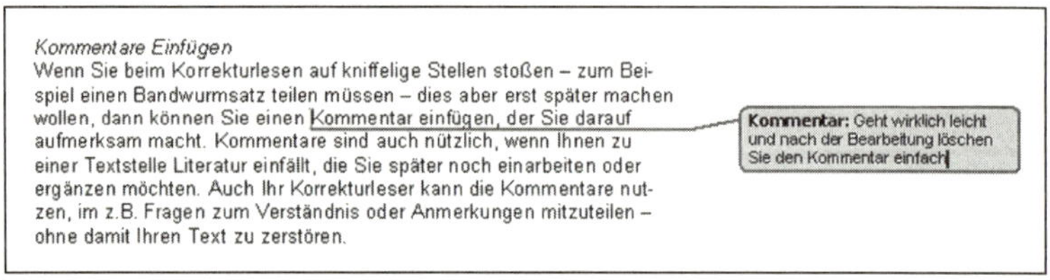
Kommentare Einfügen
Wenn Sie beim Korrekturlesen auf kniffelige Stellen stoßen – zum Beispiel einen Bandwurmsatz teilen müssen – dies aber erst später machen wollen, dann können Sie einen Kommentar einfügen, der Sie darauf aufmerksam macht. Kommentare sind auch nützlich, wenn Ihnen zu einer Textstelle Literatur einfällt, die Sie später noch einarbeiten oder ergänzen möchten. Auch Ihr Korrekturleser kann die Kommentare nutzen, im z.B. Fragen zum Verständnis oder Anmerkungen mitzuteilen – ohne damit Ihren Text zu zerstören.

Kommentar: Geht wirklich leicht und nach der Bearbeitung löschen Sie den Kommentar einfach

1. Klicken Sie auf die Stelle, zu der Sie einen Kommentar eintragen möchten.
2. Gehen Sie dann über die Menüleiste »Einfügen« und
3. wählen Sie den Menüpunkt »Kommentar«.
4. Tragen Sie in das Kommentarfeld Ihre Anmerkung ein.
5. Nachdem Sie es erledigt haben, löschen Sie den Kommentar einfach, indem Sie das Feld mit der rechten Maustaste anklicken und auf »Kommentar löschen« gehen.

Änderung verfolgen

Erinnern Sie sich noch an den Anfang dieses Kapitels? Da haben wir Ihnen zwei Korrekturmethoden vorgeschlagen – auf Papier oder am PC. Die Funktion »Änderung verfolgen« setzen Sie dann ein, wenn Ihr Korrekturleser seine Korrekturen zwar schon in den Text einarbeiten soll, Sie aber dennoch kontrollieren wollen, ob Sie diese Korrekturen übernehmen möchten oder nicht.
Jetzt möchten Sie wissen, wie das geht?
1. In der Menüleiste »Extras« wählen und auf
2. »Änderungen verfolgen« klicken.

Nun werden sämtliche Änderungen im Text farblich markiert und mit den entsprechenden Kommentaren am Rand versehen. Änderungen, die bei verschiedenen Korrektursitzungen oder von verschiedenen Korrekturlesern durchgeführt wurden, werden auch in unterschiedlichen Farben dargestellt. So können Sie gut nachverfolgen, welche Korrektur von wem vorgeschlagen wurde.

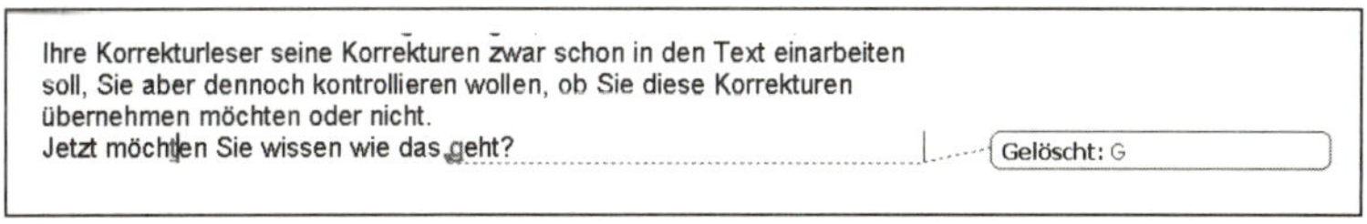
Ihre Korrekturleser seine Korrekturen zwar schon in den Text einarbeiten soll, Sie aber dennoch kontrollieren wollen, ob Sie diese Korrekturen übernehmen möchten oder nicht.
Jetzt möchten Sie wissen wie das geht?
Gelöscht: G

Nachdem Sie in der Menüleiste diese Funktion aktiviert haben, können Sie diese Markierungen sehen. Wenn Sie die korrigierte Datei nun selbst überarbeiten, können Sie damit:

die Korrektur annehmen:
Wenn Sie auf den Pfeil klicken, können Sie wählen, ob Sie eine Änderung oder alle Änderungen im Text annehmen möchten.

die Korrektur ablehnen:
Wenn Sie auf den Pfeil klicken, können Sie wählen, ob Sie die eine Änderung oder alle Änderungen im Text ablehnen möchten.

Datensicherung

Speichern Sie grundsätzlich vor jedem Korrekturgang Ihre Textdatei unter einem neuen Datum ab und arbeiten erst danach daran weiter. So können Sie immer wieder auf die vorherige Version zuruckgreifen, wenn Sie Änderungen nicht mehr nachvollziehen können. Sollte Ihnen ein Fehler passieren (und die passieren immer wieder!) und die aktuelle Version der Datei verloren gehen, haben Sie immer wenigstens den vorletzten Stand noch vorliegen.

Externe Sicherungsdatei

Die Sicherungsdateien sollten Sie an einem anderen Ort (auf einem anderen Speichermedium) speichern – also nicht auf Ihrem Arbeits-PC. Dazu bieten sich diverse Speichermedien, wie eine externe Festplatte, USB-Sticks oder DVDs an. Dann können Sie Ihre Arbeit auch an einem anderen PC fortsetzen. Eine gute Lösung ist auch, die Datei an die eigene oder eine fremde E-Mail-Adresse zu senden (wenn Ihr Postfach groß genug ist).

TXT-Format

Manchmal passieren Dinge, die sollten eigentlich nicht passieren. Dann lässt sich eine Word-Datei nicht mehr öffnen oder kann nicht mehr gelesen werden. Und dann ist die ganz Arbeit hin!? Nicht, wenn Sie in regelmäßigen Abständen Ihre Arbeit als reine Textdatei (TXT) abspeichern. Das ist ein einfaches Textformat ohne jede Formatierung und kann von jedem Textverarbeitungsprogramm und Texteditor geöffnet werden. Schlimmstenfalls müssen Sie dann noch mal alles neu formatieren oder den Text den Formatvorlagen erneut zuweisen. Aber die Inhalte sind gerettet.

Das bringt Sie weiter

Suchen Sie in Google. Geben Sie die Wörter »Word Hilfen« ein. Dann erhalten Sie eine Menge Links mit vielen Tipps und Hilfestellungen.

12.6 | Checkliste für Korrekturarbeiten

Nutzen

Überprüfen Sie, ob Sie alle wichtigen Korrekturen durchgeführt haben.

Sorgfalt ist gut, Kontrolle ist besser. Kaum jemand schafft es wirklich, seine wissenschaftliche Arbeit so zu erstellen, dass er am Ende nicht doch noch unter Zeitdruck gerät. Gegen Ende heißt es häufig: Hauptsache fertig werden... Verlieren Sie trotzdem nicht den Überblick und seien Sie sich sicher, dass alle notwendigen Korrekturlesungen durchgeführt wurden.

Korrektur mit System

		P	F	P
Seitenlayout	Seitenränder			
	Schriftgröße			
	Seitenzahlen			
Seitenzählung	Reihenfolge			
	Übereinstimmung mit Inhaltsverzeichnis			
Zitate	Einheitlichkeit			
	Erkennbarkeit wörtlicher Zitate			
	Durchgängige Nutzung von Fußnoten oder Endnoten			
Fußnoten-formatierung	Gleiche Formatierung			
	Nummerierung			
Verzeichnisse	Inhaltsverzeichnis			
	Abkürzungsverzeichnis			
	Tabellenverzeichnis			
	Literaturverzeichnis			
Anhang	Überschriften			
Abbildungen, Tabellen	Nummerierung			
	Bezeichnung			
Rechtschreibung	Einheitliche Form			
	Korrekte Rechtschreibung			
Grammatik	Korrekte Grammatik			
Zeichensetzung	Trennstriche			
	Kommasetzung			

In den Spalten P und F haken Sie und Ihr Korrekturleser, den Sie »angeheuert« haben, ab, wenn Sie diese Punkte jeweils korrigiert haben. In die letzte Spalte machen Sie Ihren Haken wirklich erst dann, wenn Sie sich ein letztes Mal davon überzeugt haben, dass dieser Punkt vollständig und korrekt erfüllt wurde. Auch hier gilt wieder das Beispielprinzip.

Diese Liste weist auf Korrekturen hin, die häufig anfallen, die jedoch genau so häufig vergessen werden. Sie können Ihre Checkliste natürlich beliebig verändern, kürzen oder erweitern.

Das bringt Sie weiter

Auch wenn es sonst verpönt ist, seien Sie in diesen Punkten richtig pingelig. Machen Sie einen Sport daraus, die Fehler zu finden.

13 Gekonnt verteidigen

In vielen Studiengängen ist ein Kolloquium/eine Verteidigung der schriftlichen Abschlussarbeit vorgesehen.

Das Kolloquium/die Verteidigung ist in der Studien- und/oder Prüfungsordnung geregelt.

Beispiel »Kolloquium

(1) Das Kolloquium … ergänzt die Bachelorarbeit; es ist selbstständig zu bewerten. Es dient der Feststellung, ob der Prüfungskandidat befähigt ist, die Ergebnisse der Bachelorarbeit, ihre fachlichen Grundlagen, ihre fachgebietsübergreifenden Zusammenhänge und ihre außerfachlichen Bezüge mündlich darzustellen, selbstständig zu begründen und ihre Bedeutung für die Praxis einzuschätzen.«

(Prüfungsordnung für den Bachelorstudiengang Soziale Arbeit (Sozialarbeit/Sozialpädagogik) an der Hochschule Niederrhein vom 13. Januar 2006 (Amtl. Bek. 2/2006), § 26)

Notenrelevant Das Ergebnis des Kolloquiums geht in der Regel in die Gesamtnote mit ein:

»Zeugnis; Gesamtnote; Diploma Supplement

(2) Die Gesamtnote der Bachelorprüfung wird aus dem arithmetischen Mittel der in Absatz 1 Satz 2 genannten Einzelnoten gemäß § 10 Abs. 5 gebildet. Dabei werden folgende Notengewichte zugrunde gelegt:

Notendurchschnitt der studienbegleitenden Prüfungen	80 %,
Note der Bachelorarbeit	15 %,
Note des Kolloquiums	5 %.«

(Prüfungsordnung für den Bachelorstudiengang Soziale Arbeit (Sozialarbeit/Sozialpädagogik) an der Hochschule Niederrhein vom 13. Januar 2006 (Amtl. Bek. 2/2006), § 28)

Tipp Minimieren Sie das Risiko, eine schlechte Note zu kassieren, indem Sie ein systematisches »Risikomanagement« betreiben.

13.1 | Das Kolloquium – ein Gespräch »unter Fachleuten«

Stimmen Sie sich richtig auf die Verteidigung Ihrer Arbeit (Ihr Kolloquium) ein und Sie werden sehen, es gelingt viel besser!

Nutzen

Sie sind ein Prüfling. Nein, das ist ein Irrtum. Im Hinblick auf die Verteidigung/das Kolloquium sind Sie ein Experte unter anderen Experten.

Andere Sichtweise

Diese Sichtweise hat mir mein Professor – und zwar Professor Dr. Dr. h.c. mult. Horst Albach – vermittelt, bei dem ich an der Universität Bonn studieren durfte. Er hat viele seiner Prüflinge mit diesen Worten insbesondere auf das Diplomkolloquium vorbereitet. Er hat sie ermuntert, sich nicht klein, sondern angemessen groß zu machen. Natürlich auch nicht zu groß, sprich überheblich.

Aber seine Sichtweise ist doch die richtige, denn:

Sie sind Fachfrau/Fachmann

- Sie haben sich doch in Ihrer Abschlussarbeit – das wird jedenfalls erwartet – intensiv mit einem Thema auseinandergesetzt.
- Sie haben gezeigt, dass Sie z. B. fähig sind »innerhalb einer vorgegebenen Frist eine praxisorientierte Aufgabe in seinem Fachgebiet sowohl in ihren fachlichen Einzelheiten als auch in den fachübergreifenden Zusammenhängen nach wissenschaftlichen und anwendungsorientierten Methoden selbstständig zu bearbeiten.« (Prüfungsordnung für die Bachelorstudiengänge Business Administration, Taxation and Auditing und Information Systems an der Hochschule Niederrhein vom 11. Juli 2006 (Amtl. Bek. 20/2006), § 23)
- Ihre schriftliche Ausarbeitung ist bereits anerkannt und ggf. benotet worden.

Ja, aber wenn Sie das geschafft haben, dann müssen Sie doch ein Fachfrau/ein Fachmann sein, oder sehen Sie das anders?

Insofern können Sie sich ganz selbstbewusst dem Kolloquium/der Verteidigung stellen.

Seien Sie selbstbewusst

- Drehen Sie den Spieß einmal um. Überlegen Sie, was Sie als Prüfer in einem Kolloquium/einer Verteidigung von einem Kandidaten erwarten würden.
- Prüfen Sie, ob Sie selbst diese Erwartungen erfüllen könnten bzw. was Sie tun können, um dies zu gewährleisten.

Das bringt Sie weiter

13.2 | Proben Sie mit typischen Fragen

Nutzen

Üben Sie anhand typischer Fragestellungen und machen Sie sich dadurch mit der Situation eines Kolloquiums/einer Verteidigung vertraut.

Ich habe einmal an unserem Fachbereich bei den Kollegen herumgehört, welche Fragen bei einem Kolloquium üblicherweise gestellt werden.

Fragen Prof. Wälte

Prof. Dr. Dieter Wälte fragt beispielsweise:

1. Sie haben sich in Ihrer Diplomarbeit (Bachelorarbeit etc.) sehr viele Gedanken zum Thema xy gemacht. Können Sie die wichtigsten Ergebnisse zu Ihrem Thema in fünf Sätzen zusammenfassen?
2. Wer profitiert in Ihrer Fachrichtung von den Ergebnissen Ihrer Arbeit?
3. In welchen spezifischen Anwendungsfeldern sind die Ergebnisse Ihrer Arbeit wichtig?
4. Wenn Sie noch drei Monate Zeit hätten, welche Ergänzungen würden Sie noch zu Ihrer Arbeit machen?
5. Stellen Sie sich vor, Sie lesen Ihre Arbeit in 10 Jahren. Was mag sich auf dem Gebiet in der Zeit verändert haben?
6. Welchen der von Ihnen zitierten Autoren hätten Sie gerne getroffen und welche Fragen würden Sie ihm stellen?
7. Popper sagt in »Logik der Forschung«, man könne am meisten aus Fehlern lernen. Gibt es einen Fehler, den Sie in Ihrer Arbeit gemacht haben oder im Laufe der Beschäftigung mit dem Thema?
8. Welcher Aspekt Ihres Themas hat bei Ihnen die größte Neugier entfacht?
9. Könnte man das Ergebnis Ihrer Arbeit jemand Fachfremden mit einfachen Worten erklären?
10. Die Beantwortung von Fragen produziert neue Fragen. Welche haben sich Ihnen gestellt?

Fragen Prof. Bieker

Prof. Dr. Rolf Bieker (Theorie und Strukturen sozialer Dienste – Sozialverwaltung) fragt beispielsweise gerne:

- Definieren Sie den Begriff xy.
- Welche Ansätze kennen Sie?
- Von welchen Annahmen geht der Ansatz xy aus?
- In welchem Verhältnis stehen die beiden Theorien a und b zueinander?
- Was spricht für oder gegen diese Annahme?
- Was würden Sie tun, wenn sie mit folgender Situation konfrontiert werden? Begründen Sie Ihr Vorgehen!
- Was würden Sie als Leiter des Betriebs besser machen? Wie könnten Sie dabei vorgehen?
- Welche Schlussfolgerungen ergeben sich aus dieser Theorie?

Das bringt Sie weiter

Denken Sie selbst – vielleicht gemeinsam mit Mitstudierenden – bei einem Kaffee einmal darüber nach, welche Fragen im Kolloquium/der Verteidigung gestellt werden könnten.

13.3 | Nutzen Sie Beispiele und Geschichten

Nutzen

Ein Bild sagt mehr als tausend Worte, und Beispiele, seien es reale oder fiktive, überzeugen oft schneller und nachhaltiger.

Das menschliche Gehirn nimmt eher Zusammenhänge als einzelne, spezielle Fakten auf. Insofern haben zusammenhängende Bilder, Geschichten, Beispiele stets eine bessere Wirkung als einzelne Details oder Fakten.

Beispiel

Sie haben ein Thema aus der Kommunikation gewählt. Es geht um die Kommunikation bei Gesundheitskampagnen, dann könnten Sie ein Plakat der »Gib Aids keine Chance«-Kampagne wählen:

Bundeszentrale für gesundheitliche Aufklärung (BZgA) (Hrsg.): Die Kampagne zur Aids-Prävention in Deutschland, Köln: Hansen Kommunikation 2007 (CD-Rom).

Das bringt Sie weiter

- Überlegen Sie, wie Sie potenzielle Themen des Kolloquiums/der Verteidigung entsprechend vorbereiten können.
- Und wenn die vorbereiteten Themen dann nicht angesprochen werden? Lenken Sie das Gespräch doch einfach in die entsprechende Richtung.

13.4 | Die Mnemotechnik hilft beim Einprägen

Nutzen

Sie haben sich vorgenommen, ganz bestimmte Inhalte bei entsprechenden Fragen zu nennen.
Nutzen Sie die Mnemotechnik, damit Sie nichts vergessen.

Merk- und Gedächtnishilfe

Bei der **Mnemotechnik** handelt es sich um eine bereits seit dem Altertum erprobte Methode, um das Auswendiglernen leichter zu machen. Sie fasst Merk- oder Gedächtnishilfen zusammen, die bereits den alten Griechen bekannt waren. Das Wort »Mnemo« kommt aus dem Griechischen und bedeutet »Gedächtnis«.

Unterschieden werden vor allem folgende Methoden: Lernen mit Assoziationen, Bildern, Geschichten, die Schlüsselwort-, die Loci- und die Kettenmethode.

Mit diesen recht einfachen Methoden sind Sie in der Lage, Ihre Lern- und Gedächtnisleistung um ein Vielfaches zu steigern. Mnemotechniken dienen dazu, Inhalte gehirngerecht zu strukturieren, so dass sie später mit Leichtigkeit wieder abgerufen werden können.

Beispiel

Wie kann das in dem Kolloquium/der Verteidigung funktionieren? Nehmen wir z. B. deutsche Exportgüter. Sie wollen sich Textilien, Fahrräder, Chemikalien und Metall merken? Dann wenden Sie doch die **Kettenmethode** an: Sie ziehen in Gedanken Ihren besten Anzug an (Textilien) und steigen auf ein tolles Fahrrad. Im Gepäckträger haben Sie Chemikalien, die Sie über das Fahrradschloss aus Metall (Bügelschloss) schütten. Das Schloss löst sich auf und Sie können losfahren. Wetten, dass Sie auch in einer Prüfungssituation die Information ohne Probleme abrufen können?

Loci-Methode

Oder nutzen Sie die **Loci-Methode**, um sich Informationen leichter zu merken, bei denen es auf Vollständigkeit, Korrektheit und die genaue Reihenfolge ankommt. Der Name der Methode ist von »locus«, lateinisch für »Ort« abgeleitet und das Vorgehen ist schnell erläutert. Wählen Sie einen Ihnen bekannten Weg durch Ihren Wohnort aus. Für jeden zu lernenden Inhalt wird auf diesem Weg ein Platz reserviert. Die Begriffe, die Sie sich merken wollen, werden dort abgelegt/vorgestellt. Viele der aus Fernsehen und der Presse bekannten Gedächtniskünstler bedienen sich dieser Methode. Sie wird auch als »Routenmethode« bezeichnet.

Das bringt Sie weiter

Ausführliche Informationen zum Thema »Erfolgreiches Lernen und Behalten« finden Sie im ersten Band dieser Reihe: Heister 2007a, S. 3–47.

13.5 | Nutzen Sie Back-up-Materialien

Haben Sie immer noch etwas in der Tasche, mit dem Sie glänzen oder sich aus der Affäre ziehen können.

Nutzen

Bereiten Sie Materialien vor, die Ihnen behilflich sein können und halten Sie diese als »Back-up-Materialien« bereit.

So geht's

Nachfolgend einige Beispiele für Back-up-Materialien:

Beispiele

- großformatige Ausdrucke der wichtigsten Abbildungen,
- zusätzliche, großformatige Kopien von Abbildungen aus der Literatur (insofern Sie Ihre Argumentation ggf. unterstreichen können),
- etwas zum Riechen,
- etwas zum Schmecken,
- etwas zum Tasten,
- ein Videodokument,
- ein Tondokument.

Machen Sie Ihr **Thema fühlbar**:

Thema zum Anfassen

- Sollte die Diskussion auf ein Thema kommen, zu dem Sie eine Abbildung entwickelt haben, so können Sie schneller die großformatigen Ausdrucke finden als eine Seite in der wissenschaftlichen Arbeit. Außerdem können großformatige Abbildungen von allen Teilnehmern schneller und besser erfasst werden.
- Fünf Modelle zum Thema haben Sie in die Arbeit integriert. Aber da gab es ja noch zwei andere. Vorsichtshalber sollten Sie eine großformatige Kopie der Abbildungen in der Tasche haben, falls darüber gesprochen oder Sie konkret dazu befragt werden.
- Etwas zum Riechen dabeizuhaben, könnte bei einem Thema wie »Die Vermarktung von Kaffee« sehr gut passen. Bringen Sie frische, duftende Bohnen mit. Aber nicht einfach nur so, sondern integrieren Sie das Anschauungsmaterial gekonnt in Ihre Ausführungen!
- Etwas zum Schmecken mitzubringen, wäre bei einer Arbeit über Blindtest z.B. sinnvoll. Bringen Sie Anschauungsmaterial mit, lassen Sie die Gutachter selbst testen. Aber: Denken Sie daran, dass auch ein Gutachter eitel sein kann. Wägen Sie also ab, welche positive und welche negative Situation eintreten könnte.
- Stoffe zum Tasten könnten passen, wenn Sie z.B. über den Einsatz von Kleidung beim Lernen im Kindergarten geschrieben haben.
- Ein Videodokument (z.B. Werbespots) könnten Sie mitbringen, wenn Sie z.B. etwas zum Thema »Japanische Konkurrenz« sagen wollen.
- Ein Tondokument könnte das Thema »Charismatische Führung« sinnvoll ergänzen.

Sagen Sie nicht: Der Aufwand ist doch viel zu groß. Nein, ein Kolloquium/eine Verteidigung haben die meisten Menschen nur einmal im Leben. Das ist ein ganz wichtiges Ereignis, weil es in die Abschlussnote eingeht. Und die soll doch »bestens« werden, oder?

Das bringt Sie weiter

13.6 | Ihre Sternstunde? Übernehmen Sie die Regie!

Nutzen

Wenn die anderen Teilnehmer an dem Kolloquium/der Verteidigung miteinander diskutieren, kann das von großem Vorteil für Sie sein. Muss aber nicht, also seien Sie gewappnet.

Glückliche Situation

Zugegeben: Sie ist nicht planbar und eher unwahrscheinlich, also schlicht ein seltener Glücksgriff. So ging es jedenfalls mir. Im Kolloquium zu meinem Theologieexamen wurde die Frage gestellt, wie Gotteserkenntnis möglich wäre. Ich weiß nicht mehr, welche schlauen Antworten ich noch gegeben habe, zumindest behauptete ich keck: »Gotteserkenntnis gibt es auch im Atheismus.« Diese Aussage brachte die Gutachter in eine intensive Diskussion und mir die Note 1,0, ohne dass ich noch viel erzählen musste.

Brenzlige Situation

Es kommt aber auch vor, dass die Gutachter viel miteinander sprechen und Sie nicht zum Zuge kommen. Hier empfiehlt es sich, mit geeigneten Interventionen dafür zu sorgen, dass Sie Ihr Wissen auch loswerden.

Aussetzer

Auch wenn Sie den Faden verlieren,

- bleiben Sie ganz ruhig und sammeln Sie sich.
- Beginnen Sie mit Ihren Gedanken nochmals von vorne.
- Wiederholen Sie die gestellte Frage oder stellen Sie (wenn möglich) selbst eine Frage.
- Nutzen Sie z. B. eine Back-up-Folie (vgl. Abschnitt 13.5).
- Nennen Sie ein Zitat.
- Erzählen Sie eine kurze Geschichte oder einen Witz.
- Gehen Sie über kleine Fehler einfach hinweg und korrigieren Sie Ihre Aussage.

Richtig vorbereiten

Die Voraussetzungen müssen stimmen:

- Setzen Sie sich nicht mit übertriebenen Erwartungen unter Druck!
- Gehen Sie positiv in das Kolloquium/zur Verteidigung!
- Drücken Sie Ihre positive Einstellung bereits durch Ihre Körperhaltung aus!

Die Zeit vor der Prüfung sollten Sie richtig nutzen:

- Bereiten Sie sich nicht bis zur letzten Minute vor!
- Schnappen Sie lieber frische Luft!
- Relaxen Sie!
- Gehen Sie ruhig und gelassen zum Gespräch!

Das bringt Sie weiter

Vereinbaren Sie mit Mitstudierenden Rollenspiele, um zu trainieren, wie Sie sich verhalten können, wenn ein Kolloquium/eine Verteidigung nicht so läuft, wie es laufen sollte!

13.7 | Vermeiden Sie typische Fehler

Machen Sie sich typische Fehler klar, damit sie Ihnen nicht unterlaufen.

Nutzen

Ausreden

Ausreden zählen nicht:
- Zug verpasst? Sie hätten ja früher losfahren können!
- Es gab keinen Parkplatz? Das müssen Sie einkalkulieren!
- Sie haben den Raum nicht gefunden? Da hätten Sie sich vorher orientieren müssen!
- Sie haben sich in der Zeit vertan? Das hätten Sie vorher noch einmal prüfen müssen!

Und wenn schon, warum haben Sie dann nicht angerufen Da gibt es kein Wenn und Aber: Solche Schwierigkeiten sind Ihr Problem und sind von Ihnen einzukalkulieren bzw. zu vermeiden.

Peinlichkeiten

Folgende Peinlichkeiten sollten Sie versuchen zu vermeiden:
- unangemessen gekleidet zu sein,
- Kaffeefleck auf dem Hemd,
- Ei auf dem Pullover,
- ein Fleck auf dem Rock/der Hose,
- eine Tragetasche mit der Abschlussarbeit.

Klassiker

Unübertroffen sind folgende »Klassiker«:
- Sie werden zu einem bestimmten Fachinhalt befragt und Sie können die Frage weder beantworten noch einzuordnen noch können Sie die Stelle in Ihrer Abschlussarbeit finden.
  Und dann bringen Sie die (unübertroffene!) Ausrede: »Es ist so lange her, dass ich die Arbeit geschrieben habe.«
- Sie lümmeln auf Ihrem Stuhl herum oder ducken sich völlig verängstigt.
- Sie kauen an Ihren Fingernägeln.
- Sie kennen den/die Namen der Teilnehmerinnen an dem Kolloquium/der Verteidigung nicht.

Kein Dialekt

Bitte sprechen Sie nicht im Dialekt, sondern Hochdeutsch!

Das bringt Sie weiter

Überlegen Sie, was Sie bereits vorab tun können, um die oben genannten Peinlichkeiten zu vermeiden.

14 Bekenntnis eines Ehemaligen

Wenn Sie uns schon nicht glauben, vielleicht glauben Sie dann ja einem ehemaligen Leidensgenossen, Herrn Patrick Steves, der an der Hochschule Niederrhein studiert hat.

Anregungen

Die Zeit des intensiven Lesens von Literaturbergen und Fachzeitschriften steht dir, lieber Leser, vielleicht noch bevor. Meine Abschlussarbeit habe ich hingegen schon beendet und so kann ich dir vielleicht ein paar Tipps mit auf den Weg geben. Hinweis: »Abschlussarbeit« wähle ich als Überbegriff für Bachelor-, Diplom- und Magisterarbeiten.

»Am Abend wird man klug, für den vergang'nen Tag,
doch niemals klug genug, für den, der kommen mag!«(Rückert)
So bleibt mir nur die Möglichkeit, rückblickend zu resümieren und meine Erfahrungen, meine persönlichen Tipps und Empfehlungen weiterzugeben. Für die Übersicht werde ich die 5 besten Tipps nennen und die 5 häufigsten Fehler aufzählen. Ich hoffe, dass meine Erfahrungen den einen oder anderen Anreiz und auch Hilfestellung geben können.

Die 5 wichtigsten Tipps

Hier zunächst meine 5 wichtigsten Tipps:
»Gebraucht der Zeit, sie geht so schnell von hinnen!
Doch Ordnung lehrt euch Zeit gewinnen.« (Goethe)
1. Diese Regel halte ich für die wichtigste im Umgang mit einer Abschlussarbeit. Die Fülle von Literatur ist zu groß, als dass immer wieder nachgelesen werden könnte, wo dieses oder jenes Zitat stand. Ich persönlich habe wie folgt begonnen:

- Thema, Hauptaussagen, Quintessenz der Arbeit zusammenstellen,
- Literatur ordnen, d.h. durchlesen, Karteikarten schreiben und nach Themen bzw. Kapiteln sortieren,
- Gliederung zusammenstellen (Die Karteikarten mit den wichtigsten Gedanken können z.B. auf dem Fußboden verteilt werden, um dann die Reihenfolge der Kapitel und Unterkapitel festzulegen.),
- erste Schreibversuche,
- Überarbeitung.

Keine Panik, wenn die Organisation nicht gleich funktioniert! Die Hauptsache ist, dass die Ordnung beim Arbeiten besteht und sie dann am Ende in der Arbeit erkennbar ist.

»Alles sollte so einfach wie möglich gemacht werden,
aber nicht einfacher.« (Einstein)
2. Vielfach wird davon ausgegangen, dass die Abschlussarbeit in einem Wald von Fachchinesisch untergehen müsse, damit sie wissenschaftlich klingt. Ich halte es aber für wichtiger, deutlich zu machen, dass das Thema umfassend verstanden wurde. Vermeide also umständliche Satz-

konstruktionen, die mehrfaches Lesen erfordern, weil der Satz in mehrere Nebensätze unterteilt ist.

Auch wenn Fachvokabular notwendig ist, kann manches auch einfacher gesagt werden, ohne unwissenschaftlich zu werden. Ein Synonymlexikon hilft, in einem lebendigen Stil zu schreiben und nicht immer dieselben Wendungen zu benutzen.

Also: Wenn der andere versteht, was mir an diesem Thema wichtig ist, habe ich gut geschrieben. Der Leser kann die Fachliteratur schließlich selbst lesen. Deine Aufgabe ist es, einen Überblick zu geben, die Probleme und Klippen ausfindig zu machen und die Theorie und ihre Praxisfolgen in das Feld der Wissenschaft zu integrieren, um sie dort kritisch zu verorten.

»Tell me – and I forget, Teach me – and I remember,
Involve me – and I learn.« (Franklin)

3. Der »rote Faden« sollte immer erkennbar sein. Der Leser möchte an die Hand genommen werden. Er möchte wissen, was das Wichtige an der Arbeit ist. Daher empfehle ich, die einzelnen Schritte, Überlegungen und Gedanken in die Arbeit einzubeziehen. Lass den Leser an deinem Gedankengang teilhaben. Dazu können Mind Maps, Cluster und Diagramme verwendet werden. Wenn es keine Darstellungen gibt, kreiere selbst welche. Versuche auch, die Quintessenz der einzelnen Kapitel in der Überschrift festzuhalten; jedoch sollte die Überschrift auch nicht zu lang sein.

»Zweifel ist der Weisheit Anfang.« (lat.: Dubium sapientiae initium)
(Descartes)

4. Wissenschaftliches Arbeiten und Denken besteht auch darin, klar zu machen, was andere sagen. Bewerten sie? Fragen sie? Was sagen sie nicht? Wer sagt es? Was wird beschönigt, was verdammt? Wie sieht die Gegenposition aus? Für welche Fälle und Situationen ist die Theorie bzw. die Praxis brauchbar? Wo stößt sie an ihre Grenzen?

Frage nach allem, was dir einfällt.

»Der alte Satz: aller Anfang ist schwer, gilt nur für Fertigkeiten.
In der Kunst ist nichts schwerer als beenden und bedeutet zugleich
vollenden.« (Ebner-Eschenbach)

5. Lese deine Arbeit immer wieder durch. Ist die Arbeit in sich schlüssig? Wird jede aufgeworfene Frage beantwortet? Wird jedes Kapitel abgeschlossen? Wird die anfänglich angekündigte These belegt? Welche Aspekte fehlen noch, damit von dieser Arbeit gesagt werden kann, dass sie das Thema und nicht den Leser erschöpft?

Die 5 häufigsten Fehler

Die 5 Fehler, die meiner Meinung nach am häufigsten gemacht werden, möchte ich euch auch nicht vorenthalten:

»Wer alles macht zur gleichen Zeit, macht vieles halb und nichts gescheit!«
(unbekannt)

1. Eine Abschlussarbeit erfordert viel Zeit. Plane daher besser mehr Zeit ein als zu wenig: Arbeitszeiten kürzen, frühzeitig die Literatur beschaffen und sich durch nichts ablenken lassen. Am Ende werden ansonsten die Nächte kürzer, die Tage länger und die Tastatur wird dein dauerhafter Begleiter. Ein gutes Zeitmanagement wirkt wahre Wunder!

»Die Bürokratie ist es, an der wir alle kranken.« (Bismarck)
2. Kümmere dich frühzeitig um den organisatorischen Kram. Trage die Unterlagen des Prüfungsamtes und deiner Betreuer zusammen. Die Nachricht, dass man nicht angemeldet ist, eine Prüfung nicht im Prüfungsamt dokumentiert wurde oder andere Katastrophen kosten viel Zeit und Nerven. Frage besser einfach im Prüfungsamt nach!

»Guter Rat ist teuer.« (Sprichtwort)
3. Suche dir frühzeitig 3 Personen, die deine Arbeit gegenlesen. Betriebsblindheit begegnet dir in mehrerlei Hinsicht:

- Rechtschreibung, Zeichensetzung und Grammatik können eigenwillige Formen annehmen, wenn der eigene Text einige Male überarbeitet und gelesen wurde. Daher benötigst du jemanden, der auf diese Formfehler achtet. Auch Zitation und Quellennachweise sollten gegengelesen werden.
- Formulierungen können ungenau werden und die gedankliche Klarheit kann leiden, wenn man sich sehr lange mit dem Thema befasst hat und meint, dass alles vollkommen klar sei. Oft sind einige Sachen nicht wirklich verständlich. Ein Laie (die Eltern, ein Freund oder eine Freundin) können diese Aufgabe übernehmen. Bedingung ist, dass diese Person keine »wirkliche« Ahnung hat.
- Ideengeber sind ebenfalls hilfreich, wenn man den »Wald vor lauter Bäumen« nicht mehr sieht. Das bedeutet natürlich nicht, sich Sätze diktieren zu lassen oder ganze Kapitel zu klauen, sondern du solltest nur jemanden haben, der ab und zu ein paar einfache, aber kluge Fragen stellt.

»Du darfst so bleiben wie du bist – du darfst!« (Werbespruch)
4. Behalte deinen eigenen Stil. Oft wird versucht, besonders wissenschaftlich zu klingen. Doch der eigene Schreibstil ermöglicht es, viel klarer und präziser zu sagen, was gesagt werden soll. Auf Umgangssprache und Floskeln sollte natürlich verzichtet werden.

»Vorsicht statt Nachsicht!«(Sprichwort)
5. Speichere alles so häufig wie möglich ab. Wenn du mehrere Versionen hast, speichere sie nach Buchstaben geordnet oder in einem separaten Ordner. Sorge dafür, dass deine Arbeit niemals verloren oder gelöscht werden kann. Daher empfehle ich, die Arbeit nicht nur auf einem Datenträger zu speichern, sondern sie auch an die eigene E-Mail-Adresse zu schicken.

15 Ein Beispiel

Üben Sie das Gelernte anhand eines konkreten Beispieltextes. Nutzen

Lesen Sie den nachfolgenden Auszug aus einer wissenschaftlichen Arbeit aufmerksam durch und beurteilen Sie ihn anhand formaler und inhaltlicher Kriterien.

Beispieltext

Beginn des Textes »…

3. Controlling
3.1 Begriffe
3.1.1. Die Controllingphilosophie
1 Die Controlling-Philosophie als Teil der norm- und wertgebenden Management-philosophie, repräsentiert die Grundhaltung, also die Denkhaltung, die den Controllingdefinitionen und zugrunde liegt.. 2 Die Controllingdefinition bildet als philosophische und theoretische Lehrmeinung die Grundlage der Controlling-Konzeption[1]. 3 Den vielen unterschiedlichen Lehrmeinungen folgt eine Vielzahl von unterschiedlichen Konzeptansätzen, aus denen es die jenigen herauszufinden gilt, welche für ein Controllingkonzept in Jugendhilfeeinrichtungen stimmig sind.

4 Unter Berücksichtigung der unterschiedlichen Definitionsansätze mit der jeweiligen Betonung der Hauptaufgabe des Controllings in der Informationsversorgung, der Führungsfunktion und der Koordinationsfunktion, unterstellt sich die vorgestellte Controllingkonzeption einer aktiven, zukunftsorientierten, innovativen und antizipativen Controlling-Philosophie. 5 Zukunftsorientiert bedeutet weg von der rein unternehmenserhaltenden Sicht des Controllings hin zu einer innovationsfördernden Sicht.[2] 6 Das Ziel des Controllings ist es darin, die Steuerungsfähigkeit der Organisation zu optimieren, um diese gegenüber den sich verändernden Bedingungen reaktions- und aktionsfähig zu gestalten 7 Die Koordinations- und Informationsaufgabe des Controllings wird zu einer Servicefunktion für das Management, welche nicht mehr nur Daten und Fakten vermittelt, sondern Fähigkeiten.

Begriffliche Definitionen
8 Der Begriff Controlling (aus dem engl. controlling = Steuerung),[3], ist laut Duden definiert mit der von der Unternehmensführung ausgeübten Planungs- und Kontrollfunktion. 9 Aus den vielfachen Bedeutungsmöglichkeiten (ca. 37) des englischen Verbs »to control« nuanciert sich die kybernetische Begrifflichkeit für betriebsführungsrelevant mit: nachprü-

1 Vgl. Horak, Christian: (1993) S. 96
2 Vgl. Horvath: (2003), S. 77 und Horak, Christian; (1993) S. 107.
3 Duden, (2000) S. 277

fen, überwachen[4] und auch lenken, leiten, steuern oder beherrschen[5]. 10 In der Betrachtung der Philosophien und Definitionen des Controllings wird jedoch erst seine Vielschichtigkeit deutlich und gleichzeitig die Verwirrung in der individuellen Nutzung des Begriffes.[6]

...

11 In der Definition des »internationalen Controller Verein e.V.« wird das Controlling als Prozess und Denkweise verdeutlicht, die in der Schnittmenge der Aufgabenverteilung von Manager und Controller liegt.[7] 12 Verdeutlicht wird in dieser Definition sowohl die Funktion des Steuerns als Führen zum praktischen Erreichen von vereinbarten Zielen, als auch die Kontrolle der Zielerreichung.

...

Das zielgerichtete Steuern des Bootes (Management) mithilfe der notwendigen Informationen und der Informationsauswertung (Controlling) in den Hafen ist eine hervorragende Metapher für die sich überschneidenden Prozesse des Management und des Controlling, in der das Controlling eine weitaus höhere Bedeutung hat, als die reine Kontrolle.[8]

3.2 Konzepte

...« – Ende des Beispieltextes –

Ihre Anmerkungen

Bevor Sie weiterlesen, schreiben Sie bitte Ihre Anmerkungen auf:

4 ebd.
5 Vgl. Papmehl: (1998) S. 24
6 Vgl. dazu auch Horak, Christian: (1993) S. 87
7 Vgl. internationaler Controller Verein e.V. http://www.controllerverein.com/_cmsdata/_cache/cms_50.html [03.11.2005]
8 Vgl. Horak, Christian: (1992) S. 109

Unsere Hinweise

Hier finden Sie unsere Hinweise (Ihnen ist sicher noch mehr aufgefallen):

- 3. Controlling – 3.1 Begriffe – 3.1.1. Die Controllingphilosophie: Uneinheitliche Verwendung des Punktes hinter den Gliederungsebenen.
- 3.1 Begriffe: Begriffsbestimmung wäre die bessere Formulierung.
- 1: Etwas umständlich ausgedrückt. Ein »und« (vor »zugrunde liegt«) zu viel. »Controlling-Philosophie« steht im Text mit Bindestrich, nicht aber in der Überschrift und auch Managementphilosophie wird ohne Bindestrich geschrieben. Am Ende des Satzes stehen 2 Punkte.
- 3: »die jenigen« muss »diejenigen« geschrieben werden.
- Fußnote 2: Bei »Horvath: (2003)« fehlt im Gegensatz zu »Horak, Christian« der Vorname. Die Seitenangabe »S.107« ist nicht kursiv gesetzt, im Gegensatz zu den anderen Fußnoten. Hinter der Fußnote ist ein Punkt gesetzt, das steht auch im Gegensatz zu der sonst angewandten Praxis. In den Fußnoten steht zwischen S. und der Zahl manchmal ein Leerzeichen (z. B. S. 96), manchmal nicht (z. B. S.107).
- 1–3: Eine Visualisierung (z.B. Pyramide: Controlling-Philosophie/ Controlling-Definition/Controlling-Konzeption/den Anteil an der norm- und wertgebenden Managementphilosophie andeutend) hätte die Aussagekraft sicher noch gesteigert.
  »Hauptaufgabe des Controllings in der Informationsversorgung, der Führungsfunktion und der Koordinationsfunktion« wäre als Punkteaufzählung übersichtlicher gewesen:
  - Informationsversorgung,
  - Führungsfunktion,
  - Koordinationsfunktion.
- 4: Die Unterstreichung bei Controlling-Philosophie ist atypisch, weil ansonsten keine Unterstreichung im Text vorkommt. Hervorhebungen sind grundsätzlich gut, müssen dann aber häufiger gesetzt werden und sollten möglichst fett oder kursiv sein.
- Fußnote 4: »ebd.«: Wenn alle Fußnoten mit einem großen Buchstaben beginnen, dann auch hier großschreiben.
- 6: »Das Ziel des Controllings ist es darin«: Eine bessere Formulierung wäre: »Das Ziel des Controllings besteht darin«.
- Vor 4 und 6 jeweils eine Leerzeile einfügen.
- Vor 8 finden Sie eine Zwischenüberschrift, die nicht in die Gliederung eingebunden ist. Das ist unüblich. Wenn diese Zeile beibehalten werden soll, dann bitte in die Gliederung integrieren.
- 9: »Aus den vielfachen Bedeutungsmöglichkeiten (ca. 57) des englischen Verbs«: Hier ist keine Quelle angegeben. Woher kommt diese Angabe? Das Fremdwort »nuanciert« ist an dieser Stelle nicht passend.
- 10: Worauf bezieht sich »seine«?
- 11: »In der Definition des »internationalen Controller Verein e.V.« wird…«: Hier muss »international« großgeschrieben werden, außerdem müsste Verein im Genitiv stehen.
- 12: Falls hierauf nicht der Abschnitt 3.1.2 folgt (durch die Auslassungspunkte angedeutet), würde auch die Gliederungsebene 3.1.1 nicht benötigt.

Das bringt Sie weiter: Literatur

Backer, R.: Menü-Funktionen von Microsoft. Alle praxisrelevanten und zeitsparenden Menü-Befehle von MS Windows, Internet Explorer, Word und Outlook, Bonn: Verlag für die Deutsche Wirtschaft 2005.

Bamberg, B./Baur, F./Krapp, M.: Statistik, München – Wien: Oldenbourg, 12. Auflage 2004.

Bamberger, R./Vanecek, E.: Lesen – Verstehen – Lernen – Schreiben. Die Schwierigkeitsstufen in deutscher Sprache, Wien – Frankfurt: Jugend und Volk, Diesterweg, Sauerländer 1984.

Becker, A./Maisenbacher, K.: Tastaturschulung und Textgestaltung. Textverarbeitung mit dem PC, Haan-Gruiten: Europa-Lehrmittel, 4. Auflage 2003.

Becker, J.: Marketingkonzeption – Grundlagen des zielstrategischen und operativen Marketing-Managements, München: Franz Vahlen Verlag, 7., überarbeitete und ergänzte Auflage 2001.

Berekoven, L./Eckert, W./Ellenrieder, P.: Marktforschung. Methodische Grundlagen und praktische Anwendung, Wiesbaden: Betriebswirtschaftlicher Verlag Dr. Th. Gabler, 11., überarbeitete Auflage 2006.

Bibliographisches Institut (Hrsg.): Duden, Bd. 5. Das Fremdwörterbuch, Mannheim – Leipzig – Wien – Zürich: Dudenverlag, 7. Auflage 2005.

Bibliographisches Institut (Hrsg.): Duden, Bd. 1. Die deutsche Rechtschreibung, Buch und CD-ROM, Mannheim – Leipzig – Wien – Zürich: Dudenverlag, 24., völlig neu bearbeitete und erweiterte Auflage 2006.

Bibliographisches Institut (Hrsg.): PC-Bibliothek 3.0, Mannheim – Leipzig – Wien – Zürich: Dudenverlag o.J.

Bildner, C.: Word XP – Basiswissen für Einsteiger, Passau: Readersplanet 2005.

Born, G.: OpenOffice.org 2. Fürs Büro, für zu Hause, für die Schule, fürs Studium, München: Markt und Technik 2006.

Borsdorf, A.: Geographisch denken und wissenschaftlich arbeiten, Gotha – Stuttgart: Klett-Perthes 1999.

Bortz, J.: Statistik für Sozialwissenschaftler, Berlin: Springer, 6., Auflage 2004.

Brink, A.: Anfertigung wissenschaftlicher Arbeiten, München – Wien: Oldenbourg, 2., überarbeitete Auflage 2005.

Bühner, M.: Einführung in die Test- und Fragebogenkonstruktion, München: Pearson Studium 2005.

Buzan, T.: Mind Map – die Erfolgsmethode. Die geistigen Möglichkeiten steigern und optimal nutzen, München: Goldmann 2005.

Coenenberg, A. G.: Kostenrechnung und Kostenanalyse, Stuttgart: Schäffer-Poeschel, 5., überarbeitete und erweiterte Auflage 2003.

Cottrell, S.: The Study Skills Handbook, Houndmills – Basingstoke – Hampshire – New York: Palgrave Macmillan, 2. Auflage 2003.

Diekmann, A: Empirische Sozialforschung, Grundlagen, Methoden, Anwendungen, Reinbek bei Hamburg: Rowohlt Verlag 2004.

DIN Deutsches Institut für Normung e.V. (Hrsg.): Korrekturzeichen und deren Anwendung nach DIN 16511, Berlin – Wien – Zürich: Beuth, 2., vollständig überarbeitete Auflage 2006.

Dorsch, F./Häcker, H./Stapf, K. (Hrsg.): Psychologisches Wörterbuch, Bern – Göttingen – Toronto – Seattle: Huber, 14., vollständige überarbeitete und erweiterte Auflage 2004.

Ebster, C./Stalzer, L.: Wissenschaftliches Arbeiten, Wien: WUV Universitätsverlag 2003.

Echterhoff, G./Neumann, B.: Projekt- und Zeitmanagement. Strategien für ein erfolgreiches Studium, Stuttgart: Klett 2006.

Eckeberg, P.: Zeit- und Selbstmanagement. Situationsanalyse, Zielfindung, Maßnahmen- und Zeitplanung, München: Oldenbourg 2004.

Emden, J. V./Becker, L.: Presentation Skills for Students, Houndmills – Basingstoke – Hampshire – New York: Palgrave Macmillan 2004.

Endler, S.: Projektmanagement in der Schule. Projekte erfolgreich planen und gestalten, Lichtenau: AOL-Verlag, 4. Auflage 2002.

Engel-Ortlieb, D.: Perfekt im Office. Moderne Büroorganisation für Profis. Aufgaben bündeln, Abläufe optimieren, Ablage strukturieren, Frankfurt am Main: Redline Wirtschaft, 2., aktualisierte und erweiterte Auflage 2005.

Flick, U.: Qualitative Sozialforschung. Eine Einführung, Reinbek bei Hamburg: Rowohlt 2002.

Flick, U.: Qualitative Forschung. Ein Handbuch, Reinbek bei Hamburg: Rowohlt, 4. Auflage 2005.

Flick, U./Bohnsack, R./Lüders, C./Reichertz, J. (Hrsg.): Triangulation. Eine Einführung, Reihe Qualitative Sozialforschung, Band 12, Wiesbaden: VS Verlag für Sozialwissenschaften 2004.

Fränkl, G.: Wissenschaftliche Arbeiten – Schritt für Schritt zu Diplomarbeit und Dissertation mit OpenOffice.org 2 Writer. So gelingen wissenschaftliche Arbeit schnell und professionell, München: pg-Verlag 2005.

Greetham, B.: How to Write Better Essays, Houndmills – Basingstoke – Hampshire – New York: Palgrave Macmillan 2001.

Grüning, C.: Garantiert mehr Zeit. Das neue Zeitmanagement, München: Grüning Verlag 2006.

Hannaford, C.: Das Tor zum Lernen, Freiburg im Breisgau: VAK Verlag 1997.

Hansen, K.: Selbst- und Zeitmanagement, Berlin: Cornelsen, 2. Auflage 2004.

Heister, W.: Studieren mit Erfolg. Effizientes Lernen und Selbstmanagement in Bachelor-, Master- und Diplomstudiengangen, Stuttgart: Schäffer-Poeschel 2007a.

Heister, W. u. a.: Studieren mit Erfolg. Prüfungen meistern – Klausuren, Kolloquien, Präsentationen, Bewerbungsgespräche, Stuttgart: Schäffer-Poeschel 2007b.

Helfferich, C.: Die Qualität qualitativer Daten. Manual für die Durchführung qualitativer Interviews, Wiesbaden: VS-Verlag, 2. Auflage 2005.
Immler, C.: Windows XP Professional, Poing: Franzis 2005.
Ingenkamp, K.H. (Bearb. von Lissmann, U.): Lehrbuch der pädagogischen Diagnostik, Weinheim und Basel: Beltz, 5., völlig überarbeitete Auflage 2005.
Knoblauch, J./Wöltje, H.: Zeitmanagement. Taschenguide, Planegg b. München: Haufe 2003.
Knoblauch, J./Wöltje, H.: Zeitmanagement – Perfekt organisieren mit Zeitplaner und Handheld, Freiburg im Breisgau, Planegg: Haufe, 2. Auflage 2006.
Kolberg, M.: Openoffice.org 2.0. Die Office Alternative, München: Markt und Technik 2006.
Kruse, O.: Keine Angst vor dem leeren Blatt. Ohne Schreibblockade durchs Studium, Frankfurt: Campus 2002.
Leiner, B.: Stichprobentheorie, München: Oldenburg, 3. Auflage 1994.
Lück, W.: Technik des wissenschaftlichen Arbeitens, München – Wien: Oldenburg, 9., überarbeitete Auflage 2003.
Luhmann, N.: Soziale Systeme. Grundriss einer allgemeinen Theorie, Frankfurt am Main: Suhrkamp 1987.
Malik, F.: Führen – Leisten – Leben. Wirksames Management für eine neue Zeit, München: Heyne, 4. Auflage 2001.
Mayer, J.J.: Zeitmanagement für Dummies, Bonn: mitp 2002.
Mayring, P.: Qualitative Inhaltsanalyse. Grundlagen und Techniken, Weinheim: Deutscher Studien Verlag, 7. Auflage 2000.
Mummendey, H.D.: Die Fragebogen-Methode. Grundlagen und Anwendung in Persönlichkeits-, Einstellungs- und Selbstkonzeptforschung, Göttingen: Hogrefe 1987.
Nöllke, M.: Kreativitätstechniken. Taschenguide, Freiburg im Breisgau: Haufe, 3. Auflage 2002.
Pießnack, C./Schübel, A.: Untersuchungen zur orthographischen Kompetenz von Abiturientinnen und Abiturienten im Land Brandenburg, Potsdam: Universitätsverlag 2005. Auch online: http://opus.kobv.de/ubp/volltexte/2006/833/.
Popper, K.: Gegen die großen Worte, in: Auf der Suche nach einer besseren Welt. Vorträge und Aufsätze aus 30 Jahren, München – Zürich: Pieper 1984.
Rehn-Göstenmeier, G.: Mind Mapping mit Mindjet MindManager 6, Heidelberg: bhv 2006.
Reiter, M./Sommer, S.: Perfekt schreiben, München: Carl Hanser Verlag 2006.
Reibold, H.F.: Mind Mapping mit FreeMind, Saarbrücken: bomots-Verlag 2006.
Rinne-Funteh, K.: OpenOffice 2.0.3, Poing: Franzis 2006.
Robinson, F.P.: Effective study. New York: Harper u. Reihe 1970.
Sachs, L.: Angewandte Statistik, Berlin: Springer 2004.

Schneider, W.: Deutsch fürs Leben. Was die Schule zu lehren vergaß, Reinbek bei Hamburg: Rowohlt 1994.

Schneider, W.: Deutsch für Profis. Wege zum guten Stil, Hamburg: Goldmann 2001.

Schwarze, J.: Grundlagen der Statistik I: Beschreibende Verfahren, Herne – Wien: Verlag Neue Wirtschaftsbriefe, 10. Auflage 2005.

Seifert, J. W.: Visualisieren – Präsentieren – Moderieren, Offenbach: Gabal Verlag 2001.

Seiwert, L. J.: Mehr Zeit für das Wesentliche. Besseres Zeitmanagement mit der SEIWERT-Methode, Frankfurt am Main: Redline Wirtschaft, 10. Auflage 2005.

Seiwert, L./Wöltje, H./Obermayr, C.: Zeitmanagement mit Microsoft Office Outlook. Die Zeit im Griff mit der meist genutzten Bürosoftware. Strategien, Tipps und Techniken, Unterschleißheim: Microsoft Press 2005.

Seiwert, L. J.: Das neue 1x1 des Zeitmanagement. Zeit im Griff, Ziele in Balance. Kompaktes Know-how für die Praxis, München: Gräfe und Unzer, 5. Auflage 2006.

Simon, W.: 30 Minuten für eine bessere Zielerreichung, Offenbach: Gabal, 3. Auflage 2003.

Sperber, H.: Wirtschaft verstehen. 100 Lehrmodule für Schule, Studium und Beruf, Stuttgart: Schäffer-Poeschel, 2. Auflage 2007.

Stickel-Wolf, C./Wolf, J.: Wissenschaftliches Arbeiten und Lerntechniken. Erfolgreich studieren – gewusst wie! Wiesbaden: Gabler, 3., überarbeitete Auflage 2005.

Spoun, S./Domnik, D.: Erfolgreich studieren. Ein Handbuch für Wirtschafts- und Sozialwissenschaftler, München: Pearson Studium 2004.

Surendorf, K.: Wissenschaftliche Arbeiten mit OpenOffice.org 2.0. Nie mehr Ärger mit Fußnoten, Formaten, Druckproblemen, Bonn: Galileo Press 2006.

Textor, A. M.: Sag es treffender, Reinbek bei Hamburg: Rowohlt Taschenbuch Verlag, 9., vollständig überarbeitete Auflage 2006.

Theisen, M.: Wissenschaftliches Arbeiten, München: Vahlen, 12. Auflage 2005.

Theisen, M. R.: Wissenschaftliches Arbeiten, München: Vahlen, 13., überarbeitete Auflage 2006.

Troni, A.: Die dööfsten Deutschfehler. Sprachliche Stolperfallen und wie man sie umgeht, München: Heyne 2006.

Vahs, D.: Organisation. Einführung in die Organisationstheorie und -praxis, Stuttgart: Schäffer-Poeschel, 5. Auflage 2005.

Vahs, D./Schäfer-Kunz, J.: Einführung in die Betriebswirtschaftslehre. Lehrbuch mit Beispielen und Kontrollfragen, Stuttgart: Schäffer-Poeschel, 4. Auflage 2005.

von Glaserfeld, E.: Konstruktion der Wirklichkeit und des Begriffs der Objektivität, in: Gumin, H./Meier, H.: Einführung in den Konstruktivismus, München – Zürich: Pieper 2002, S. 9–39.

Häufig verwendete Abkürzungen

a. a. O.	am angegebenen Ort
Abb.	Abbildung
Abs.	Absatz
Anh.	Anhang
Anm.	Anmerkung
Art.	Artikel
Aufl.	Auflage
Ausg.	Ausgabe
Bd.	Band
betr.	betreffend
d. h.	das heißt
ders.	derselbe
Diss.	Dissertation
Dok.	Dokument
ebd.	ebenda = am genannten Ort
Ed.	editiert, herausgegeben
f./ff.	folgende/fortfolgende
Fn./FN	Fußnote
Forts.	Fortsetzung
geb.	gebunden
gef. in	gefunden in
gen.	genannt
Hg./Hrsg.	Herausgeber
J.	Jahr
Jahrg./Jg.	Jahrgang
mind.	mindestens
MS	Manuskript
NB	Nota bene! (Beachte!)
NF	Neue Folge
o. J.	ohne Jahresangabe
o. O.	ohne Ortsangabe
o. V.	ohne Verfasserangabe
Pseudo.	Pseudonym
S.	Seite
s.	siehe
s. o./s. u.	siehe oben/siehe unten
Sp.	Spalte
Verf.	Verfasser
Verl.	Verlag
vgl.	vergleiche
Vol.	Volume (Band)
z. B.	zum Beispiel
zit. n.	zitiert nach

Für die Eiligen: Stichwortverzeichnis